未完のファシズム

「持たざる国」日本の運命

片山杜秀

新潮選書

はじめに

二〇世紀の前半、すなわち明治末期から大正年間をへて昭和の敗戦時に至るまで、日本はどんな国家として立ち、世界の列強に伍してゆこうとしたのでしょうか。この大きな問いに、数知れぬ人文科学者や社会科学者、あるいは文学者たちが答えようと努めてきました。その積み重ねはあまりに膨大すぎます。さまざまな論点があり視点があります。

とは言うものの、そこにはやはり、いつもかなりの頻度で出てきがちな、お決まりの構図が存在するのではないでしょうか。日露戦争での勝利と第二次世界大戦での敗北を二大エポックと見なすわけです。日本は明治に頑張って日露戦争でロシアを何とか破った。そのご褒美として比較的恵まれた大正時代を頂戴した。そこで呑気にできた。でも幸せは長く続かなかった。昭和初年の世界大恐慌で揺すぶられた。そのあとは明治ほどには上手に立ち回れなかった。浮き足立つうちにタガがはずれて日米戦争にまで突っ込んでいった。そして滅びた。

本書では、今もなお一般的歴史常識として語り継がれ踏襲されているだろう右のような理解に、ささやかな異議を唱えられたらと思っています。いや、異議というとちょっと大げさかもしれません。日露戦争で勝ち、第二次世界大戦で負けた。それはむろんたいへんな出来事です。日本近代史の圧倒的なトピックに違いありません。が、この途中にもうひとつ大変な戦争があったのではないでしょうか。そこに注目すると、歴史の見え方が多少変わってくるかもしれません。目の付け所をずらすと、ちょっと違った眺めになるかもしれない。そのくらいのことを言ってみたいのです。

日露戦争でも日米戦争でもない大変な戦争。支那事変でしょうか。そうでした。たしかに日中戦争もありました。しかし、もっと前に世界的な大戦争があったでしょう。日本も交戦国にはなったけれど、戦闘に巻き込まれる機会は少なかったので、中学や高校の日本史教科書には控え目にしか取り上げられていない戦争が。そう、第一次世界大戦です。本書が重視したいのはこの世界大戦なのです。

人類史上初めて世界大戦の名が冠された戦争。大西洋も太平洋もロシアも西ヨーロッパも戦場になりました。期間も長い。一九一四(大正三)年から一八年まで。特にヨーロッパの参戦国にとっては人的・物的資源を使い果たす戦いになりました。石原莞爾《かんじ》曰く「総力戦かつ持久戦」です。逆さに振っても鼻血も出ないくらいのものです。

もちろん、単に長期間に及んだ戦争というなら、幾らでも前例があります。ヨーロッパに限っても、一四世紀から一五世紀にかけて英仏百年戦争がありました。一七世紀には、カトリックとプロテスタントの対立からドイツを主戦場にして三十年戦争が打ち続きました。一八世紀には、プロイセンとオーストリアの争いにイギリスとフランスの争いが複合した、すこぶるややこしい七年戦争が行われました。ナポレオン戦争はというと、一七九六年から一八一五年までに及んでいます。いずれの戦争も第一次世界大戦より長い。
けれど、これらの戦争は言わば季節戦争でした。期間の最初から最後まで休みなく闘っていたわけではない。ところが第一次世界大戦では、たとえばドイツ軍と英仏軍が英仏海峡側から地中海側まで伸びきった前線で、莫大な兵力と物資を動員しつつ、ずっと緊張して対峙し続けた。バブル時代に「24時間戦えますか」という栄養ドリンクの宣伝文句が流行りましたが、遊ぶにせよ働くにせよ目一杯休みなく稼働することが近代に支配的なエートスだとするならば、それが第一次世界大戦にあまりに過激に表れたのです。

このような新しい戦争の意味合いを、当時の日本人はどのように受け止めていたでしょうか。主戦場が遠いヨーロッパであることをいいことに多くは高みの見物を決め込んでいました。どうも実感がありませんでした。遠い世界の出来事でした。それはその通りでしょう。とはいえ、彼方の戦争を想ってほとんど神経症を患うほどに懊悩した作家も居ました。あるいはあまりにお気楽に大戦争をやりすごすこの国の人々に覚醒を促して厳しい言葉を投げつけた思想家も居ました。まず、そのあたりから話をはじめるつもりです。

それから、第一次世界大戦の中では珍しく東アジアが戦場となった事例を検証し直してみましょう。中国は山東半島のドイツの植民地を日本軍がイギリス軍の助けも借りつつ攻略した青島《チンタオ》戦役です。さらに、遠くヨーロッパに足を運んで第一次世界大戦の主戦場を目の当たりにした日本の軍人たちが、そこから何を学び何を考えたのかにも目を配ってみましょう。

来たるべき日本の加わる大戦争は短期で済ませられるのか、どうしても長期に及ばざるをえないのか。日本は「持たざる国」のままなのか、「持てる国」に化けられるのか。精神主義に頼るのか、物質主義に乗り換えるのか。「天皇陛下万歳！」が明治や大正以上に昭和で叫ばれなくてはいけなくなったのはいったいなぜなのか。時代が下れば下るほど、近代が進展すればするほど、神がかってしまうとは、いったいどういう理屈に基づくのか……。

そういう昭和の日本の問題群は、日露戦争の結果から導かれたというよりも、また第二次世界大戦に向かってゆく時代の空気の中から導出されたというよりも、第一次世界大戦をどう受け止めたらよいのかというところから現れ来ったと考えることもできます。第一次世界大戦の影響から分岐し対立し錯綜し暴走していった諸々の戦争観・戦争哲学を読み解きつつ、近代日本に、ちょっと違った角度から光を当ててみたいと思っています。

目次

未完のファシズム

「持たざる国」日本の運命

第一章　日本人にとって第一次世界大戦とは何だったのか

小川未明の懊悩

海のかなたで、大戦争があるといふが……

小川未明という作家が居りました。「赤い蠟燭と人魚」や「野薔薇」などの童話で今も知られているでしょう。しかし、彼は最初から児童文学に専心していたのではありません。

未明は、一八八二（明治一五）年に新潟県中頸城《なかくびき》郡高城《たかぎ》村、現在の上越市に生まれ、一九六一（昭和三六）年、東京都杉並区高円寺で亡くなっています。父親は小川澄晴といい、旧高田藩士。さすが越後人ということか、郷土の誇り、上杉謙信を信仰していました。いかにもありがちな英雄崇拝ですけれど、ただしその程度が並大抵ではありません。謙信が居城を構えていた春日山に、自ら運動して神社を建て、宮司になりました。春日山神社の起こりです。その反動なのか、未明は英雄よりも民衆の側にたちたがる文学者に育ってゆきました。ゴーリキーやクロポトキンに傾倒し、大杉栄と交際して、社会主義者、無政府主義者と目されるようになりました。

一方、たとえば鈴木三重吉《みえきち》とも大正のはじめからつきあって、雑誌『赤い鳥』の運動にもかかわりました。大人向けと子供向けをまたにかけて創作したのです。が、やがて童話に主軸を移し、大正末年にはそちらに専念すると宣言しました。もちろん未明にとっては、大人向けとか子供向けとかは本当は第二義的問題だったのでしょう。肝腎なのは、上杉謙信のような超人の側ではなく、貧乏人や子供や下層労働者や一兵卒や女性の側に居るということだったのです。「赤い蠟燭と人魚」や「野薔薇」を読めば明らかではないでしょうか。童話か小説かは、未明にとって方便でしょう。

その未明に「戦争」という短編があります。これは大人向け。荒正人《あらまさひと》はエッセイと呼んでいますが、どちらかといえばやはり小説でしょう。一九一八（大正七）年一月、雑誌『科学と文芸』に発表されました（なお本書では、小川未明にかぎらず、引用に際しては漢字表記を原則として新字に改め、句読点やルビや濁音を適宜改変しています）。

海のかなたで、大戦争があるといふが、私はそのことを時々口に出して話すが、実は心の底でそれを疑つてゐるのだ。「戦争があるなんて、それは作り話ぢやないのかしらん。私及び私のやうな人間をだまかさうと思つて、誰かがうまくたくらんだ作り話ぢやないのか知らん。」と思つてゐるのだ。

大戦争とは、第一次世界大戦のこと。一九一四年六月二八日、ボスニアのサラエヴォでオーストリア皇太子夫妻が暗殺されたことを直接のきっかけとして、一か月後の七月二八日、オーストリアがセルビアに宣戦を布告。それからすぐにロシア、ドイツ、フランス、イギリス等を巻き込んで、戦火は全ヨーロッパを覆い、泥沼の長期戦になってゆきました。終わったのは、未明の短編が世に出た年の晩秋。足かけ五年も続きました。その世界史的戦争が実は作り話ではないか、ほんとうはやっていないのではないかと、未明の分身である「私」は言うのです。

なぜでしょうか。東京では町を歩いていても、だれもが楽しげだからです。「こんなに余裕があつて」、「落着いてのんきに笑つたり」、「芝居を見物するものもあれば、贅沢な真似などをして平気でゐる」者もある。「みなが笑つた眼付をしてゐる」。「一日に五万人も、十万人も死んだり、殺されるといふ新聞の報道が事実であるなら、誰でもからうしてぢつとしてはゐられない筈」ではないだろうか。ところが日本の生活はあまりに平和で享楽的。人類史上始まって以来の、桁違いの死傷者を出している戦争を、実感をもって受け取っている様子が、少なくとも東京の生活を観察するかぎり、ちっとも認められない。

こんなことがありうるだろうか。世界の現実を絵空事のようにしか感じられないとしたら、人類愛とか社会主義とか人道主義とか平和主義とかいうものはいったい何なのだろう？　もしかして、現実として伝えられていることは、実は本当に絵空事なのではないかしら。でなければ、この東京の様子は説明がつかない。「私」はそういう幻想にどんどんとらわれて、神経症的世界に落ち込んでいってしまうのです。

そんなおり「私」は風邪を引き、医者に往診を頼んで、次のような会話を交わします。

「あの昨日もらつた薬はなんですか。」と訊《き》いた。
「あれですか、やはりアンチピリン剤です。」と医者は答へた。

「いつものアンチピリンと異《ちが》ひますな。」

「そんなことはありません。」

「外国品ですか？」

「戦争で、外国品は来ません。」


ここで「私」は、医者の言っていることはまるで嘘っぱちなのではないかと思わざるをえません。なぜなら東京には今も舶来煙草や洋酒が氾濫しているからです。

日本で西洋医薬品が品薄になって、価格が高騰したのは歴史的真実です。そのせいで「文明開化」以後、評判の落ちる一方だった漢方薬や民間療法が見直されることにもなりました。けれども、外国品の来る来ないという話は、庶民の目からすれば都合よく使い分けられているようにも感じられます。あるところにはあるのですもの。そこから、物の値段を吊り上げ特権階級がますます儲けるために、ありもしない戦争の幻影がまかり通り続けているのではないかという「私」の一種の疑惑もしくは信仰も生じてくるのです。

しかし、医者はあくまでも言い張ります。


「戦争で、薬品が欠乏してゐます。非常に価が上りました。」と医者は言つた。

「嘘でせう？」

「どうしてですか。」

「みな好い加減なこと言ふんでせう。」
「へへへへ。」と、如才のない医者は変な顔をして苦笑した。そして鞄の柄を握ると、
「御免下さい。」と、彼は、その日は慌だしく帰つてしまつた。私は寝たままこの偽善者の後姿を憎悪の瞳で見送つた。

このくだりに、第一次世界大戦とは日本人にとっては実利の機会、ゲームのようなものであって、それ以上の何ものでもないのだという未明の歴史観が象徴されていると言ってもよいでしょう。

戦つて血を流してゐる人間だけに「戦争」がある

なぜ、日本人はそんな態度で時代をやりすごせるのか。短編小説「戦争」の主人公である「私」の錯乱と懊悩は、もはや心の内では収拾不能となって溢れだし、「私」はすがる思いで、東京の郊外に住む友人のFを訪ねます。

Fは「往年悲痛な心の経験を嘗《な》めてから」「独身で暮し」、「心は冷やかになつてゐ」て、「読書に日を送つて」いる。「めつたに町へも出なければ、またいろいろの人とも遇《あ》ふことを嫌つてゐる。しかし、そのまなざしは「水晶のやうに澄み切つた輝きを帯びて、ぢつと誰でも見据ゑ」ているようである。要するに彼は見者であり洞察者であり、「私」の最後の頼みの綱であり、歴史を、現実を、正しく説明してくれる人の筈なのです。

「私」はFに疑問をぶつけます。「もし、戦争が真実にあるなら、そして、海のかなたで、同じ運命の下に生活する人間等が血を流してゐることが真実であるとしたなら、どうしてこの眼前の社会がこんなに平気に愉快さうに、また虚飾に流れてゐることが出来ようか？」と。するとFは、戦争は本当のことなのだ、「私」がそれは虚妄なのではないかと考えることの方が実は虚妄なのだと答え、こう続けるのです。

同情とか、同感とか言ひますけれど、それは不可能なことを強ひるものです。その場合、同じやうにその事実を経験しないものに、どうして、同じ心が分りませう。苦痛や煩悶が分りませう。（中略）戦争をしてゐる者は、自分以外の彼等ではありませんか。なんでこの街に住んでゐる人々に戦争がありませう。なんで戦争といふことが分りませう。人々は言葉で「戦争」と言ひますけれど、形のないことを話し合つてゐるのです。戦つて血を流してゐる人間だけに「戦争」があるばかりです。

そして、Fの話はこう展開します。

なんのために戦争をするかといふに、ただ生きるためです。より幸福に生きるためです。なんのために、戦争を肯定するかといふに、やはり幸福に生きるためです。より多くの利益を奪ふためなのです。（中略）すべての物の価値は、ひとり生きてゐる人間にとつてあることです。

死んだ人間には、なんにもありません。（中略）生きてゐる人間にとつて、戦争が幸福を持ち来すものなら、戦争も大いに善いことにちがひありません。

かくて東京の多くの人々が、なぜに楽しそうな顔をしているかは、Fによって見事に解き明かされました。この戦争は日本に幸福をもたらしているのです。戦乱のヨーロッパの商工業は軍需に集中し、民需がこぼれてしまっている。世界のあちこちに品物が行き届かない。ヨーロッパ自体からして足りない。ヨーロッパの生産力を軍需に特化しても、その軍需すら満たしきれない。市場のいたるところに空隙が生まれる。そこに日本が入っていって大商いをする。儲かる。だから戦争は悦《よろこ》ばしい。

一方、戦争はとうぜん悲惨なものでもある。けれど、その悲惨さは直接に経験している者以外には決して分からない。直接に経験した者でさえ、時を経れば忘れてしまうかもしれない。ましてや海のはるか彼方の戦争のことをどうしておのれのことのように受け止められるだろうか。はて、するとそもそも「私」は、なぜにヨーロッパに足を運んだわけでもないのに戦争の惨害に思い悩んでいるのでしょうか。戦争反対や平和主義といった観念だけで、経験しないことを親身に考えられてしまう特別に選ばれた人だからでしょうか。いや、そうではありません。「戦争」という小説で「私」は、わが子を喪《うしな》った悲しみを繰り返し述べています。実際、未明は、第一次世界大戦の始まった年、一九一四（大正三）年の二月に、長男の哲文を疫痢で亡くしているのです。六歳でした。この体験が「戦争」の「私」に映され、「私」はおのれの愛児喪失と、大戦下のヨーロッパにおける「ルマニー（ルーマニア）や、ガリシヤ（ウクライナ西部とポーランド南東部にまたがる地域）、白耳義（ベルギー）や、伊太利（イタリア）で行はれた子供の虐殺」についての報道を、生々しく重ね合わせられるがゆえに、にやにやしている人々に憤っているのです。未明とその分身の「私」にとっては、世界大戦の開始と同時に子が逝ったという特殊な体験によって、ヨーロッパに「同情」し「同感」することが可能になっているというわけです。

Fと語り合ったあと、「私」はFと夕暮れどきの都会の郊外をさまよい、幻を見ます。

> 可憐な子供等が寒さと、飢ゑと、怖れに戦《おのの》いて、ある者は泣き、ある者は叫びながら幾十人が一塊りとなつて、広い空地に右を向き、左を向き、互に誰か迎へに来てくれるだらう？　いつ迎へに来てくれるだらうか？　と思ひながら、やがて日の暮れるのも知らず佇ずんでゐる。この時、規律正しく、一列になつて兵卒の一隊が前方に現はれる。指揮刀が曇つた空の下で白光りに閃めく。（中略）兵卒は肩の銃を執つて一斉にこつちに向つて狙ひを定める。この瞬間子供等は自分達が、今殺されるといふことを知らない。「打て！」の号令に火蓋は一斉に切られる。急に子供等の悲鳴が聞える。小さな体に起る死の刹那の叫びが聞える。やがてそれらの声が聞えなくなる。日暮方の曇つた空の下には、罪もなくして虐殺された幾多の死骸が散乱する。その上を寒い風が吹き、それらの肉を啄《ついば》まうとする群鴉《ぐんあ》の啼声がして、黒い影が無数に輪を空に画くのである。「ああ。」と私は覚えず溜息を吐いた。

悪夢のような光景です。そしてそれはヨーロッパの現実であるとともに、作家が長男を病で亡くした「あの永久に忘れられない日の悲痛な幻影」のひとつの変型なのです。「私」の子供は「死の苦しみをただひとり自身の小さな体に経験して、この無関係な冷やかな社会の中に、寂寥と苦痛の底に死んで行つた」のだ。そのとき「私」をはじめ、誰一人として「真に子供の苦痛に同感してやるものがなかつたのだ」。子供に申し訳ない。なぜ、我が子の死に至る苦しみを、そばにいながらもっと切実に受け止めることができなかったのか。きっと治るのではないかなんて、気楽に考えていられたのか。作家は悔恨の念に苛《さいな》まれ、子供の死の瞬間の悲痛な記憶を幾らでも変奏できるがゆえに、ヨーロッパの子供たちの死にとてつもなく敏感で居られるのです。

小川未明と長男・哲文　1914年夏

言い方を変えれば、そういう特殊な状況がなければ、長男が愛らしくニコニコと玩具と一緒に遊びながら元気に作家の身辺に居てくれたとすれば、作家もやはり微笑んで戦時を過ごしていたかもしれないということです。「戦争」という短編での未明の想像力は、ひとえに長男の死のみを架け橋にしてヨーロッパとつながっているのであり、ほかの回路は存在していません。第一次世界大戦は日本人にとって、そのくらい遠くて、ふつうにはつながりようのない出来事だったのです。

「高みの見物」と「成金気分」

日本国民は、此の黄金の雨に、何れも皆な潤へり

小川未明の「戦争」は、第一次世界大戦をテーマにした日本文学として、数少ない傑作のひとつかと思います。この短編小説で批評された、日本人にとっての対岸の火事にして懐をあたためる機会としての大戦のイメージは、戦後まもなく、徳富蘇峰によってじょうずに整理され、まとめられました。

戦争が終わったのは一九一八(大正七)年一一月、ヴェルサイユでの講和会議が済んだのは翌年六月。それからほぼ一年後の一九二〇年七月一五日の午後二時、蘇峰は、約八〇〇頁に及ぶ大著『大戦後の世界と日本』を神奈川県逗子の蘇峰の別荘、観瀾亭で脱稿します。明治、大正、昭和をまたにかけたこの大言論人にして思想家にして歴史家は、一八六三(文久三)年の生まれですから、大戦期には五〇代でした。

その浩瀚な書物にいったい何が述べられているのでしょうか。蘇峰は「日本国民の真誠なる国民的発奮と、努力とは、明治三十七八年役迄」であったと、挑発的に断言してみせます。「明治三十七八年役」とは日露戦争のことです。そこまでは日本人は国民一丸になって一所懸命にやった。しかし、ロシアにいちおう勝って明治維新以来の国民的緊張が弛《ゆる》んでしまった。その傾向は

明治天皇の崩御によって助長された。明治天皇という国民の偉大なる厳父が去ったことで、愛国者の立場からすれば決して歓迎されざる種類の解放感というか年季が明けてもう遊び暮らしても構わないのだという感覚を国民が味わってしまった。そのあとが第一次世界大戦。それは日本人にとってはほとんど「魔薬」であった。日本人は最悪のタイミング、気の弛みきったところで、「魔薬」を服用してしまったのだ。蘇峰はそのように論を進めてゆきます。すると、その「魔薬」とは日本人にどんな作用を与えたのでしょうか。

（第一次世界大戦が日本にもたらしたものは）一言すれば成金気分あるのみ。
固《もと》より仔細に勘定すれば、其の以外に、若干の獲物無しとせず。曰く二十幾億円の正貨、曰く青島、及び山東省に於ける独逸国権利の取得、曰く南洋群島に於ける委任統治、曰く列国大戦の虚隙に乗じたる、我が貿易圜の拡張等の如き、何《いず》れも桃太郎の鬼ヶ島征伐の獲物以上として、珍重する者さへある也。然も是れ唯だ部分的の獲物のみ。若し国民的に看来らば、吾人は唯だ成金気分と云はんとす。而して是れ実に、日本帝国の一大禍機と為す。

ヴェルサイユ講和会議は、日本に、アジアや太平洋におけるドイツの権益を分け与えました。蘇峰が青島とか山東省とか南洋群島とか言っているのは、そのことです。しかし、それよりも何よりも重要なのは、日本国民が大戦の期間を通じて軽佻浮薄な「成金気分」に浸ってしまったことであり、それが今後の日本の大いなる禍の種になると、蘇峰は言うのです。「魔薬」とは「成金気分」に浸らせる薬ということだったのです。未明の喝破したのと同じことです。

鬼が出る乎、蛇が出る乎と疑惧したる、世界的大戦争は、日本国民に黄金の雨を降らせたり。日本の黄金の雨は、米国の黄金の洪水に比すれば、ミシシピー河の水勢と、隅田川の水勢との相違だにも及ばざれども。従来金渇病の患者たりし日本国民は、此の黄金の雨に、何れも皆な潤へり。否な少くとも潤へるものと感ぜり。世界列強の不幸、厄運を余所にして、不景気知らずの日本、商売繁昌の日本、世界得意先の千客万来の日本は、一切の事を打ち忘れて、何れも戦争大明神と高歌、抃舞《べんぶ》せり。

蘇峰が「鬼が出る乎、蛇が出る乎」と記したように、戦争当初は日本経済はおっかなびっくりな雰囲気に包まれて、大いに沈滞しました。もともと日露戦争時に出来た巨大な外国債務（日露戦争の戦費の半分にも相当する一〇億円！）がのしかかって青息吐息で、大阪の北浜銀行をはじめ、名のある企業の休業や倒産も相次いでいたところに、大戦の先行きへの不安感や恐怖感が投資を冷やし、産業界はますます低調にならざるをえなかったのです。

しかし、戦争が短期では終わらず、ヨーロッパ諸国が産業を軍需本位に転換させ、それでもなお間に合わないということになって、状況は大戦二年目の一九一五年から急激に変化しはじめました。ヨーロッパが日本から軍需品を輸入しようということになったのです。

商売繁昌の日本、世界得意先の千客万来の日本

そもそもその頃の日本経済といっても、世界からみればまだまだ規模はごく小さなものでした。大戦前年の一九一三年の日本の工業生産高は、アメリカの三六分の一、ドイツの一六分の一、イギリスの一四分の一、フランスやロシアの六分の一、ベルギーやカナダの半分で、植民地インドとどっこいどっこいだったといいます。しかも日本工業の主力は紡績であり、重化学工業は依然としてきわめて貧弱でした。その手のものは輸入に頼る。それが日本のやり方でした。日露戦争に勝ったといっても、それは極端な言い方をすれば借金して輸入した飛び道具を使ってかろうじて勝てたのでした。ロシアと争える工業力はこの国にはなかったし、戦勝後約一〇年を経ても、工業力は、革命寸前のロシアに比して、依然数分の一の域にとどまっていた。足踏み状態が続いていた。というか、日露戦争期の設備投資が戦後過剰になり、外債の利払いに追われ、にもかかわらず貿易は輸入超過で、正貨の蓄えもなくなりかけ、経済破綻寸前というありさまだったのです。

そこに起きたのがヨーロッパの大戦争でした。ヨーロッパから銃器、弾丸弾薬、輸送船舶、軍服、軍靴、銅、澱粉、豆類などの注文が続々と舞い込みます。大戦特需です。日本の産業界は日清と日露の両戦争をまがりなりにも経験していますから、その種の注文には応じられました。得意な範疇でした。それで急に活気づいたのです。

中でも真っ先に好景気に沸いたのは海運です。輸出品の運搬もあれば、ヨーロッパ諸国が船舶不足から日本船を雇うということもある。日本船舶業界の運賃と傭船料の収入の総計は、一九一

三年には四二四〇万円。それが大戦二年目の一九一五年には六一九〇万円、三年目には一億七五八〇万円、四年目には二億九四九〇万円、五年目には四億九五〇〇万円と、毎年のように飛躍するのです。

一方、ヨーロッパからの輸入品は来にくくなります。軍需で手一杯で輸出どころではない。大戦前半には参戦しなかったアメリカも、連合国側の補給基地同然になりますからアジア向けの輸出には手が回りません。一九一五年にはアメリカ鉄鋼界はヨーロッパの需要の高まりに対応すべく、鉄を売り止めにし、新規の申し込みはとうぶん受け付けないと宣言したりもしました。

かくて当然、外国頼みだった物資は不足します。具体的には、鉄類、硫酸、アンモニア、化学染料、薬品、板ガラス、生ゴム、グリセリン、ダイナマイト、石炭酸、苛性ソーダ、サリチル酸、洋紙などなど。これらはみな派手に値上がりしてゆきます。鉄材は開戦二年目の一九一五年には開戦前の五倍に、苛性ソーダは一九一六年には開戦前の六倍に、化学染料は、紫を出す塩基染料なら一九一六年には開戦前の三二倍に、黒を出す酸性染料なら三六倍に、価格が高騰しました。ソーダはイギリス製品、化学染料はドイツ製品が強く、まともな国産品などまだまだだったのですから、物が入ってこなくなれば、物価騰貴は理の当然。薬もドイツ製に依存していたので、小川未明が高い風邪薬代をふっかけられて鬱屈し、世の中に不信感を募らせるのも、もっともだったのです。

品薄で値上がりする。ということは、その品物があれば当然儲かります。輸入で賄っていた物資のうち国産にできるものは国産にしてしまおう。外国品との価格競争なしに市場を占有できるではないか。ヨーロッパからの軍需品の注文に応じるためにも原料の供給を絶やせないものもある。こうして投資が投資を呼ぶようになる。官民一体になっての種々の新規事業熱が煽られてゆく。たとえば八幡製鉄所の大拡張突貫工事が急遽、一九一七年に行われたのは偶然でも何でもないのです。鉄が足りなければ国内生産能力を高めるしかない。国際競争力がないせいで鳴かず飛ばずだった日本の化学工業も、競争相手が消えたおかげでにわかに急成長してゆきます。

それからたとえば造船です。大規模な設備投資が繰り返されました。大戦前と大戦末期を比べると、大型船の造船所の数も実際の建造総トン数も一〇倍近くに増えました。年間二〇〇〇総トン以上の建造能力を持つ造船所は、一九一三年には七か所だったのに、一九一八年には五七か所になり、建造量は六万総トンから六三万総トンにまで膨らんだのです。これはもちろん、ヨーロッパでどんどん船が沈められるのでその穴埋めにひっきりなしに造船に励んだ結果です。さらに電力。事業者数は一九一四年には四六一だったものが、一九一九年には六一一に増え、発電力は一一一万キロワットから二一八万キロワットへと倍増しました。

また、ヨーロッパの商品が席巻していたアジア等の民需品市場にも大変化が起きました。たとえば大戦前、アジアの綿糸や綿布の市場は、中国ではイギリスやその植民地のインドが、東南アジアではイギリスやオランダが制していました。ところが品物の供給が続かなくなります。そこに日本製品が食い込んでいったのです。日本の綿業は大戦前と大戦末期を比べると、規模が倍になりました。あるいはおもちゃ。ドイツ製が世界市場を制していたのですが、その供給が止まったので、日本製品が出ていけるようになりました。輸出額は開戦の前と後ではすぐに倍増してしまいます。第一次世界大戦は日本に重化学工業を本格起動させたとよく言われますが、軽工業にもさらなる大躍進を遂げさせたのです。

かくして、日本の貿易統計はたちまち別の国の如くになってしまいました。一九一三年には九七〇〇万円の入超であったものが、一九一五年には一億七六〇〇万円、一九一六年には三億七一〇〇万円、一九一七年には五億六七〇〇万円の出超になります。翌一九一八年は落ち込みますが、それでも二億九四〇〇万円の出超です。

それから貿易外収支、つまり保険料等の国際収支も黒字が続きました。一九一五年から一八年まで、それぞれ、六九〇〇万円、二億七七〇〇万円、四億一五〇〇万円、五億七八〇〇万円の出超です。

以上の、貿易と貿易外の、一九一五年から四年分の収入超過を累計すると、二七億四七〇〇万円もがこの国に転がり込んだことになります。日露戦争の戦費が二〇億円だったことを思えば、とてつもない金額というほかありません。

さらに全般的数字にふれるならば、日本企業の払込資本の総計は一九一三年には二〇億円だったのに、大戦期の日本企業の新規投資額の総計は一四三億円にも及びます。経済の規模が一桁ハネ上がってしまったのです。

株価もまたしかり。鐘淵紡績の一九一三年の最高値は一一四円九〇銭。それが一九一六年の師走には二七九円三〇銭になりました。同じ期間でみると、東洋モスリンなら四二円一〇銭から一一三円に、台湾製糖なら七七円五〇銭から一四一円五〇銭に、日本郵船なら一二一円八〇銭から三九三円六〇銭に、大阪商船なら六〇円二〇銭から二九六円一〇銭に、といった具合です。

ただ、株価の場合は、一本調子に上がったのではありません。浮き沈みが激しかった。何しろ戦争相場ですから。世界大戦は結果的には四年と四か月も続きましたが、最初からそれだけ続くと予測できた相場師はまさか居なかったでしょう。終わる終わるという噂がしょっちゅう出ました。そう思わせる報道がありました。特に開戦年の一九一四年の段階では、あっという間にケリがつくという予想が、当事国の政治家や軍人のあいだでも主流だったのです。一九一五年にも春先にはいよいよ講和近しとの情報が飛び交いましたし、年末にはドイツが講和を提案するというので、相場は暴落しました。毎年のようにその調子でした。もちろん、日本の株式市場は常に講和を嫌気《いやけ》し、その噂が流れる度に下げたのです。軍需景気がいつ止まるかと戦々恐々とする。戦争がまだ長びきそうだと思えば上がる。その繰り返しでした。

徳富蘇峰、日本人を叱る

日本国民は世界列強の競争場裡に独り取り残されたり

第一次世界大戦は、日露戦争で背負った債務で沈没しかけていた日本経済を蘇らせました。それどころか爆発的に発展し膨脹する契機となりました。この時代には高度経済成長という言葉こそありませんでしたが、まぎれもなく同様の事態が起きたのです。

けっこうずくめと言えば言えます。近代国家が商売繁昌して何も悪いことはありません。しかし徳富蘇峰の話に戻りますと、彼はそれを喜びません。あまりに濡れ手で粟だったからです。くじに当たりつづけるかのように大金が転がり込んで笑いが止まらなくなった。蘇峰は著書『大戦後の世界と日本』で、そんな日本人を強く叱ります。

乞食芝居さへも、尚ほ若干の木戸銭を徴す。然るに振古未曾有の大活劇を見物して、啻《ただ》に木戸御免のみならず、役者より種々の馳走は愚か、見物料まで提供せらるゝに至りては、冥加余りて、恐ろしき程ならずや。我が国民は倫敦《ロンドン》、巴里《パリ》の市民が、父は子を失ひ、妻は夫を失ひ、姉妹は兄弟を失ひ、而して残留する彼等さへも、日夜敵の長距離砲弾や、飛行機、飛行船の襲撃に威脅せられて、殆ど神経患者たらしめつゝある際に、悠々黄金の雨に潤ひ、泰平を楽めり。其の一苦一楽、恰《あたか》も現世に、地獄と極楽とを、活現したるの看なしとせず。是れ乃《すなわ》ち表面の得失と為す。

世の中は苦あれば楽ありでなくてはいけません。しかし日本はあまりに苦を味わわなかった。楽あれば楽ありだけだった。ヨーロッパでは一般市民まで命懸けだったのに、日本人は安逸をむさぼった。おもてなしつきの高みの見物という贅沢を決め込んだ。成金が札びらを焼いて明かりにしたとか、普通の職工が時間外手当てをたっぷり貰って大店《おおだな》の若旦那同然の暮らしをし、廓《くるわ》から工場に通ったとか、みんなこの時期の話です。つくづくおめでたすぎて、楽してあたりまえという時間が続きすぎたと、蘇峰は言うのです。

でも、個人の一生にも、国家社会の歴史にも、安楽のかぎりを尽くせるときがあっても別にいいのではないでしょうか。それをあんまり怒るなんて蘇峰は堅いばかりの道徳家なのでしょうか。

そういう面も確かにあります。苦労し挫折すればするほど、人も社会も七転び八起きで、あとで一段と立派になる。蘇峰は、そういう、いかにもありがちな道徳観の典型的所有者でした。だからこそ彼は第二次世界大戦が終わったときにも、八〇代半ばの老骨に鞭打って『敗戦学校』を著したのです。敗戦のような艱難辛苦の経験こそが国民を真に教育する学校なのだという議論です。第一次世界大戦では「敗戦学校」にも「苦戦学校」にも行かずに済んだ。「楽勝学校」という大甘の学校に通ってしまった。そのつけがめぐりめぐって、一九四五年には厳しい学校に入らざるを得なくなったけれど、それもまたよし、歴史の摂理、今度こそ大いに学べ、という思想です。

しかし蘇峰が第一次大戦時の「成金気分」を批判したのは、人間は辛い目に遭うことを忘れてしまっては駄目だ、ヨーロッパでは大勢悲嘆に暮れている人々が居るというのに能天気な振る舞いをしていては人としてなっていないと

徳富蘇峰　1925年　徳富蘇峰記念館蔵

いった、単なる修身の教科書のような道徳観からだけではないのです。あるいは、先にみた小川未明の短編小説「戦争」に通じるような、ヒューマニスティックな感情にかられているわけでもないのです。もっとリアルなのです。現実主義なのです。

彼は『大戦後の世界と日本』で、こう言います。

古人は衣食足りて礼節を知ると云へり。されど我が社会は、財嚢充実して、否な財嚢の充実を夢みて、昏睡状態に入れり。改革何物ぞ、進歩何物ぞ、向上精進何物ぞ。此の如くして日本国民は、世界列強の競争場裡に、独り取り残されたり。然も我が国民は尚ほ、世界列強に一頭地を抜きつゝ、前進しつゝありと夢想し居るものに似たり。

はて、列強の競争から日本が取り残されたとはどういうことでしょうか。大した犠牲も払わず、国を大いに富まして、勝ち馬に乗れたこの国は、むしろ今後の競争のための貯金を作れたくらいだったのではないでしょうか。

いや、そうではないのです。西欧も中欧も東欧もロシアもアメリカも、世界大戦で高い代価を支払ったからこそ、心底学べたことがあった。ところが、日本は戦争の舞台に立たず見物席で呑気にしているばかりであったがゆえに、そのうえ、せめて真剣に見物していればよかったものの、そうでもなかったがゆえに、すっかり学び損ねてしまった。それが拙い。学習の差がじきに国難を招き、日本を滅ぼすことにつながりかねない。蘇峰はそう考えたのでした。

学び損ねたこととはいったい何であったのか。蘇峰はまず、戦後の思想的風潮を非難します。世間では、武断主義のドイツが、米英仏といったドイツほど武の発言力が強くないはずの国に敗れた事実に、国家主義・軍国主義・集団主義・エリート専断政治から、社会主義・文治主義・個人主義・デモクラシーへの、大きな時代の波の転換を見たがっている。だが、そうだろうか。第一次世界大戦の結果の意味するところはそんなものではないのではあるまいか。確かに軍人政治と文官政治の対や、エリート政治と民主政治の対は、二者択一を迫るものかもしれない。けれど、国家主義とデモクラシー、国家主義と政党政治、デモクラシーと戦争などは、矛盾しない組み合わせではないのか。第一次世界大戦を経験した欧米人は、国家主義や戦争にうんざりして、それらに退場を宣告したのでは決してない。国家主義や戦争が今までとはちがった衣装をまとい直さねばならなくなったと教えてくれたのが大戦だったのだ。そのことを舞台上の登場人物たちはいやというほど学習した。けれども、列強と呼ばれる国々の中では世界大戦の事実上の局外者であった日本だけが、この新たな教訓を実感できていない。というのが蘇峰の言い分です。

世界何れの強国も、皆な国家、及び民族を以て、其の単位となし、互に雄長を競争しつゝあり。乃ち個人主義国として、自ら誇れるアングロ・サクソン民族の如きも、其の対世界的経綸は、主として国家を以て、国家に拠りて、国家を透して、之を行はざるものなし。凡《およ》そ現時に於て、国家主義の旺盛なる、未だ英米両国に比す可《べ》きものを見ず。人唯だ眼前独逸《ドイツ》の衰亡を援《ひ》いて、世界に於ける国家主義の衰亡と云ふ。是れ臆断にあらざれば、妄想のみ。

彼は続けます。

惟《おも》ふに世界大戦は、個人主義が国家主義に取つて代りたるに非ずして、独逸流の国家本位が、英米流の国家本位に致されたる也。英米流の国家本位は、個人に出来得る限りの自由を与へて、之を国家の目的に使用する也。而して其の所謂《いわゆ》る英米流なるものも、即今に於ては、半は独逸流を加味したるものと知る可し。

国家のために国民を動員し、その力によって、国家を生き残らせ、勝ち残らせようとする。その意味でドイツも英米も国家主義である。国民も国家が立たなければ共倒れであるから、それなりに協力する。アメリカ国家もアメリカ人もドイツ国家もドイツ人もみんな同じ穴の狢《むじな》である。しかし、動員のさせ方が違った。英米は国民個々の自主性をより尊重し、ドイツは上から頭ごなしに力ずくだった。その結果、少なくとも今回の世界大戦では英米流の方が効率がよかった。国民のやる気が最後まで衰えなかった。もちろんそこには人間以外の国力、資源等がからみ、いくら人間ばかりが意気昂然としていても、無い袖は振れず、鉄や油が足りなくなって負けるということがあるから、単純には結論づけられないけれども、とにかく個人主義そのものではなく、あくまで個人主義をうまく活用した英米の国家主義が、個人主義を活用しなかったドイツの国家主義に勝ったのである。そこを見誤るととんでもないことになる。ただし、英米は戦時に於いて社会や経済を自由放任にしていたわけではない。まったく国民の自由意思にさわらないなどということはなかった。さわりまくった。国家による強制的施策をとりいれた。そのいちばん極端なものはイギリスの徴兵制導入である。つまり、自由主義や個人主義の原則は修正され、適宜ドイツ化させられた。結局、どっちが勝ったかは本質的問題ではない。二〇世紀に勝ち残るためには各々の国の事情に合わせながら、国家の全力が最大効率で振り絞れる体制作りをしなくてはならない。すべての国家がいわゆる総力戦体制、国民総動員体制を確立しなくてはならない。そうでなくては大戦争にも、あるいは常に戦争のリスクを大なり小なり孕みつつ推移する平時の国力競争にも、決して生き残れない。それこそが第一次世界大戦の教訓なのだ。日本の社会主義者や平和主義者や自由主義者たちは、みんなその肝腎な部分を取り違えて、戦争中の「成金」同様、我が世の春を謳っている。とんでもないことである。

そういう整理です。世界の国家は、自由主義だの軍国主義だの全体主義だの共産主義だの、といった仮面をかぶっている。しかし一皮剝けばみな総動員体制国家、もしくは総動員体制準備国家になろうとしているし、現になりつつあり、そうでない国家は歴史の舞台から退場させられる。国家の二〇世紀化とは総動員体制国家化のことである。このような蘇峰の認識は、たとえば、二〇世紀末に盛んに行われ、今日の学界にも影響力を保持していると思われる、山之内靖による近代化と総力戦体制化とを直結させる議論の、はるかな先取りであったようにも思われてくるでしょう。

米国は戦中に於ける臨時の施為を平時に適用しつゝあり

さらに蘇峰の言を聞きましょう。

今や世界列国、何れもいざと云へば、全国総動員もて、其の活動を做《な》す可き準備の必要を、実物教育にて修得したり。是に於てか、戦後の経営は、専ら此の方面に傾注せられつゝあり。英国が英米国を核心として、其の植民地を統合整斉す可く、其の施設に汲々たる所以《ゆえん》、職として此の理由に基かずんばあらず。米国が其の大戦中に於ける臨時の施為《しい》を、平時に適用しつゝある、亦《ま》た同一の理由のみ。

世界大戦を生々しく体験した列強は、国家総動員体制づくりに血道を上げている。英米はその最たるものである。ところが、日本の特に若い層は、イギリスやアメリカにドイツと同じ国家を見ようとしない。国家が個人や社会や自由や人道や国際協調主義によって克服され、消滅しつつあるのだと思おうとしている。なぜだろうか。蘇峰は明治の国家主義高唱時代に思いを致さざるをえません。

吾人は我が新進青年の或者が、所謂る国家を喰物とする、老人輩の言行に慊《あきた》らずして、其の反動の余勢、却《かえっ》て国家を詛《のろ》ふに至りたる衷情を察せざるにあらず。即ち日本の老人等が、国家を濫用したる結果は、其の青年をして、国家に食傷せしめたるの事実を、否定する能《あた》はず。されど彼等は、国家と民族とを離れて、何事を做さんとするぞ。今日国家を超越して、国際的たる可しと唱道する者、世界其人少からず。されど真に国家を超越したるもの、果して焉《いず》くにある乎。

蘇峰は、大正の今こそ国家主義の時代なのだ、明治までとは段違いの国家主義の時代になったのだと熱烈に説きます。すると、どういう国家主義が目指されればよいのでしょうか。やはり世界大戦の勝ち組の中心である米英に学べということになります。両国の政治体制をないがしろにするわけにはゆきません。デモクラシーです。といっても改めて確認するまでもなく、国権に対する民権の発揚としてのデモクラシー政治とは違います。国力を強め結集するためには、民の積極的な意志と行動が不可欠で、民間の活力を汲み上げるための回路を国家社会に築くには、デモクラシーという形式が必要だというのです。しかもその形式は繰り返せばドイツ流国家主義との折衷でなくてはなりません。国家の介入をさまざまな次元で認め、あくまで次の世界大戦が起きても勝ち残れるためのデモクラシーです。そういう意味合いにかぎって、蘇峰はデモクラシーを擁護するのです。

吾人が現時世界に於ける、デモクラシーの大勢に共鳴する所以は何ぞや。此にあらざれば、国家的大活動、国民的総動員を行ふ能はざるを、熟知すれば也。国家の名を僣して、徒《いたず》らに一階級、一部属の利益を壟断するは、国民をして国家に対する愛著の心を失墜せしめ、国勢をして半身不随ならしむる所以なるを、深慨すれば也。
然も此の民族と、此の国家とを無視して、吾人は何事をか做し得可きぞ。則ち知る今日の要は、我が大日本をして、上に一君あり、下に万民ある、皇室中心の一大平民的国家たらしめ。国家の威信と並立する限度に於て、世界と協調を保持し。内は我が民族を一致団結せしめ、外は之を挙げて、我が帝国の使命たる、東亜平和の擁護者となり、東亜諸民族の先導者となり。我が黄人種の重荷を負担し、黄白人種の差別を撤廃し、進んで以て世界的一大平等を打出し、大いに世界の文化に貢献するにあることを。

蘇峰は、日本を一君万民型のデモクラシー国家に改造しなくてはならないと訴えています。国民の全力を引き出し、やる気にさせるには、国家社会に参画し、責務を担っているという心持ちにさせなくてはいけない。国民が国家に対してやる気を出させるには、天皇が要る。でも天皇が強引に命令するのではない。デモクラシーである。天皇を奉りつつ国民が自発的にやる気を出す。それだけでは足りない部分は国家機構が上からデザインして命令する。一刻も早くそんな日本に変えてゆかなくては、世界の大勢から取り残される。いや、変えてゆけたとしても、日本の人口や経済力や工業生産力では、いくら全力を発揮できるようにしたところで、やっぱり駄目かもしれない。無駄かもしれない。米英や、今後未知数の共産ソヴィエトには、所詮はかなわないかもしれない。こちらが力をつけているあいだに向こうもつけていると考えるのが普通である。その論でゆけば、いくら頑張っても追いつかないものは追いつかない。現に第一次世界大戦によってアメリカはますます巨大化した。けれど、日本はすでに世界の顔のひとつになってしまっている。日露戦争に勝ち、世界大戦でもいちおうは戦勝国の一員で、パリ講和会議でも重きをなした。いまさらあとにはひけない。見物客ではなく、登場人物になってしまったのだ。ならば、日本も国家総動員を可能とし、総力戦体制作りに励んでみるしかないだろう。でなければ滅亡あるのみ。蘇峰はかく絶叫しました。

しかし、その声におおぜいが耳を傾けたとは、やはり言いにくいでしょう。「成金気分」から国家を忘却する気分へ。時代の趨勢はむしろそちらにありました。

大戦の衝撃波をまともに被った日本人はどこに？

国民全体の気分の問題としては、第一次世界大戦と日本のかかわりあいは、以上の小川未明や徳富蘇峰の記述と分析に尽きていると言えるでしょう。日本人はあまりに能天気に第一次世界大戦をやりすごしてしまった。あるいは地獄を天国と錯覚したまま終わってしまった。一所懸命考え、学ぼうとはしなかった。そこに未明や蘇峰のような感度の鋭い文学者や思想家は警鐘を鳴らした。でもその程度では、切実な国民的経験として共有されたわけではない第一次世界大戦を、日本の将来を考えるための中心的テーマに置きなおすなどという、歴史観の大転換が起ころうはずもなかった。日本人はついに第一次世界大戦に深く思いを致すことがなく、大陸での利権だ、世界恐慌だ、第二次世界大戦だと、目先に流されて、この国をいったん滅ぼしてしまった。蘇峰流に理解すれば、そんな具合になるでしょう。

しかし、もっと話を局限してみれば、それだけということはやはりないのです。何しろ日本は交戦国であり、しかもそれは決してかたちだけのことではなく、いちおう実際に軍隊を動かして戦闘も行ったのですから。連合国側の一員としてドイツといくさをし、そのおかげで青島や南洋群島のドイツ権益の継承を認められたのですから。蘇峰は第一次世界大戦期の日本をただの観客、しかもお弁当付きの無料招待客のように言いますけれど、少しは戦争の役者もやったのです。また、遠くヨーロッパの戦争の現場に出掛けた日本人も居ました。たとえば観戦武官たちです。すると青島で戦ったり、欧州で大戦の主戦場を体験した彼ら軍人たちは、蘇峰のように日本を改造しなくてはいけないと思ったでしょうか。そういう人も居ました。けれど、とても無理だと思った人も居ました。いろいろでした。次章からはそのあたりをみてゆきましょう。

第二章　物量戦としての青島戦役——日本陸軍の一九一四年体験

神尾光臣将軍の新しい戦争

有島武郎の舅、青島に赴く

有島武郎は、一九〇八（明治四一）年九月一日、日比谷公園の松本楼で、神尾安子と見合いをしました。武郎は三〇歳、安子は一九歳でした。

当時の有島は米国留学から帰国して、東北帝国大学農科大学（前身は有島の母校、札幌農学校。のちの北海道帝国大学農学部）の英語講師となって札幌に赴任したばかり。雑誌『白樺』が創刊され、有島も同人のひとりとなるのは一九一〇年ですから、白樺派の作家と呼ぶにはまだ少し間があります。

一方、神尾安子は神尾光臣という陸軍の軍人の次女です。光臣は信州諏訪藩士、神尾平三郎の次男で、一八五五（安政二）年の生まれ。西南戦争には曹長、日清戦争には大山巌率いる第二軍の情報参謀、日露戦争には乃木希典《まれすけ》率いる旅順攻囲軍所属の歩兵第二二旅団長として出征しています。歴戦のつわものです。娘の見合いのときは日露戦争が終わって三年。近衛歩兵第一旅団長でした。

有島は安子を気に入り、九月のうちに結納をかわしました。式を挙げたのは翌年三月です。そのときは神尾光臣は金沢の第九師団の師団長に転じていました。

有島と安子の札幌での新婚生活は順調でした。一九一一年には長男行光が、翌年には次男敏行が、翌々年には三男行三が誕生します。行光は長じて俳優、森雅之となり、行三はのちに神尾家を継ぎます。神尾光臣は森雅之の祖父でもあるのです。

有島武郎と神尾安子　1909年挙式

一九一四年七月下旬、有島夫妻は、武郎の父の有島武や母の幸、三歳半になった行光らを伴って、九州を旅します。有島家の故郷、薩摩を訪れることと、任地にある妻の父を訪ねるのが目的です。神尾光臣は一九一二年から久留米の第一八師団の師団長となっていました。有島と神尾の二つの家にとってなかなか幸せな時間でした。

ところが、この旅が直接の引き金になったのか、九月に安子が肺結核を発症します。札幌の寒さと男子を三人も年子で出産した疲れも影響したのでしょう。有島は翌年一月には札幌を引き払い、二月には妻の療養先を湘南と定めますが、安子の病はついに好転せず、一九一六年に逝きました。そのあと、有島の創作は実りのときを迎えます。けれど、かなり奔放な人生を送ることにもなって、神尾光臣は大いに悲しみました。

それはともかく、父の光臣は、娘の病気に驚いたことでしょう。しかし、まさにそのとき、一九一四年九月、還暦も近くなった神尾陸軍中将は時代の最前線に投げ込まれていました。西南戦争から日露戦争までで一段落したかと思われた彼の戦歴に、突如として最後の重大な一頁が加わったのです。同年夏、第一次世界大戦が勃発し、日本はただちに日英同盟の誼《よしみ》から連合国側に加わり、ドイツの東アジアに於ける根拠地、山東半島の青島《チンタオ》の攻略に乗り出します。そして派遣軍の陸軍総司令官には神尾が任命されました。

　青島攻略に動員された陸軍部隊は、福岡県久留米の第一八師団、やはり久留米の第二四旅団や長崎県大村の第二三旅団、これが初陣となる陸軍航空隊などで、それらが独立第一八師団として編成されました。第一八師団が臨時に規模を拡大し、青島攻囲軍となった恰好です。人員規模は約三万人。全体の指揮官は第一八師団長の神尾になりました。

　神尾はまさに適任と思われました。日清日露の両戦役に参加しているうえ、日露戦争後は清国駐屯軍司令官や関東都督府参謀長を歴任しています。大陸経験が豊富。しかもドイツによって要塞化されている青島を攻める将軍は、日露戦争のハイライト、旅順要塞攻略戦の現場を知っている人物であるべきで、その点でも神尾は条件を満たしていました。彼は既に日独国交断絶以前の八月一六日には、東京に内々に呼び出されて、時の大隈重信内閣の陸軍大臣である岡市之助中将、奥保鞏《やすかた》元帥、大島義昌大将らと打ち合わせをしています。八月下旬、いよいよ表立って日独国交断絶、開戦の段階に至ると、大正天皇からもじきじきに激励されました。第一八師団司令部が海路、長崎を出発したのは、八月三一日です。

　青島はドイツが手をかけた要塞都市といっても、日露戦争時の旅順に比べれば防備は甘いはず。守備隊も数千人規模。神尾中将は電光石火、獅子奮迅の猛突撃で、たちまち青島を陥落させるに違いない。国民の期待は大いに高まり、神尾はにわかに時の人になりました。日本人は一九年前、日清戦争勝利後に味わった三国干渉の屈辱を、まだまだ忘れてはいません。そのときのいちばんの悪役はやはりドイツ。その後のドイツのアジア侵略の橋頭堡として、喉に刺さった魚の小骨のような圧迫感と不快感を日本人に与え続けていたのが、青島に他なりませんでした。

ドイツの植民地戦略

青島は中国山東省の港町です。山東半島の南側、膠州湾を望む、元は小さな漁村。中国の長い歴史の中で、取り立てて重要な場所と見なされたことはない。一八九一年以来、清国の北洋艦隊が利用するようにはなりました。とはいえ、北洋艦隊の山東に於ける主軍港は、あくまで半島東端の威海衛。青島は補助的な基地に過ぎませんでした。

ところが、この膠州湾に早くから目をつけていたドイツ人が居ました。地理学者のフェルディナント・フォン・リヒトホーフェン男爵です。彼は一八六九年から足かけ四年、中国各地を探査し、山東半島の石炭等の資源の豊かさに注目しました。そこの採掘権を確保する。積み出し港を、軍港としても商港としても適地でありながら、清国のみすみす見逃している膠州湾に築く。そして、港湾都市と鉱区を結ぶ鉄道を敷設すれば、万全の植民地経営をなしうる。巨万の富を得られる。リヒトホーフェンはそういう青写真を描きました。

大学者のふりまいた山東半島の魅力は、「後発帝国主義国」として植民地の獲得を求めてやまないドイツの国論に、徐々に刷り込まれていったようです。ドイツは、中国、特に山東半島周辺の情勢に、敏感に反応しはじめました。

　そうして起きたのが三国干渉でしょう。日清戦争の結果、一八九五年の下関条約によって、日本は遼東半島を清国より割譲されることになりました。が、そこで反対したのがドイツとフランスとロシアで、中でもドイツはいちばん強硬な態度をとり、日本人の末永い怨嗟の的となりました。

　遼東半島は大連や旅順のあるところ。渤海を挟んで山東半島と向き合う。今日では大連と山東半島の煙台とはフェリーで結ばれている。六時間の船旅。広い中国では目と鼻の先。山東に食指を動かすドイツとしては、遼東の問題に神経質にならざるをえなかったようです。

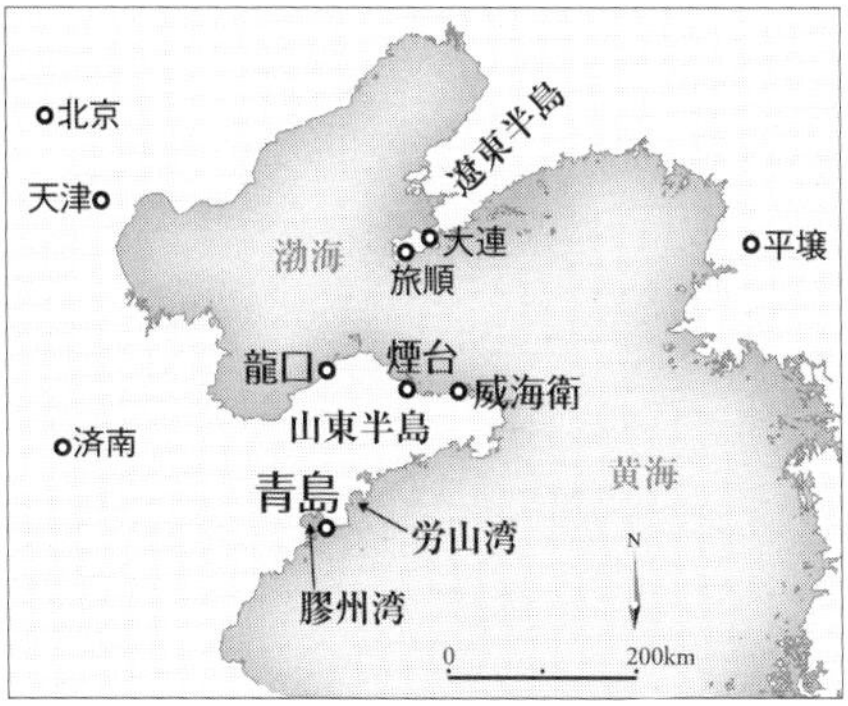

山東半島と遼東半島　地図製作／ジェイ・マップ

　ドイツ外務省は、下関条約に反対し、青木周蔵駐独大使に、「東洋の問題は決して日本一国で処理すべきではなく、東洋平和のためには遼東半島をすみやかに清国に還付すべきであるというのがドイツ皇帝ヴィルヘルム二世の意志であるけれども、日本はそれに背くのか背かないのか」という、最後通牒的文書を手渡しました。さらに、ドイツ政府は、次のような和文の勧告書をわざわざ用意し、日本政府に送りました。

　　貴国より請求したる遼東の所有は東洋平和永続の妨げに

なることであると認めなければなりませぬ。それ故貴国政府が遼東の永久なる所有を断念なさるやうに本政府は勧告します。

こうした高飛車な干渉に抗する国力を、当時の日本は持ちません。日本は遼東半島の権利を清国に返上しました。

三国干渉から二年後の一八九七年。山東半島の曹州でドイツ人宣教師が二人、殺害される事件が起きます。犯人は、義和団の先触れとも呼べる排外的民衆組織、大刀会。この団体は、キリスト教の布教活動をヨーロッパ列強による侵略行為の一環とみなし、教会の焼き打ちなどを繰り返していました。

これをきっかけにドイツは清国に対して露骨な砲艦外交を開始します。ドイツ東洋艦隊はただちに膠州湾を占領し、皇帝ヴィルヘルム二世の弟、ハインリヒ親王が北京で交渉にあたって、一八九八年三月、ドイツと清は膠州湾租借条約を締結。条文では三国干渉により清国の領土保全に尽くしたドイツの恩が強調され、一八九八年から九九年間、膠州湾地域に租借地が設定されて、ここに青島は事実上、ドイツの植民地となったのです。

神尾中将率いる攻囲軍が出撃したのは、それから一六年後のことでした。

青島攻略戦の一般的評価

はて、青島要塞攻略戦とは、いったいどのような戦争だったのでしょうか。従来の一般的評価は、日本軍としてはそれほどの仕掛けがなくても勝ててしまった、取るに足らない楽ないくさだった、というものでしょう。

何しろ、戦いそのものよりも、そのあとでドイツ軍捕虜が大戦終了まで西日本各地の収容所で暮らし、中でも徳島県の板東俘虜収容所では捕虜に比較的自由が許されて、様々な文化活動が行われ、地元住民との心温まる交流もあり、ついには捕虜の楽団がベートーヴェンの交響曲第九番の日本初演までなした、といったエピソードの方が、はるかに有名なくらいなのですから。

あるいは、青島戦がアジアで初の航空機が用いられた戦争だったと記憶しておられる向きもあるでしょう。一九六三（昭和三八）年には東宝が古沢憲吾監督で『青島要塞爆撃命令』なる映画にもしています。加山雄三、夏木陽介、佐藤允が主演しました。複葉機が楽しく飛ぶ、どこか牧歌的な航空アクション青春映画とでも呼ぶべき作品です。

明治の凄惨な日露戦争と昭和のさらに凄惨な日中戦争や日米戦争とのはざまで、何だか呑気に行われた、いかにも大正らしい戦争というイメージが、歴史の中で定着している気もします。とにかく同じ要塞攻略戦でも、日露戦争の旅順の壮絶な記憶とはえらい違いなのです。

実際、多くの権威ある戦史本が青島戦役を格別どうということもない楽勝だったと叙述してきました。そのほんの一例として、軍事記者だった伊藤正徳の著した『国防史』（一九四一年）でも眺めてみましょう。東洋経済新報社の「現代日本文明史」の一冊として刊行され、かなりの部数が出ました。

以下、伊藤の本に依りつつ、青島攻略の経過を概観してみます。

先発部隊の山田良水少将率いる旅団が山東半島の龍口に到達したのは一九一四年九月一日。第一八師団主力が同じく龍口に上陸したのは一一日。龍口は渤海側、つまり山東半島の北側。青島は半島の南側、黄海に面しているのだから、攻囲軍も黄海側の労山湾から上陸すればよさそうなものですが、機雷やドイツ海軍の攻撃を恐れ、あえて遠路になる北側から上陸しました。

二七日、準備の整った日本軍は前進を開始。もう開戦後一か月になるので、ドイツ軍の防備は強化されているものと考え、石橋を叩いて渡るように慎重に偵察を繰り返しての進撃だったけれど、ドイツ軍は案外微弱。早くも二八日には、浮山から孤山にわたるドイツ軍防衛線の前面にまで進出します。

浮山は青島背面の東側、孤山は同じく西側の高地で、浮山と孤山の先は青島まで、より高い場所はありません。浮山と孤山からは青島が見下ろせてしまう。ドイツ軍としてはこの二つの高地を占領されたらお手上げ。浮山と孤山は青島の生命線です。旅順のロシア軍だったらここで徹底抗戦して我が軍を長期間阻止したに違いないと、伊藤は言います。

ところが「我が将兵の闘志」が「猛烈なのに反し、守備軍の戦意微弱なりしに因」りて、「浮山は青島の二〇三高地であったが、旅順の二〇三高地戦に較べたら、余りの弱さに驚くの外はな」く、たちまち陥落。ただちに我が軍は青島総攻撃のための準備、攻囲陣地の設営に入ったのだけれど、「途中豪雨の為に諸工事流失し、その完成を見たのは一ケ月の後」となりました。

総攻撃開始は一〇月三一日。まず砲撃によって「敵の士気愈ゝ《いよいよ》低下するに乗じ、夜間我軍が予定の如く第一攻撃陣地を占領し、直ちに第二攻撃陣地への前進を準備し」、明治天皇の誕生日の一一月三日に占領。六日には「第一線部隊は早くも突撃戦を策定するに至った。この間、敵の抵抗は微弱であり、我軍の士気の緊張は圧倒的であったから、最早や突撃陣地の構築なぞは不要であった」。

ドイツ軍が白旗を挙げたのは一一月七日でした。総攻撃開始後一週間で陥落したのです。

神尾中将と観戦外国武官　青島総攻撃の２日前（1914年10月29日）に撮られたこの写真には、最前列中央の神尾の周りに英米露仏など連合国の観戦武官たちが居並び、私服姿の外国人新聞記者の姿も見える　この戦役が国際的な注目を浴びていたことが窺える　写真提供・靖國偕行文庫

伊藤にしたがえば、おおよそこういうことになります。慎重に時間をかけたが、青島のドイツ軍は戦意不十分ゆえについにさしたる苦労はなく、その戦闘は、日本軍にとって特別な教訓を与えるものではなかった。そういう話です。日本軍の精神力、突撃精神がドイツ軍を圧倒し去って終わりです。

　にもかかわらず、何だかだらだら時間ばかりがかかりすぎた。青島戦役は多くの国民にそういう印象を与えました。浮山と孤山の線は九月末に破っている。そのとき第一八師団は青島の死命を制したのだ。引き続き突撃して、一気に青島を落とすこともできたはず。それなのに神尾中将はなおも石橋を叩いてなかなか攻めなかった。総攻撃まで一か月もあいた。雨に災いされたといっても、長すぎるのではないか。神尾は「慎重将軍」、神尾の作戦は「慎重作戦」だと言われました。この場合の慎重は臆病の言い換えでしょう。神尾は日露戦争の旅順のあまりの激戦を下手に知っているがゆえに、弱いドイツ軍相手にも兵を突撃させられなかった。臆病な采配のおかげで、いくさが長引いて無駄だった。世間はそんな評価を下したようです。

新しい戦争

西南戦争以来の武人、神尾将軍は本当に臆病だったのでしょうか。突撃精神旺盛な彼の兵隊たちに無駄に待ったをかけていたのでしょうか。

いや、そんなはずはありません。そもそも世間はこの戦いの真の要点を見ていないのです。今日の戦史本にも、青島の勝利の原因は第一に日本歩兵の勇猛さ、白兵戦での剛毅さにあったなどと相変わらず記されがちですが、真相は恐らくそうではないのです。日清戦争と日露戦争での日本陸軍の勝利の要因は確かに歩兵の勇猛果敢さであったでしょう。けれど、青島戦役は同じではなかった。時代は変わっていた。神尾は日露戦争までとは違った新しい戦争を青島でやってみせたのです。

簡単に先取りして言えば、歩兵が突撃し、砲兵が支援する戦争ではなく、砲兵の火力でほとんどかたをつけてしまい、歩兵は後始末に行くだけ、といったかたちの戦争です。火力の強い方が勝つ。弾の多い方が勝つ。白兵戦や突撃戦ではない。遠距離から物量で圧倒しようという戦争。

砲兵が主で歩兵が従。まさに近代戦のお手本です。このへんの事情に端的に触れた戦史本が、じつは、伊藤正徳の『国防史』の二年後、一九四三（昭和一八）年に出ています。桑木崇明《くわきたかあきら》陸軍中将の著した『陸軍五十年史』です。肝腎なくだりを引きましょう。

> 青島要塞の攻略に就て、我が軍の策定した作戦方針は大体次のやうであつた。
> 我が軍は第十八師団、野戦重砲兵一聯隊（十五榴）、攻城部隊若干を基幹とする独立一師団を以て海軍と協同して青島要塞を攻略する、これが為め野戦部隊の主力を山東省北岸の龍口に揚陸し、その即墨附近進出の後、重砲その他の諸材料を労山湾附近に上陸せしめ、先づ孤山、浮山の敵の前進陣地を奪取し、次で本防禦線を攻略す、而して要塞攻撃の方法は坑道作業を行はない如く計画する、といふのがその方針であつたが、その後欧洲方面戦況の進展上の顧慮から、（中略）二十八珊《サンチ》榴弾砲六門、及び十二珊榴弾砲二十四門、鉄道聯隊、工兵独立大隊各〻一個を新に師団に増加し、その大部は第二期輸送部隊と共に、又二十八珊榴弾砲は火砲整備の関係上、爾後これに続いて共に労山湾に輸送することとした。

要するに、攻略戦の計画段階のギリギリのところで、作戦方針が、当初の歩兵突撃を主とし、それを一五センチ榴弾砲による砲撃で掩護する程度の「前近代戦」から、より大口径で破壊力の大きい二八センチ榴弾砲、それから桑木の文章からは落ちていますが四五式二四センチ榴弾砲を並べ、砲撃で青島要塞を圧倒する「近代戦」へと、転換されたのです。それに伴って巨大砲を運搬し、砲撃陣地を設営するための工兵部隊と鉄道部隊も必要になりました。

特に四五式二四センチ榴弾砲は、この青島戦が初陣になりました。日露戦争の旅順での経験から、歩兵を幾ら突撃させても堅固な要塞の前では屍の山を築くだけで、やはり移動容易な大口径砲、遠戦砲、破壊砲で、遠くから撃ちまくるに越したことはないと、緒方勝一中佐（のち大将）が開発し、一九一二（明治四五）年に新採用されたばかりの大砲です。一方、二八センチ砲は、もちろん二四センチ砲よりも大口径ですけれど移動が大変という難がありました。

こうして青島は、日露戦争後の日本陸軍近代化のほどを試すための恰好の実験場となりました。歩兵突撃の時代は既に終わった、今後はひたすら火力の時代で、どれだけ砲弾を打ち込めるか、大砲の数と性能と砲弾の補給量が勝負を決めるという、時流の先を行く認識が、日本陸軍にはきちんとあったのです。

伊勢喜之助中佐の弾丸効力調査

来なかったのは戦車だけ？

陸軍技術審査部に所属する砲兵中佐、伊勢喜之助は、青島攻囲戦への出張参加を命ぜられました。砲兵上等工長、宇都宮磐をしたがえ、陸軍独立第一八師団司令部、すなわち青島攻囲戦の地上軍司令部に到着したのは一九一四（大正三）年一〇月二二日のことです。

そのとき司令部は、青島北方の浮山の麓にありました。司令官の神尾光臣中将と幕僚たちは、青島戦において、日露戦争までの歩兵の突撃に頼って人的消耗を恐れない白兵戦型の戦いではなく、砲兵の火力に任せ、新型の遠距離砲まで動員して、遠くに居ながら一方的に敵を粉砕する、近代戦の一模範を徹底的に実践してやろうと、準備に余念がありませんでした。最新の軍事技術に精通した砲兵将校や工兵将校が次々と呼び集められていました。

その、あまり内容を表沙汰に出来ない準備期間、特に砲兵陣地造営の期間が、けっこうかかっていました。「日本軍はいったい何をしているのか、青島の包囲はとっくに完了しているというのに、なぜさっさと、日露戦争の旅順のように、屍を累《かさ》ねることも恐れない日本歩兵の猛突撃をしないのか」と、各国の従軍記者や観戦武官、青島駐在の米国の新聞記者なども、大いに不審がりはじめていました。神尾中将は憶病風に吹かれ突撃の決断をなかなか下せないのだという噂もたちました。

ちょうどそんななかに、伊勢中佐も山東半島にやってきたのです。彼の任務は、青島戦でデビューを飾る新兵器、甲号擲弾銃《てきだんじゅう》や高射砲の取り扱い指導でした。擲弾銃とは、塹壕の中からでも榴弾を撃てるように開発された兵器。榴弾とは弾の中に炸薬の詰まった砲弾のことを言います。爆発する砲弾はみんな榴弾です。

当たり前の話ですが、銃が発達した時代の戦争では、兵隊が普通に地面に居るところを敵に見つかり、なおかつ銃の射程圏内であったなら、すぐ撃たれてしまいます。敵の射程圏外に常に出ていないと安全を保てません。銃は日進月歩で射程を長くしてゆきますから、敵と味方は離れる一方になってしまう。それでは非常に戦争がやりにくい。そこで穴を掘って弾をよけながら敵に近付くということになる。塹壕戦です。この形態は日露戦争から第一次世界大戦の時期に急激に進歩し普及しました。

これまた当然ですが、塹壕は臨時に掘って隠れる場所ですから、なかなか幅広くは作れません。塹壕に大砲を入れるというのは狭すぎて無茶です。

すると、塹壕でも有効な火器は何か。顔を出して銃を撃つ。これが普通のやり方でしょう。でもただの鉄砲の弾ではあまりに破壊力に乏しい。そこで手榴弾が考案されました。日本軍は日露戦争から本格的にそれを使い始めます。塹壕に隠れながら敵の方角へ投擲するわけです。けれど、野球選手でもないと、驚くような飛距離は出ないでしょう。限界のある武器と言わざるをえません。

そこで擲弾銃です。狭い塹壕でも銃は容易に持ち込める。ならば銃を使って榴弾を発射できないか。銃に簡単な脚をつけて狭い面積でも地面に固定できるようにする。榴弾には尾っぽをつけて、それを銃身に差し込む。銃には空砲を込めて撃つ。するとその射出力で柄捍付きの榴弾が飛んでゆく。そういう仕掛けです。

日本陸軍の擲弾銃研究は日露戦争後に本格的に始められ、ついに実用に足ると認められた第一号が甲号擲弾銃でした。撃てる榴弾の重さは一キロ。正式に採用されたのは一九一四年七月です。そこから伊勢中佐が青島に指導に行くまでたった三か月。見たことのある兵隊もまだ少ない。まさしく最新兵器だったのです。伊勢中佐はこの擲弾銃開発に深い関わりを持った技術将校でした。

それから高射砲です。飛行機を撃つための大砲です。その操作の指導も伊勢中佐の仕事でした。ライト兄弟が初めて飛んだのは、一九〇三（明治三六）年一二月。日露戦争の始まる二か月前になります。徳川好敏陸軍工兵大尉が、フランスで飛行技術を学び、フランス製の複葉機を代々木の練兵場で操縦し、日本初飛行を成功させたのは一九一〇年一二月。第一次世界大戦の幕が切って落とされるおよそ三年半前でした。次の戦争では飛行機が空から爆弾を落とすようになる。誰にでも予想できました。

そこで高射砲が必要となります。爆弾を落とされる前に撃墜するのがいちばん。日本では陸軍が大阪工兵廠で一九一二年から研究をはじめ、一九一四年夏には試作品が出来ていました。それがさっそく青島に運ばれたのです。青島のドイツ軍も飛行機を持っていましたし、日本陸海軍も青島で初めて飛行機を実戦に用いました。青島での航空戦には徳川大尉も加わっています。一〇月五日には日本陸軍機が青島市街に爆弾を投下。日本軍にとっての最初の都市空襲の試みでしょう。一三日にはアジア初の空中戦も起きました。

高射砲は、伊勢中佐よりも一週間遅れて、一〇月二九日に前線に二門、到着しました。さっそく三〇日には、偵察のため日本軍陣地上空に飛来したドイツ軍機を射撃して、撃墜も被弾もさせられなかったものの、すぐに退散させています。

他にも新兵器や新部隊が数多く参戦していました。一九一四年の山東半島は、アジアにおける近代戦の見本市か博覧会場と化しました。空襲あり、空中戦あり。来なかったのは戦車だけというくらいのもの（第一次大戦の欧州の戦場に戦車なる革命的新兵器がデビューするのは一九一六年になります）。一〇年前の日露戦争とはすっかり様変わり。決して大規模ではなかったとはいえ、まさに未来的な戦場が現出したのです。

余の砲台は殆ど破壊されて了った！

青島要塞を大火力によって一気に制圧すべく、神尾中将の攻略軍は、空中戦や空襲をしながら、準備を進めました。

ここで、青島要塞を狙って、前面の砲兵陣地に配備された、日本陸軍の大砲の種類と数を、煩雑になりますが確認しておきましょう。青島戦が何よりも火力戦だったということを証するためには抜かすわけにゆきません。

まず、独立攻城重砲兵第一大隊が三八式一五センチ榴弾砲を一三門。もとはドイツのクルップ社製の野砲を、日本が許諾をとって生産していた大砲です。

同第二大隊が、四五式二四センチ榴弾砲を六門と四五式二〇センチ榴弾砲を四門。この部隊が当時の日本砲兵の中では最新装備の花形でしょう。部隊の金看板は、日本陸軍の採用している移動式の大砲としては最大級で、しかも耐用性や命中率などにおいても優れた二四センチ砲です。四五式とは明治四五（一九一二）年採用の意。砲の開発者、緒方勝一砲兵中佐が、この大隊を自ら率いていました。モデルはフランスの大砲といいます。青島戦から一七年後の満洲事変で、関東軍が張学良軍の兵営を砲撃したときの大砲も、四五式二四センチ榴弾砲でした。

同第三大隊が、三八式一〇センチ加農《カノン》砲を一二門。これももとはドイツのクルップ社の大砲。

榴弾砲よりも一般に砲身が細く長く、射程も伸びる大砲をカノン砲と呼びます。同第四大隊が、二八センチ榴弾砲を六門。固定式の巨大な要塞砲を、青島前面までわざわざ運んで来たのです。

独立攻城重砲兵中隊が四五式一五センチ加農砲を二門。野戦重砲兵第二連隊が三八式一二センチ榴弾砲を二四門。これまたもとはドイツのクルップ社製の大砲。同第三連隊が三八式一五センチ榴弾砲を二四門。野砲兵第二四連隊が三八式野砲（口径は七五ミリ）を三六門。もひとつこれもドイツのクルップ社製の大砲。

山砲兵中隊が四一式山砲を六門。島川文八郎砲兵大佐が設計し、明治四一年に採用された山砲も初陣になりました。山砲とは、ばらして人や馬で運べる大砲のこと。山にも担いでいって頂上からでも撃てる。だから山砲です。

28センチ榴弾砲に股がる日本兵
『青島戦記』（朝日新聞合資会社）より

これだけ揃え、一〇月三一日、青島への総攻撃が始まりました。ドイツ軍の青島要塞の最前面には、南から北に、小湛山堡塁、小湛山北堡塁、中央堡塁、台東鎮東堡塁、海岸堡塁が並び、その後方にイルチス南砲台、イルチス北砲台、台東鎮砲台が控え、もうひとつ後ろのいちばんの高地帯に、最大の火力を持つモルトケ山の砲台やビスマルク山の砲台が鎮座しています。たとえばビスマルク山の砲台には、四門の二八センチ榴弾砲と二門の二一センチ旧式砲が据えられていました。大変な破壊力です。山を下れば青島の街、そして海になります。その堡塁や砲台に日本砲兵は雨あられの如く砲弾を降らせ、ドイツ軍も応

青島要塞周辺　地図製作／ジェイ・マップ

戦して、激しい砲撃戦となったのです。

はて、戦いはどのようなものであったのか。青島要塞の要、ビスマルク山砲台のドイツ軍指揮官の日誌と称するものを、青島陥落後、日本側が入手し、翻訳したものが、朝日新聞合資会社刊行の『青島戦記』（一九一五年）に収録されています。ドイツ側からの戦闘経過を、生々しくかつ簡潔に伝えてくれる資料なので、以下に引いてみましょう。

まず、日本軍の総攻撃開始の日から。

　十月三十一日　早朝我砲から一発を放つ、敵は忽ち応射する、日軍の砲撃は巧妙を極め我砲台に凡《およ》そ二十発の命中弾を受けた。戦闘は午前の七時から始まつて十一時迄続いた。司令部も一弾を蒙つた。露助の住居のやうに砲台は穴だらけになつた。何といふ凄じい光景であらう、敵弾は殆ど間断なく我砲台と堡塁の上に炸裂するが、幸ひに火砲と兵士に損害はなかつた、余は頗る幸福であつた。余の面前に恰度六発の砲弾を受けたが、少しの負傷だも受けなかつた、敵弾の位置が最《も》う四米突《メートル》も吾人に近づいて居たら恐らく此日誌を継続して書き得る事が難かしかつただらう。

初日のしょっぱなに、ビスマルク山の砲台はかなり正確に砲撃されて、相当のダメージを蒙ったことが分かります。翌日は日本砲兵の照準の精度がますます上がったようで、砲撃はさらに熾烈をきわめます。

十一月一日　敵は我前砲台に来つて今日は盛に砲撃を継続して居る、吾人は立派に之に応射した、此の日に吾人の砲台が受けた弾数は四百四十八箇で、其内約四十発は危い所に命中した、余の砲台は殆ど破壊されて了つた。午前八時に第二の砲架が全弾を受けて一時戦闘を中止するの已むなきに至つた、（中略）敵の砲弾は午前十一時半になつて御馳走を歇《や》めて了つた、戦闘後砲台に行つて見ると火砲は悲しむべき惨澹たる有様だ、何と云つて宜からうか、十二珊乃至十五珊の榴弾が一火砲の周囲に半円形を描いて落立して居る、此の榴弾が一時に爆裂し而して我火砲が敵に砲撃を加へて居たら恐らく吾人は聾者となつたであらう。

日本軍の猛砲撃で、二日目午前中にしてビスマルク山の砲台については勝負は決してしまった感があります。が、この日はまだ終わっていませんでした。午後の部があったのです。

午後二時敵は再び砲撃を開始した、是が為に吾人は火砲の下に任務に着かねばならぬことになつた、而も其の時の火砲の凄じい有様は何《ど》うであつたか、吾人は適当の詞を以て形容するこ

とが出来ぬ。一全弾は防楯を貫き一門は戦闘力を失ふまでに毀《こわ》れて居た（後略）

砲台は、この午後の砲撃で、ほぼ戦闘力を喪失したといってよいでしょう。日本軍も戦果をよく把握していたようで、翌二日には、もはや主たる砲撃目標から外されたらしい。二日から四日は平穏でした。ビスマルク山の砲台の最期は、五日に訪れます。

十一月五日　正午敵の一火砲は我砲台を射撃した、吾人も之に応射したが我背面にある敵の砲台（海軍か）からも打ち出して、終に吾人は敵の十字火に陥つた。午後命令を受領する「我全弾を射撃し尽し次いで工事を爆破すべし」即ち余は我火砲を以て六十発を発射の後、火砲が已に戦闘力を失つたことを知り其儘にして夕方から全砲台員は歩兵の陣地（堡塁）に進展した、（後略）

退却は進展と表現されています。元のドイツ語は知れませんが、第二次世界大戦期に日本軍の頻用した転進と、要するに同じ言葉でしょう。ともかく、青島防衛の要、ビスマルク山の砲台の砲兵や守備兵は、突撃してくる日本歩兵をひとりも見ぬうちに戦闘力を喪失し、撤退を強いられたわけです。敵兵の姿なく、遥か彼方から砲弾だけが飛んで来る種類の戦闘が、青島のドイツ軍陣地のあちこちで繰り広げられ、ほんの何日かで、青島戦の決着はついてしまっていたのでした。

青島戦役とは何だったのか

青島のドイツ軍が白旗を掲げたのは、一一月七日、すなわち総攻撃開始から八日目のことです。陥落後、伊勢砲兵中佐は、さっそく砲撃効果調査をはじめました。どうやら最新諸兵器の使用の指導という任務はとりあえず総攻撃前の方便で、彼の本筋の仕事は青島戦を勝利に導くであろう日本砲兵の威力を戦闘終了後に速やかに検証することにあったようです。

伊勢は部下の宇都宮上等工長をしたがえ、日本軍が砲撃目標としたドイツ軍陣地をめぐり、事細かにデータをとって、『青島攻囲戦ニ於ケル彼我兵器ノ状態及弾丸効力調査』という報告書にまとめました。そこには砲撃の凄まじい効果のほどが記録されています。伊勢中佐自筆のがり版刷りの書類から引いてみましょう。

まず、海岸堡塁は？

> 本堡塁ノ掩体ハ、我砲弾ノ為、機関銃坐並監視壁悉ク破壊セラレ、殆ド外斜面及内頂壁ノ形状ヲ存セザルモノ多シ。又、永久掩蔽部ノ上面ニハ二十八珊鋳鉄破甲榴弾「ペトン」体三百粍《ミリ》貫徹シ、上面二百粍ノ薄層ヲ剝脱セシメ、其下面ニ損傷ヲ及ボサズ。

ペトンとはコンクリートのことです。要塞の厚いコンクリートの壁を、どの砲弾がどれだけ壊せたかが、伊勢中佐の報告の眼目のひとつです。

次に台東鎮東堡塁はどうでしょう？

機関銃坐ハ七箇ヲ有スルモ僅ニ一箇ヲ存スルノ外、悉ク破壊セリ。（内部は）其大部ヲ破壊シ、砲撃間守兵ノ占位スルコト能《あた》ハザラシメタルノ感アリ。外斜面ハ殆ド漏斗孔ヲ以テ充サル。永久掩蔽部ノ上面ニハ二十四榴命中弾アルモ、上層ナル土、割石ノ混合堆土ノミニ達シ、「ペトン」体ニ及ボサズ。

そして中央堡塁は？

掩体（中略）ハ其大部分ヲ破壊シ、外斜面ハ漏斗孔ヲ以テ充サル。十五珊榴破甲弾ノ不発弾、内頂ノ鉄骨「ペトン」体ヲ貫通シ、直後ノ爆裂防護用鉄骨「ペトン」体壁後方鉄骨ニ至リ停止セリ。（中略）二十珊榴破甲弾、永久掩蔽部上面ニ的中シ、上部六百粍ノ上層ニ漏斗孔ヲ開キ、尚「ペトン」体ヲ四十粍剝脱セリ。

さらに小湛山北堡塁は？

内斜面ハ殆ド弾痕ヲ以テ充サレ、其形状ヲ存セズ。永久掩蔽部「ペトン」体ニハ損害ヲ与ヘズ。

もろもろの砲台については、ドイツ軍が破壊してから撤退しているので、砲撃の効果の判定が困難とはいえ、それでも伊勢中佐は、台東鎮の西砲台、ビスマルク山の北砲台、イルチス山の東砲台などに、「我ガ射弾」によって破壊された大砲の姿を認めています。やっぱり青島戦は砲戦

廃墟と化したドイツ軍陣地　小湛山堡塁(上)は伊勢中佐の報じたように「其形状ヲ存セズ」、またイルチス山東砲台(下)の鉄板には「我ガ射弾」の痕が見られる　写真提供・靖國偕行文庫（2点とも）

でほとんど決着がついていたのです。分厚いコンクリートの破壊は容易でなかったものの、日本歩兵が命がけで突撃する前に、砲台も堡塁も、事実上、廃墟と化していたのです。

こうした戦果を実見した伊勢中佐は、報告書を次のように自信たっぷりにしめくくります。

以上、弾丸効力ヲ各堡塁砲台ニ付、之レヲ実査セルニ、我砲兵ノ目標トシテ、射撃ヲ規正セシ堡塁内火線ニ対シテハ、射弾密集シ、其効力威大ニシテ、殆ド之レヲ粉砕シ、其外形ヲ失ハシメタリ。

之レガ為、常ニ守兵ヲシテ、火線ヲ占位セシムルコト能ハザラシメタルヤノ感アラシム。蓋シ其主因他ナシ。一ハ、砲兵射撃術ノ進歩ト、日露戦役当時ヨリ極メテ火砲精度ノ良好ナルト、弾丸ノ所有、大ニ豊富ナルニ依ルナラン。即チ本要塞攻囲戦ニ於テ、攻城砲兵ノ発射セシ総鉄量ハ一六〇一噸《トン》二三六ニシテ旅順攻囲ノ全戦役ニ消費セシ発射総鉄量ノ約二・五分ノ一ナリトス。

二・五分ノ一、すなわち四割です。日露戦争の足掛け六か月に及ぶ旅順攻囲戦で日本軍の放った砲弾は、『(軍事機密) 明治三十七八年戦役統計』によると、総計二一万五一一発になります。対して伊勢中佐の報告書に掲載された「青島攻城戦ニ於ケル各目標ニ対スル発射弾数」の総計は四万三〇一九発。数だけだと二割です。しかし大口径弾が多いので、弾の目方、総鉄量で計算すると、旅順攻囲戦の四〇〇〇トンに対して四割になるというのです。たった何日か分で数か月分の四割。驚くべき数字ではありませんか。

火力の差で勝敗が決したことは、敵将も真っ先に認めるところでした。日本軍の捕虜となった青島総督のワルデック海軍大佐は、門司に向かう護送船内で、新聞記者のインタヴューに応じ、青島戦をこう総括しました。

余をして忌憚なく日本軍の批評を試ましむれば、日本軍の長処は、大砲の射撃と、斥候の明敏と、又先きに語りし如く塹壕の穿ち方の巧妙にあり、歩兵の小銃射撃は幾分の遺憾なき能はず、是れ日本軍の短処なるべきが、日本軍の疾風の如き吶喊《とっかん》は真に世界に其比を見ざる所なるべし。

日本軍の勝因は第一に優勢なる砲撃にあり、歩兵戦、接近戦ではそれほどでもない、ただ突撃してくる際の勢いは噂通り大したものではあるが……。そんな感想でしょう。

これは日本陸軍に対する敵将の批評として全く新しいものです。なぜなら、一〇年前の日露戦争での日本陸軍は、火力が足りなくてもやたらめったら突撃して、肉弾戦、白兵戦に持ち込んでくる、強引な精神主義的戦闘法でひたすらびっくりされていたのですから。

たとえば日露戦争の敵将、クロパトキン将軍は、回想録（日本では一九一〇年に『クロパトキン回想録』として東京偕行社から出版、参謀本部訳）にこう記しています。

戦時日本軍ニ従軍シタル英国ノ、ハミルトン中将ハ『日露戦争ニ於ケル参謀官日記』ト題スル著書ニ於テ、日本陸軍ノ大隊ハ其ノ性質ニ於テ欧洲陸軍ノ大隊ヲ凌駕スト断定シ、日本軍ノ特性ヲ評シテ曰ク『政府ハ日本兵ガ其ノ母ノ乳ト共ニ吸収シタル愛国心ニ接種スルニ制先、機敏、深慮ヲ以テセント努メタリ。此ノ如キハ武勇ヲ以テ教科ノ首目トスル学校ニ於テノミ行ハルベシ』ト。

クロパトキンはつづいて大作家トルストイの日本軍評にふれます。

(日本人を)最モ激賞シタルハ、レフ・トルストイ伯ナリトス。我ガ国ノ偉大ナル著作家兼哲学者ハ(中略)日本軍ノ我ガ軍ニ対シテ勝ヲ制シタルハ、日本人ガ目下武勇的愛国心ト有力ナル主権トニ由リテ、世界ニ於ケル最強ノ人民ト為リ、陸海共ニ何人ニモ破ラレザル民タルニ因ルト、論断セリ。

そしてクロパトキンは「前述スル所ニ依レバ戦争前吾人ガ物質力及就中《なかんずく》精神力ヲ評価シタルノ不十分ナルコト明ナリ」と自らの不明を恥じるに至ります。日本軍の旺盛な精神力と捨て身の突撃には神がかった恐ろしさがある！　一九四五年まで、最後にはカミカゼという言葉とセットにされて続いてゆく神話は、『クロパトキン回想録』をはじめとする日露戦争の記憶から、主に作り上げられたと言ってもよいでしょう。

しかし、青島戦の展開と結末は、まるで違っていました。そもそも日露戦争で日本陸軍は、突撃すれば弾が足りなくても勝てるという狂信的な精神主義に、はじめから取りつかれていたわけではありません。弾があれば、遠くからもっと大砲を撃ちたかったのです。けれども、明治後半の日本の工業生産力や資金力では、ロシアの大軍、旅順の要塞を相手に撃ちまくれませんでした。ゆえにやむをえず、要塞攻略戦でも会戦でも、人命軽視のそしりを免れえない、やみくもな突撃に頼ったのでしょう。

物が足りないのにどうやって戦争を続けるか。そこに登場せざるをえなかったのが、捨て身の精神主義、魂の突撃、肉弾だったのです。鉄が足りなければ、肉を弾にするしかないというわけです。

乃木希典が指揮して、歩兵が突撃を繰り返し、あまりに屍を積み重ねすぎた、旅順要塞攻略戦の悲惨は、持たざる国が無理やり戦争をするところから出来《しゅったい》する、必然的悲劇でした。別に乃木が愚将だったからではありません。どんな将軍も、速やかな敵地攻略を命じられながら、そのための砲弾が足りなければ、人間を突撃させ、犠牲で結果を呼び込むしかないでしょう。

ところが、一九一四年の青島なら、鉄の弾が足りたのです。日本軍にはかつてより少しは余裕が生まれていたし、青島のドイツ軍は何千名規模にすぎない。日露戦争でやりたくても出来なかった、時代遅れの歩兵ではなく、時代の先端を行く砲兵の戦いを、ここでこそ、今こそしようではないか。日露戦争では乃木の部下だった神尾中将は、それから一〇年後に旅順のかたきを青島で討った。火力、物量、科学力を優先させ、精神力の目立つ暇のない、近代戦の見本が青島で示された。日本は新しい戦争をしたのです、近代戦は物量戦でしかありえないことを大々的に世界に証明した第一次大戦の一環として。それが青島戦役の意味でしょう。

たしかに多くの日本国民は、徳富蘇峰の批判したように、第一次世界大戦が意味するものをきちんと受けとめていなかったように思われます。しかし、日本陸軍は近代戦の理想を青島で学習し、実践に移していました。

神尾将軍のその後

一一月一六日、陥落一〇日目の青島で日本軍の入城式が行われました。全部隊の行進には、約一時間を要し、上空を陸軍飛行隊が舞いました。終わってすぐ引き続き、「青島攻城軍戦病死者招魂祭」が青島競馬場で挙行され、神尾中将が厳粛に祭文を読み上げました。青島での日本軍戦死者は五〇〇名弱と伝えられます。少なめと言えるのではないでしょうか。

神尾中将以下、攻略軍の司令部は、一二月一四日、宇品に凱旋し、一六日、広島の大本営跡で明治天皇の玉座を拝し、一八日に皇居に至り、大正天皇に青島攻略の経過について奏上しました。

神尾中将の次女で、有島武郎に嫁いだ安子は、このとき和歌を詠んでいます。

父君は凱歌の中に来給ふを迎ふべき子は世にまけて病む

安子は、青島戦さなかの九月下旬に肺結核を発病し、いくさのあいだに症状を悪化させて、一一月下旬からは鎌倉で療養していました。

有島の献身的介護のかいもなく、安子が逝ったのは、一九一六年八月二日の朝のことです。その少し前の六月二四日付で、青島での功績ゆえに大将に昇進し、七月には男爵にもなった父の光臣は、寺籠りをして、娘の病勢恢復を祈願していたようですが、無理でした。遺された三人の子は、五歳と四歳と二歳。有島は弔歌を詠みました。

いとし子等空うち仰け今宵よりなれを見まもる星出つらむそ

三人の子供たちに成り代わって、もう一首作りました。

はゝきみよわかはゝきみよいかなれはわかはゝきみよわかはゝきみよ

神尾大将も詠みました。

召したまふ神の御側にゆく母ののこせし子等は神そ守るらむ

武人の嗜み程度の平凡な歌かもしれません。とはいえ、神尾の神の字が二度出てくるところに工夫が認められるでしょう。

神尾光臣という、近代日本の戦史の中では珍しい部類の、合理的で近代的ないくさを青島で指揮し、物量で勝つのがこれからの戦争という、いかにも第一次世界大戦的な、総力戦時代の幕開けにふさわしい戦訓を遺した将軍は、娘婿が軽井沢で縊死してから四年後の一九二七（昭和二）年二月六日に逝きました。その日は大正天皇の崩御から四三日め。ちなみに、神尾が日露戦争の旅順攻囲戦で仕えた乃木希典が、明治天皇に殉じたのは四五日めです。神尾の死は大往生だったはずですが、時期を考えると、大正の戦争の英雄は、やはり大正天皇と運命を共にしたのではないでしょうか。明治の戦争の英雄が明治天皇に従《つ》いていったように。

第三章　参謀本部の冷静な『観察』

歩兵を減らせ、火砲を増やせ

大言論人徳富蘇峰は、一九二〇（大正九）年の大著『大戦後の世界と日本』で、既にふれたように、第一次世界大戦の性質をものの見事に言い当てました。

現代戦は物量戦だ。科学戦だ。消耗戦だ。補給戦だ。軍隊が決戦場に出向いてたちまち勝負をつけて終わり。そんな戦国時代の合戦のようには行かなくなった。選りすぐられた精兵を一所懸命養っているだけでは、勝利は得られない。どんな勇猛果敢な兵隊も大砲の巨弾の下に跡形もなく吹き飛んでしまう。近代兵器の前では生身はあまりに虚しい。

けっきょく鉄と鋼をたくさん作れる方が勝つ。工場の広い方が勝つ。人間も大勢いる方が好ましい。兵隊よりも銃後の労働者の質と量が決め手なのかもしれない。戦争は軍隊だけがやるものではなくなった。戦争における軍隊の比重が小さくなった。国民総動員なのだ。国家の生産力が即ち軍隊の戦闘力。そのことを西洋列強諸国では軍人も政治家も経済人も科学者も民衆も身を以て知った。ところが日本は戦勝国とはいえ、主戦場から遠く離れた極東の地にあって、漁夫の利を得たにすぎない。戦争の革命、文明の革新を実感できなかった。このことが大いなる災いの種になるだろう。

大戦終了直後、蘇峰はこう慨嘆し、漁夫の利にニンマリしておめでたくなりすぎている日本人に警鐘を鳴らしました。その後の歴史を知る我々からすると、蘇峰の予言はあまりに当たっているようにも見えます。第二次世界大戦での日本の、殊に陸軍の戦い方はどうだったか。科学も物量も補給も火力も軽視する。第一次世界大戦の一般的教訓に何も学ばなかったかのように振る舞った。おまけにそこに神がかった前時代的精神主義まで加わる。すべては蘇峰の心配通り。

確かに第一次世界大戦は日本人の国民的・全体的経験にまではなっていない。はるか遠くの欧州の戦場を日本人が国民的に体験できるはずもない。けれど、前章で見たように、少なくとも日本の軍隊は、第一次世界大戦の何たるかをよく理解していました。いや、世界大戦の勃発する前から、今後の戦争のかたちを早くも実感していました。なぜなら、近年の歴史学ではプレ世界大戦とも呼ばれる近代的大戦争、日露戦争の一方の当事者だったのですから。弾薬や兵員が足りない。もっと鉄と鋼を！　その艱難辛苦を糧にしたからこそ日本陸軍は、第一次世界大戦の一環としての青島《チンタオ》戦役で、火力優位・物量重視の思想を徹底して実践したのでしょう。

その意味では蘇峰の慨嘆は必ずしも当たっていない。第一次世界大戦の真の性質を、大戦の最初期に真っ先につかまえていたのは、ヨーロッパよりも日本だった。そう言ってもよいくらいです。さらに日本の陸海軍は、青島戦役のあと、激化し長期化してゆく欧州の戦争に学ぼうと躍起になりました。

では、得られた教訓とは？　たとえば大戦末期の一九一八年夏、津野一輔《かずすけ》陸軍少将は、陸軍将校向けの雑誌『偕行社記事』第五二九号に「欧州戦ニ関スル所感ノ一節」を発表しています。津野少将は、駐独日本大使館の駐在武官や寺内正毅陸相の秘書官等を歴任し、一九一八年夏には近衛歩兵第二旅団長に任ぜられたばかりでした。このあと「シベリア出兵」では最前線に赴き、大正末期には宇垣一成《かずしげ》陸相のもとで陸軍次官を務め、いわゆる「宇垣軍縮」を推進します。陸軍の中枢に居た指導的人物のひとりというわけです。

津野の言を聞きましょう。津野は歩兵ですから、視点も歩兵中心になります。彼は欧州戦での兵器の進歩、軍事工業の進展は、戦争前とは隔世の感があると述べます。砲兵、工兵はむろんのこと、歩兵の用いる飛び道具も一新された。機関銃、軽砲、迫撃砲、手榴弾、榴弾銃……。それらの威力を正面から認め、以前の常識を捨ててやり直さなくてはならない。時代の変化を顧みず、大戦の教訓に鑑みず、相変わらず歩兵の戦闘精神にばかり期待するようであれば、今後は戦争にならないだろう。

もちろん、歩兵の肉弾突撃の重要性は昔も今も変わりはない。敵陣を制するとは味方が敵陣に踏み込むことだ。踏み込むのは常に生身の足でなくてはならない。つまり歩兵の仕事だ。そして踏み込むには強靭な精神力が欠かせない。勇気なくして敵陣には飛び込めない。歩兵の津野はそこを強調します。砲兵や工兵に主導権を握られては堪らない。陸軍の花形はあくまで歩兵であってほしい。

しかし、津野は、勇猛果敢を金看板にしてきた日本歩兵の誇りを打ち捨てる勢いで、こう続けます。だからといって歩兵の突撃精神にばかり依存し、火力を軽んじれば、結果は惨憺たるものになるだろう。日露戦争において我が将兵が旅順で嘗めた悲愴な経験をどうして忘れることができようか。時代の趨勢は旅順のそのまた先へ先へと進んでもう止まらない。いま、軍を根底から改めなくては、将来、旅順を遥かに超えた悲愴な経験に見舞われるだろう。

津野は時流への適応を説いてやみません。勝敗は精神的威力よりも物質的威力で決まる。この新時代の常識を素直に受け入れて、軍の思想や編制を改革せねばならない。

津野がのちに推進した「宇垣軍縮」とは端的に言えば歩兵を減らすことでした。それは、「大正デモクラシー」や第一次世界大戦後の平和主義的風潮と結び付けられ、軍国主義のいったんの退場を象徴する出来事のように解されがちです。でも、先の津野の言葉には、どこにも平和主義はありません。歩兵の時代は終わりつつあるから、近代国家の軍隊から歩兵を減らす。その分、浮いた予算で近代化を進めよう。生身の軍隊から機械の軍隊にしよう。宇垣や津野の根本にあったのはそういう思想でした。

フランス陸軍の超肉弾主義

いや、いささか話が先走ったようです。津野少将の所感は、大戦の一般的報道に接しつつ何となく得たものでは、当然ながらありません。陸軍も海軍も、青島戦役からだけでなくヨーロッパの戦いからも学び尽くそうと、組織を挙げて情報収集にあたっていました。

陸軍の方にふれますと、陸軍省は、大戦二年目の一九一五年に、大戦研究を専らにする臨時軍事調査委員会を設置。同委員会は『海外差遣者報告』や委員会月報を刊行してゆきます。また参謀本部は、陸軍省とは別個に大戦研究に励み、成果は随時、陸軍将校向けの雑誌『偕行社記事』に発表されました。そしてそれらを踏まえ、参謀本部職員が中心になって、昭和初頭までたっぷり時間をかけ、「欧洲戦争叢書」がまとめられます。全部で八三冊にもなる大掛かりなシリーズでした。

「欧洲戦争叢書」のうち、青島戦役の教訓や津野少将の欧州大戦に寄せる所感に連なる重要な一冊としては『世界大戦ノ戦術的観察（第五巻）』（以下『観察』と略）が挙げられるでしょう。前半では一九一八年、即ち大戦末期の西部戦線が論じられ、後半では大戦全体が総括されます。参謀本部等の将校の何人かの共同執筆と推測されますが、誰というところまではよく分かりません。とにかく一九二六（大正一五）年三月に偕行社から出ています。大戦終了から八年。「宇垣軍縮」の直後。日本陸軍の大戦への評価が熟した頃の、ひとつの総まとめ的な書物と呼べるかと思います。まえがきに、内容はあくまで執筆担当者の私見であって、参謀本部の統一的見解ではない旨の断り書きがしてはありますけれど。

『世界大戦ノ戦術的観察（第五巻）』

はて、そこで大戦の総括はどのようになされているのでしょうか。

まず述べられるのは、大戦前にはドイツ陸軍もフランス陸軍も極端な肉弾主義に支配されていたという事実です。その傾向は、フランス軍には特に甚だしかったといいます。証拠として引かれるのは、フランス軍のリュカ中佐の著述です。

諸種ノ作業、図上演習、現地演習ニ於ケル問題ハ皆攻勢ニノミ限ラレタリ。往々ニシテ駐軍ノ諸件ヲ研究スルコトアルモ、之レ已ムヲ得ズシテ研究セルナリ。何トナレバ軍隊ハ昼夜無限ニ行進スルコト不可能ナルガ為ナリ。然レドモ之トテモ前哨問題ノミニ限レリ。但シ往々ニシテ複雑且困難ナル退却運動問題ヲ論ゼザルニ非ザレドモ、将校ハ防禦テフ語ヲ耳ニスルヲ好マザリシヲ以テ図上演習ニ於テ防禦ヲ論ズルノ勇気ハ到底之レナカリキ。況ンヤ現地演習ニ於テオヤ。

大戦前のフランス陸軍で理想とされたのは、休息も睡眠もなく二四時間前進し続ける歩兵でした。しゃにむに突き進むのみ。そうすればどんな防衛線も必ず突破できる！　驚くべき精神主義ではありませんか。いや、精神主義というよりも一種の機械主義かもしれません。兵士の休息を認めずに図上演習を完遂しようとするフランス陸軍の将校たち。兵士をまるで永久機械に見立てたがっている。

我々は、ここで『ユビュ王』で知られるフランスの作家アルフレッド・ジャリのもうひとつの代表作『超男性』が一九〇二年に刊行されたことを思い出してもよいかもしれません。超男性は永久勃起を可能とし、列車よりも速く駆け、休息を知らない。産業革命以来の機械化の進展が、機械のように休まず動き続ける人間のイメージを喚起し、ついに文学の世界に超男性を生み出したのです。この小説は、シュルレアリスムの先駆と言われていますが、少し遅れてフランス陸軍の将校たちも殆どシュルレアリスム化していたのかもしれません。機械化時代とは言っても軍の機械化はまだまだ不十分。そんな頃合いに、生身の兵士を機械人形に見立て、不十分な機械化をイメージとして補い、非現実的空想を膨らませる。そんな思考のパターンにフランス軍はとらわれていたのかもしれません。

リュカ中佐はそんなフランス軍将校たちを精神病者の群れにたとえます。

攻勢ノ学理ハ我諸将校ヲ精神病化セリ。如何ナル場合ニ於テモ我軍ノ取ルベキ方針ハ攻勢又攻勢常ニ攻勢ニ在リト為セリ。我将校ノ眼中ニ於テハ極端ナル攻勢ハ万能薬ナリキ。

攻勢攻勢また攻勢、前進前進また前進です。フランス陸軍の演習からは塹壕掘りも遮蔽物に隠れる訓練も消えてしまったといいます。前進するだけでいい。他のことはしない。塹壕を掘ってまた埋める時間があったら、その間も前進せよ。ほとんど狂気の沙汰です。でも日露戦争後からフランス陸軍は本当にそのように万事を推進していました。『観察』は、ウェールというフランス軍の砲兵将校が、その時期の陸軍演習の様子を写した文章を載せています。噛み砕いて紹介しましょう。

――フランス陸軍の演習では、初年兵たちは敵の陣地から弾が一切とんで来ないかのように錯覚させられる。そう錯覚できるまでに訓練される。わが初年兵たちは、奪取すべき仮想敵陣地に向かって、敵の砲撃や射撃を想定せず、ただひたすらに密集して、軍旗を翻し、太鼓を叩いて突撃する。そこに現出するのは戦闘演習というよりも軍事的なスペクタクルである。演習を講評する将官は、攻撃方向、行進路、突撃の速度等を俎上に載せるが、敵の防衛力を考慮することはまったくない。かくして初年兵たちは敵火は存在しないと錯覚するに至るのである。

このウェールの言を受けて『観察』はこう続けます。

平時右ノ如キ習慣ト観念トニヨリ徹底的ニ訓練セラレシ仏軍ガ、大戦ニ際シ設備セル独軍陣地ニ対シ平時演習ノ如ク「軍旗ヲ飜シ大鼓ヲ打チ」テ突撃ヲ実施セシハ素ヨリ当然ナリキ。所謂《いわゆる》旗鼓堂々紅色ノ軍袴、燦タル剣光ガ夕陽ニ映ジタル其光景ハ真ニ壮烈ニシテ、古代ノ戦争画ヲ二十世紀ノ戦場ニ見ルノ感アリシナラン。然レドモ此一大古画ハ、近代戦ノ火力ニ対シテハ忽ニシテ鮮血ヲ以テ彩ラレタル地獄ノ絵巻物ト化シタルコト勿論ナリ。(中略)独軍砲兵、特ニ其重砲兵ハ何等ノ妨害ヲ受クルコトナク、紅色ノ軍袴ヲ穿チ旗鼓堂々トシテ密集前進スル仏軍歩兵ヲ痛烈ニ射撃シテ其猛威ヲ逞フシ、又其機関銃ハ悽惨ナル爆音ト共ニ火焔ニ等シキ猛火ヲ浴ビ、到ル処仏軍歩兵ニ殲滅的損害ヲ蒙ラシメタリ。

すると、フランス軍は、大戦のどの段階で砲火の前での歩兵の無力を悟ったのでしょうか。『観察』によると、一九一五年初春のフランス軍攻勢においてようやく「砲兵火力ヲ増大スルノ必要ナルコトヲ認メ」、次いで同年五月のアルトワの戦いにおいて、火力の運用が勝敗を分けるという近代戦の当然の事実を認めるに至ったといいます。

「アルトワ」戦ニ於テハ攻撃準備砲撃ノ極メテ必要ナルヲ体験セリ。而シテ同会戦ニ於テハ攻撃準備砲撃六日間ノ後、攻撃ヲ実施シタル結果、独軍陣地ヲ明ニ突破シタルモ砲兵ノ支援ヲ得ラレザルニ至リ、戦果ノ拡張ハ失敗ニ帰セルヲ発見セリ。其結果「攻撃準備適当ナレバ歩兵攻撃ハ大ナル損害ナク成功シ、且攻撃正面適度ノ広サヲ有スル時ハ突破ハ可能ナリ。歩兵攻撃ノ大困難ハ砲兵ノ参与不十分ナル時ヨリ起ル」コトヲ認ムルニ至レリ。即チ攻撃ノ成否ヲ保証スルモノハ、参加砲兵ノ数、火砲威力、射程、精度及弾薬準備数ニアリトナシ、又一方戦争当初砲兵ニ対シ注意ヲ払ハザリシ歩兵モ其価値ヲ認識スルニ至レリ。之ヲ要スルニ、仏軍ニ於テハ、金城鉄壁ニ等シキ陣地ヲ突破シ勝利ヲ得ンガ為ニハ、砲兵ヲ優勢ナラシメテ歩兵ノ攻撃前、敵ノ火器築城ヲ全然破壊スルヨリ他ニ道ナシトナセリ。

「参加砲兵ノ数、火砲威力、射程、精度及弾薬準備数」によって勝ち負けが決まる。歩兵の突撃前に敵陣地を火力で破壊し尽くしておかねばならない。青島で日本陸軍が十二分に認識していた近代戦の前提を、フランス軍は一九一五年五月、即ち青島戦役から半年以上たって、ようやく初めて理解したというのです。神尾光臣中将の指揮した対独地上戦の「先進的近代性」がお分かりいただけるのではないでしょうか。日本陸軍は第一次世界大戦で欧州列強の真似をしたのではありません。それどころか敵のドイツ軍や味方のイギリス軍にいちはやく先進的ないくさの模範を示してみせたのです。

では、そもそもフランス陸軍はなぜそこまで神がかってしまったのでしょうか。「攻勢主義ニ心酔セル結果トシテ火器ノ威力ニ対スル観念漸次消滅シ、遂ニ旺盛ナル攻撃精神ハ」どんな近代的火砲をも「圧倒シ得ルカノ如キ妄想ニ不知不識ノ間」に陥ってゆくことになったのでしょうか。『観察』によれば、日本のせいだというのです。既に普仏戦争の頃には、歩兵の突撃は時代遅れと言われていました。火砲に薙ぎ倒されるだけで無意味と評価されだしていました。それを覆したのは日露戦争です。「東洋ニ於ケル未知ノ一小国タル日本ガ世界ニ於ケル最大陸軍国タル露国ヲ破ルヤ、其驚異ハ世界的ナリシト共ニ、日本軍戦勝ノ原因ガ其旺盛ナル攻撃精神ニ存スルヲ知ルヤ」フランス陸軍の、日本的攻撃精神に対する憧憬はたちどころに極大化し、フランス軍の作戦から訓練までに革命もしくは反革命を起こしたというわけです。

日本陸軍は第一次世界大戦をどう総括したのか

近代フランスへの日本の影響というと、いちばんには美術におけるジャポニスムが挙がるでしょう。が、多くの人命に関わり、大戦の経過、世界史の動向を左右したという点では「攻撃精神」の方がずっと重いのかもしれません。一方、ドイツ軍の肉弾主義も、やはり日露戦争での日本軍の「攻撃精神」によって増幅されていました。ドイツ陸軍も日露戦争の経過分析から、歩兵の突撃の再評価に向かったのです。ロシア軍も同様。第一次世界大戦の前半に色濃く見られた肉弾戦的傾向は、日露戦争の日本軍を模範とすることでもたらされました。日本は極東から欧州の大戦を他人事のように眺めていたにすぎないのかもしれません。けれど、欧州列強は日露戦争の日本軍をモデルに戦っていたらしい。強調されてよい事柄でしょう。では『観察』はそれを誇るでしょうか。否、むしろ時代遅れな戦法で勝ててしまい、列強の陸軍の取るべき道を誤らせてしまったことを恥じいる調子です。

火力対肉弾ノ戦法ハ、今日ヨリ見ル時ハ其不合理ナルコト、敢テ喋々ヲ要セズト雖《いえども》、大戦前ニ於テハ之ヲ不合理ト認メザリキ。否、斯ノ如キ不合理ナル事実モ敢テ不合理トスベカラザルハ、実戦ノ経験アル人ノ等シク認メシコトニシテ、日露戦争ニ於ケル日本軍隊ハ其好適例ヲ示セリト称セラレタリ。実ニ日露戦争ニ於ケル日本軍隊ハ能《よ》ク精神力ノ偉大ナルコトヲ立証セリト雖、肉弾ガ能ク近代的火力ヲ駆逐シタリト称スルヨリハ、寧《むし》ロ日本軍ノ精神力ガ露西亜軍ノ夫レヲ凌駕セリト謂フヲ至当トスベク、表面ニ表レタル現象ヲ以テ、直ニ肉弾ガ火力ヲ駆逐シタリトナスハ誤ナルコト、言ヲ俟《ま》タザルナリ。

なんともクールな整理です。そして、論述が進むにつれ、一段とクールさの度合いは増してゆきます。

之ヲ要スルニ、日本軍ノ肉弾主義ハ幸カ不幸カ日露戦争ニ於テ散開戦術ノ矛盾ヲ明確ニ暴露スルニ至ラザリシナリ故ニ、精神力ガ相伯仲セル欧洲戦、就中《なかんずく》其西方戦場ニ於テ、右ノ如キ特殊現象ガ破レ、偉大ナル火器威力ニ直面シテ肉弾ヲ以テ戦ハントスル旧歩兵戦術ノ、不合理ニシテ既ニ近代戦ニ於テ適合セザルコトヲ適確ニ証明スルニ至リシハ誠ニ当然ノ事ニ属ス。

散開戦術とはこの場合、敵の火線を突破するのに見合った火力を得られないので、代わりに正面突撃する歩兵を大増員する戦術のことを指しています。日本軍は日露戦争でその無茶を押し通し、勇猛果敢さを世界に知らしめた。が、それは特殊現象にすぎず、まったく一般化できない。近代戦に適合しない戦法で厖大な犠牲を払い、たまたま勝てたというだけのこと。誇る筋合いのものではない。肉弾の時代はもう終わった。日本陸軍の攻撃精神も過去の遺物になった。そう『観察』は大胆にも主張するのです。

大正時代の陸軍参謀本部にはかくもドライに思考する軍人が居たのか。驚かされます。なるほど、文明が発達し、機械の性能が上がれば、将兵には勇気も果敢さも要らなくなってゆくのでしょう。『観察』はこんな例を挙げます。

火器ヲ操縦スルニ機械力ヲ使用スルコト少カリシ時代ニ於テハ、火器ヲ操縦スル戦闘員ノ戦闘心理ガ火器ノ威力ニ影響ヲ与フルコト大ナリシヲ以テ、火器ノ威力ハ平時ノモノト戦時実際ニ発揮スルモノトニ非常ナル差異アリシガ、火器ノ操縦ニ機械力ヲ応用スルコト多キニ従ヒ、平時ニ示ス其威力ハ漸次相接近スルニ至リシ（後略）

ピストルやライフルで平時に射撃訓練をする。そのときの腕前が戦場で敵兵相手に発揮されるには、やはり度胸が必要でしょう。標的と本気に反撃してくる生身とではまったく違う。「火器ヲ操縦スル戦闘員ノ戦闘心理」が大きくものを言う。ところが機関銃では？　狙いを定めずともゲーム感覚で弾幕を張ればなかなか効果があるのです。弾薬さえたっぷりあるのなら、やみくもに撃ちまくっても敵に当たる率は高いのです。

さらに進んで、敵の居ない自軍の基地内で核弾頭ミサイルの発射ボタンを押すとなったらどうでしょう？　戦闘心理というより事務の領域に近いのではないでしょうか。幾ら手が震えたとしても発射ボタンですから狙いがそれることはない。機械さえ壊れていなければ。機械が高度化すればするほど、平常心を保てるか保てないかによって命中するかしないかの結果が左右されることは、減ってゆくでしょう。大切なのは機械の精度。精神力の関与する余地は狭まり、ついには消滅してしまうでしょう。

『観察』はフランス陸軍のビュア将軍の未来予測を引きながら、自由に展開させて最終結論を導きます。

「将来戦ニ於テハ材料ハ大ニ完全シ、且敵ノ火力至大トナルヲ以テ戦場ニ於テハ一名モ敵ニ暴露シテ前進スルコトヲ許サザラン。斯ノ如キ時代ニ於テハ戦闘群ノ人員ハ益〻減少シ、各人ハ遊動性ヲ有シ、自働兵器ヲ備ヘタル個人用装甲車ノ内部ニ全然隠蔽スルニ至ラン」ト。（中略）即チ空中ニ於テハ既ニ今日迄著シキ発達セル航空兵力ガ空中権ヲ争奪セル時、地上ニ於テハ大小各種ノ装甲兵種ガ雌雄ヲ決セントセルナルベシトノ想像ハ数十年ヲ出ズシテ実現サルベキモノト考ヘラル。

地上には歩兵はなく、兵士はひとりずつ小回りの利く個人用装甲車に乗っている。空には飛行機が飛び交っている。肉弾はもはやどこにも出る幕はない。完全な機械の戦争です。遊動性を有する一人乗りの自働兵器というのは、二〇世紀の第四四半期に氾濫した日本製ロボット・アニメの世界さえ連想させます。日本はそういう戦争の出来る国にならなくてはいけない。それが国家と軍の目標である。そのためには当然、科学力と生産力の追求あるのみである。日本陸軍の第一次世界大戦学習の一決算としての『観察』は、そのように結ばれます。

大正時代、日本陸軍の中枢には確かにこのような意見が存在していました。それなのに、なぜ、第二次世界大戦へと向かう歴史の中で、神がかった精神主義が日本軍隊の主潮になってしまったのか。どこかで日露戦争から第一次世界大戦に至る記憶の蓄積が吹き飛んでしまったのか。そんなはずもありません。日本の軍隊組織は明治から昭和まで途切れず継続している。忘れるはずがない。

では、どこでどうなったのか。たとえば次のような仮説をたてられないでしょうか。日本の軍隊は第一次世界大戦をあまりに学びすぎたがゆえに、『観察』のような議論は百も承知のうえで、極端な精神主義へと舞い戻ってゆかざるをえなかったのだと。

どうしたらそんなおかしな話が成り立つのでしょう？　そのあたりをゆっくり、詰めて行きたいと思います。

第四章　タンネンベルク信仰の誕生

阿南中佐の旅

一九二七（昭和二）年八月二九日、陸軍参謀本部部員だった阿《あ》南《なみ》惟幾《これちか》中佐は欧州出張を命ぜられて横浜を出港しました。主たる滞在地はパリです。

彼はのちの陸軍大将。一九四五年八月の敗戦間際、鈴木貫太郎内閣の陸軍大臣として「必勝の信念」に基づく本土決戦遂行を最後まで主張し、一五日未明、敗戦の責任をとって自決しました。角田房子の『一死、大罪を謝す』のような有名な伝記本もあり、それは一九八一年には二谷英明主演でテレビドラマ化もされました。大宅壮一原作、岡本喜八監督の東宝映画『日本のいちばん長い日』（一九六七年）では三船敏郎が阿南を凄絶な切腹場面も含めて熱演しています。

阿南は一九〇〇（明治三三）年九月、広島地方幼年学校に入り、中央幼年学校、陸軍士官学校、さらに難関の陸軍大学校へ進みました。その間、ずっと専修語学はフランス語。陸大を無事卒業すれば、専修した言語を母語とする国に大使館付の武官として赴任するか、武官の空きのないときは長期出張を命ぜられるのが慣例です。阿南が陸大を卒業したのは一九一八（大正七）年。しかし阿南の順番はなかなか回ってきませんでした。卒業から九年も経ってやっとフランスに行け

阿南惟幾　沖修二『阿南惟幾伝』（講談社）より

たのです。阿南にとっては初めての欧州でした。

一九二七年一二月、阿南はフランスからドイツへと出かけます。ベルリンの日本陸軍関係者が阿南の歓迎会を開いたのは同月一二日。その席で阿南はベルリン駐在陸軍武官だった中村明人《あけと》少佐に、東プロイセンを訪ねたいので旅程を組み立ててくれるようにと依頼しました。中村少佐は「阿南さんもタンネンベルクに行きたいのだろうとすぐ了解した、自分もタンネンベルクを既に二度訪ねていたから日程を組むのはたやすいことだった」と回想しています。阿南のドイツ旅行の目的は東プロイセンのタンネンベルクの戦跡見学にあったというわけです。ちなみに中村はのちに中将となり、第二次世界大戦ではタイ国駐屯軍の司令官を務めました。

日本大使館の武官室で中村少佐が阿南に旅程を説明したのは一六日。阿南のベルリン出発は二〇日。一週間で東プロイセンを回り、ベルリンに戻ってきました。クリスマスを挟んでの旅でした。タンネンベルク見学の前日には近傍のアーレンシュタイン駅前のホテル・バーンホフに投宿しています。ホテルのロビーには、ドイツ陸軍の名将、ヒンデンブルクとルーデンドルフがタンネンベルクの戦いに備えて作戦を協議する場面を描いた戦争画が飾られていました。阿南はその鑑賞もかねて泊まったようです。中村少佐の段取りでした。

阿南はタンネンベルクの印象をしっかり心に刻んで、一二月二八日、新年をパリで迎えるべく帰途につきました。翌年五月に帰国した阿南が参謀本部に提出した出張報告書にはタンネンベルクについての詳細なレポートが含まれていたといいます。

はて、なぜ阿南はタンネンベルクの地に足を踏み入れたかったのか。なぜ中村駐在武官は阿南の前に既に二度もタンネンベルクに出向いていたのか。実は大正末期から昭和初期にかけての日本陸軍には、タンネンベルク神話というか「神様、仏様、タンネンベルク様」のような一種の信仰が芽生えはじめていました。日本陸軍の将校のあいだにタンネンベルク詣《もうで》がブームになりつつあったのです。

タンネンベルク会戦の概略を述べよ

タンネンベルクは今はポーランド領。ステンバルクの名で呼ばれています。この地で一九一四年八月から九月にかけて、つまり第一次世界大戦の初っ端にドイツ軍とロシア軍が相まみえました。

どのような戦いであったのか。何しろ日本陸軍にとっての神様かタンネンベルク様です。特に昭和の陸軍大学校ではタンネンベルクの戦闘経過を暗記させるまで教えこんでいました。その授業内容を高山信武《しのぶ》という軍人が記憶していて第二次世界大戦後に書き残しています。彼は一九三五年に陸大を卒業し、敗戦時には大佐でした。陸大での教官と生徒のタンネンベルクを巡る問答を、高山の著書『続・陸軍大学校』（芙蓉書房、一九七八年）をふまえつつ自由に再現してみましょう。

教官　タンネンベルク会戦前の概略を述べよ。

生徒　第一次世界大戦の当初、ドイツ軍は陸軍兵力の大部分、約二〇〇万人を西部のフランス国境沿いに集中させておりました。東部にはプリットウィッツ将軍の指揮する第八軍の実働一三万人しか居らなかったのであります。その虚をつく如く、五〇万人のロシア軍が東方から侵攻して参りました。ドイツ第八軍の任務は西部戦線での決戦終了まで、ロシア軍に対して持久戦を続けることにあったのでありますが、兵力のあまりの格差と戦線の広大さを考えれば防御戦による持久は不可能だったのであります。そこでプリットウィッツ将軍は防勢から攻勢に転じようと策しました。しかし統帥能力の低さゆえに失敗に終わり、モルトケ参謀総長から罷免されたのであります。代わって第八軍司令官にはヒンデンブルク大将、参謀長にはルーデンドルフ少将が就任いたしました。

教官　よろしい。引き続きタンネンベルク会戦の概略を述べよ。

生徒　ヒンデンブルク、ルーデンドルフ両将の意見は一致しました。広大な戦線に於いて絶対優勢の敵に対処する道は、局所優勢主義による各個撃破以外にはない。ロシア軍は全体としては絶対優勢でありますが、約二四万人の北方軍と約二七万人の南方軍に二分されておりま す。ドイツ軍としてはもしも一方ずつに全力を集中することができれば各個撃破も可能ではないか。ルーデンドルフはとりあえずタンネンベルク付近でロシア南方軍の猛攻を受けていた第八軍第二〇軍団に現在地の断固死守を命じました。

ここでヒンデンブルクが驚くべき決断を致しました。第八軍の主力は進撃してくるロシア北方軍の前面に展開してこれを阻止しようとしていたのでありますが、ヒンデンブルクは大胆にも少数の部隊を残して軍主力を移動させ、ロシア南方軍の側面攻撃に向かわせたのであります。当然ながらロシア北方軍に対するドイツ軍の正面の防備は甚だしく手薄となりました。北方軍は容易にドイツ軍の防衛線を正面突破することができたのであります。しかし、北方軍はヒンデンブルクがまさかそのような常識を超えた作戦をとるとは思いもよらず、ドイツ軍主力は目前に居るはずと信じて進撃を躊躇しました。その間にドイツ第八軍は勇猛果敢な側面からの奇襲によってロシア南方軍を混乱させ、ついに寡兵による多勢の包囲殲滅に成功し、ただちに北に転じて、僅かな残置兵力によって牽制されていたロシア北方軍をも包囲殲滅しました。かくして一三万人で五〇万人を屠るという歴史上未曾有の包囲殲滅戦は完成されたのであります。

教官　タンネンベルク会戦の意義をまとめよ。

生徒　絶対優勢なるロシア軍に対する防御任務を長期持久戦ではなく短期攻勢によって一挙に解決したこと。まさに攻撃は最大の防御であります。ついで局所への兵力集中によって多勢に無勢の不利を解決したこと。最短期間で敵を撃滅すべく、敵側面からの奇襲戦法を最大限に活用しての包囲殲滅戦に徹したこと。兵力集中のために下手をすれば自軍の壊滅を招きかねない兵力移動を決断する勇気が、指揮官にあったこと。危機によく耐えるものは危機を勝機に転換せしめられること。以上であります。

教官　よろしい。ヒンデンブルクとルーデンドルフのような優れた指揮官の勇気と決断、それに心服する勇敢な兵隊が居れば、劣勢兵力でも優勢兵力を包囲殲滅できるということである。大いに模範とすべきと思う。

生徒　はい、肝に銘じました。

かくのごとき問答が執拗に繰り返されていたのが、昭和初期からの陸軍大学校だったようです。日本陸軍の最高エリートは、指揮官や参謀としてタンネンベルクをいかなる戦場でも再現できるようにと、刷り込み教育を徹底され続けたのです。

日本陸軍のジレンマ

いったいどうしたことでしょう？　勇気と決断さえあれば物的・数的にはどんなに不利でも必ず勝てるという「タンネンベルク神話」が、大正末期から日本陸軍にどんどんはびこりはじめる。おかしいではありませんか。前章まで通観してきたように、日本陸軍は青島《チンタオ》戦での経験や第一次世界大戦の全体的な観察や分析から、今後の戦争は科学力と工業生産力、国家としての総合力、最も単純には物量の多寡で勝敗が決するのであり、勇気や決断や精神力や果敢な突撃精神は時代遅れで副次的なものになりつつあるとの認識を深める一方であったのではないでしょうか。

それはその通りなのです。たとえば、欧州出張中の阿南中佐がタンネンベルク詣をした一九二七年、日本では吉田豊彦陸軍中将が、宇垣一成《かずしげ》陸軍大臣と鈴木貫太郎海軍大将の序文付きで『軍需工業動員ニ関スル常識的説明』を水交社から出版しています。第一次世界大戦で得られた最新の戦争観を、軍や政府部内だけではなく広く国民に訴えて理解を求め、新しい常識として広めようという内容です。

そこには宇垣や鈴木と並んで筑紫《つくし》熊七《くましち》陸軍中将の序文も載っています。筑紫と吉田は第一次世界大戦末期に欧州に派遣され、一緒に前線や銃後をつぶさに見聞した仲です。筑紫は砲兵で、日露戦争時には大本営参謀として旅順要塞攻略戦の前線にも出向き、以後陸軍省兵器局長や陸軍技術本部長を歴任。晩年には満洲国参議も務めました。彼はこう述べます。

所謂《いわゆる》国力戦の構成が、独り軍隊のみでなく、運輸、交通、産業等の経済的活力に、大なる期待を寄せねばならぬ現代に在りては、戦争生活と平和生活との間には、其準備過程に於て著しき距離を認め得ぬのである。（中略）軍需品の原料と人間必需品の原料とが、全然同一物なるを理解せる読者が、若しも本書に依りて得たる知識を、各ゝ其方面の業務に応用するの注意を怠らぬときは、国民生活の行詰りも、国際生活の難関も、容易に打開し得るに至るであらう。宇宙の某一元が、或は平和生活の要品と為り、或は戦争生活の用具と化するのは、恰《あたか》も同一俳優が其特質に従ひ、或は男性と為り、或は女性と化し、或は善人、或は悪漢、其他種々の変化を以て、人間生活の歓楽界に貢献するのと何等異なる所はない。本書が宇宙万元の戦争化を教ふるを見て、専ら武を説くものと為す者あらば、夫は大なる誤解である。名優は其師の男装するを見て、女装の要領をも了解し得るのである。

芝居好きの筑紫中将は役者のたとえで通します。立役と女形を兼ねられる偉大な歌舞伎俳優のように、戦争と平和、軍需物資と民需物資を一体にとらえようという話です。

かたくなな軍国主義にしたがって、精兵を養うために民間の物質的繁栄を犠牲にし、国民に平素から禁欲生活を強いるのは愚の骨頂である。今日の戦争は物量の戦争であり、しかも戦時の軍需品と平時の民需品に必要な原材料はほとんど重なっている。もしも大戦争がはじまったら必要な軍需物資はあまりに膨大だ。いつ戦争になるか分からないのに、日頃から天文学的な量の軍需品を蓄えておくのは非現実的である。しかも科学技術は日進月歩なのだ。

結局、平時に物質的繁栄を誇り、新製品を次々と作り出して、一見享楽の限りを尽くしているような国家が、これからの戦争の勝者になるだろう。物質的欲望を抑えて精神力や気力を培って勇猛果敢を誇っても何の意味もない。いざ戦争になったら、民間生活における飽くなき物質への欲望を満たすための技術力と生産力を即座に軍需に振り替える。そういう体制を準備しながら、平時は民需を最大限に満たしてゆく。大量消費社会を目指す。みんなが物欲を追求する。それが出来る国が勝ち残る。女形として淫蕩な美を極めた俳優こそが荒事で真の凄みも表現できるのではないか。平時の経済大国のみが戦時の勝者へのパスポートを有している。そんな理屈です。

そして、同じ砲兵として筑紫の後輩にあたる吉田中将が筑紫の哲学を微に入り細を穿って実証してみせたのが『軍需工業動員ニ関スル常識的説明』なる書物なのです。彼は本文の冒頭でこう宣言します。

大正三年八月カラ同七年十月ニ渉ル五十余箇月ノ間世界列強ノ殆ンド総テガ関係シタ彼ノ前古未曾有ノ欧洲戦役ガ吾人ニ与ヘタ教訓ハ頗ル多ク実ニ枚挙ニ遑《いとま》ナキ程デアルガ、就中《なかんずく》最大ノ教訓トモ称スベキモノハ産業ガ国防上重要ナル要素デアルコトヲ証示シタニアルト思フ。換言スレバ一国ノ産業ハ一面カラ其国ノ国防ノ強弱ヲ推測シ得ル「バロメータア」トナツタコトデアル。（中略）相手国ガ戦時幾何ノ兵力ヲ如何ニ使用スルカヲ判断スルニモ、先ヅ其国ノ有スル産業力ヲ調査スル必要ガアル。（中略）産業力ヲ調査スルコトニ依ツテ其国ノ軍備ノ力ヲ観察シ得ル程度ニマデ進歩シタト信ズルノデアル。

民間の経済力が即ち国家の戦闘力であるというテーゼを押し出す吉田中将は、あとはひたすら数字を列挙してゆきます。日露戦争の奉天の大会戦でクロパトキンの率いるロシア軍相手に日本軍の消費した弾数は三三万発であった。ところが第一次世界大戦の西部戦線におけるヴェルダンの戦いでドイツ軍の使った弾数は二〇〇〇万発である。奉天の六〇倍だ。同じくソンムの戦いでフランス軍の放った弾数は三四〇〇万発に達する。何と奉天の一〇〇倍だ。この調子でいけば、今後日本が戦争をするためにはどれだけの鉄や非鉄金属や火薬原料やゴムや石炭や石油が必要なのか。日本はどれほどの産業国家に成長しなければならないのか。

一例だけ挙げましょう。大正末期に於ける「人口一人当リ鋼材需要額」として吉田の挙げる数字は、アメリカが二六〇キログラム、イギリスが一二五キログラム、フランスが九七キログラムに対して、日本はたったの二九キログラム。吉田の結論はこうです。

我国一人当リ鋼材需要額ハ欧洲諸強国ノ約四分ノ一、米国ノ約九分ノ一ニ該当スルニ過ギナイ。従テ将来鉄鋼ノ需要更ニ増加スベキハ明カデアルノミナラズ、製造能力ニ就テ見ルモ（中略）世界全体ノ一人当年産能力ニ比シ約四分ノ一ニ過ギナイ情況デアルカラ、今後国運ノ発展ニ伴ヒ、益〻斯業ノ振興ヲ必要トスルハ疑ナイ所デアルノミナラズ、国家ノ存立上是非共然ラザルヲ得ナイノデアル。

こうした発言に、日本陸軍の軍人たちがタンネンベルクの包囲殲滅戦を信仰し、絶対化したくなる逆説的なきっかけもあったというべきでしょう。

阿南惟幾も他のタンネンベルクに詣でた軍人たちも、筑紫中将や吉田中将に言われるまでもなく第一次世界大戦の教訓をよくわきまえていたかと思われます。でも、教訓を真っ正面から活かすためには、今後の日本の仮想敵国となるだろうアメリカやイギリスやソ連等々に見合った科学力や工業力や経済力が、この国に備わっていなくてはいけません。

吉田中将は国家の存立のために是非ともそうしなくてはならないと言い切っていますが、いったい誰がいつどうやってそうできるのでしょうか。第一次世界大戦後、日本の重化学工業はようやく本格的な離陸をはじめました。けれども、米英ソと肩を並べるほどの国力が短期間でつくとは想像しにくい。それに日本が成長するあいだに仮想敵国の経済規模はもっと膨らんでいる可能性も大である。

とすると、弾や兵器の多寡、あるいは科学技術の進展のための投資の大小で勝敗が決まるとの仮定の上に立つならば、今後の大戦争では日本に勝ち目はないという結論しか導けません。確かに日本軍は第一次世界大戦の最初期に青島の戦いで物量戦の模範を示しました。けれど、極東の補給なきドイツ軍の小要塞相手だったからうまく行ったのです。日本の国力でも量で圧することができたのです。

一流国の補給が十分にある軍隊と正面からの物量戦をやるなんて想像するだけでも恐ろしい。日本の国力を一挙に飛躍的に高めれば問題は解決します。が、容易ではない。それでも軍人とすれば、仮に明日、世界列強と開戦しても大丈夫と思える計画を立てておかなくてはなりません。仮想敵国と戦争する見通しを持てないのでは軍隊の存在価値がありません。産業の中長期的発展に期待し、何十年後かにそうなってから改めて戦い方を立案するのでは済まないのです。

歴史の趨勢が物量戦であることは明々白々。しかし日本の生産力が仮想敵国の諸列強になかなか追いつきそうにない。このギャップから生じる軋《きし》みこそ、第一次世界大戦終結直後から日本陸軍を繰り返し悩ませてきたアポリアであり、現実主義をいつのまにか精神主義に反転させてしまう契機ともなったのです。

たとえば終戦翌年の一九一九年には『歩兵操典』の改定論争が起きています。

第一次世界大戦の研究に励んでいた陸軍省の臨時軍事調査委員会は、次のように提案しました。大戦は歩兵戦闘における機関銃時代の到来を教えた。一発一発狙いを定めて撃つのはもはやオールド・スタイル。機関銃を撃ちまくる。弾幕を張る。突撃してくる歩兵を瞬時に薙ぎ倒す。日本の歩兵の教育もこの時代に対応したものにすぐ改められるべきだ。自ら撃ちまくり、敵も撃ちまくってくる。それを前提に歩兵を訓練する。今は確かに機関銃の数も足りなければ、弾薬も十分ではない。けれども近い将来、日本の工業が発達すれば機関銃も銃弾もそれなりに供給されると予想される。兵器の技術革新も進捗してゆくに違いない。撃ちまくる方向で『歩兵操典』を改定しよう。

ところが歩兵学校は異議を唱えました。学校は明日戦争が起きても戦場ですぐその通りにできることを教えるのである。撃ちまくる弾丸が実際にはないのに「撃ちまくれ」とは教えられない。機関銃の膨大な弾薬消費に補給を間に合わすのは、資源の乏しく重工業も発達途上の日本においては短期的展望としては至難であろう。とりあえず歩兵は弾を大切にし、三八式歩兵銃で一発ずつ撃って命中精度を上げる。そう訓練しておくのが現実的ではないのか。改定の議論はたちまち暗礁に乗り上げてしまいました。

このように理想と現実が乖離してにっちもさっちも行かなくなっているとき、救いの神のようにクローズ・アップされていったのがタンネンベルクの戦いだったと言えるでしょう。青島やヴェルダンやソンムの戦いがモデルになっては日本陸軍はニヒリズムの淵に落ちてゆかざるをえません。けれど、タンネンベルクがモデルになりうるなら希望はあります。第一次世界大戦の数ある戦いの中でも、あまりに極端で特異とも言えるタンネンベルク包囲殲滅戦。その戦いを決して例外的な奇跡ではなく、優秀な指揮官が居ればいつでもどこでも再現可能な作戦と信じられれば、

「持たざる国」の軍隊にも活路は見出だせる。阿南中佐がタンネンベルクに詣でたのにはそうした背景があったのです。

殲滅戦信仰の起源

さて、タンネンベルク包囲殲滅戦は、いついかなるかたちで、意味合いを都合よく解釈されながら特権化されていったのでしょうか。

竹下正彦という人が居ました。阿南惟幾の義弟で敗戦時には陸軍中佐。一九四五（昭和二〇）年八月一四日から一五日にかけては、一部陸軍青年将校による終戦阻止を企図した反乱事件に関係し、阿南の自決現場にも立ち会いました。映画『日本のいちばん長い日』では井上孝雄が演じています。戦後は陸上自衛隊に入り陸将に昇進し、最後は陸上自衛隊幹部学校長。彼は自衛隊を退いてから四年後の一九七〇年、軍事史学会の学会誌『軍事史学』に「大東亜戦争に現われた日本陸軍の戦略・戦術思想の一面について」という論文を寄稿し、そこで次のように述べています。

> 大東亜戦争に臨んだ時点における日本陸軍の戦略・戦術思想の骨幹をなすものは「殲滅戦思想」であると思う。攻勢思想や精神主義は殲滅戦法を実現する為不可欠の要素であり、物質軽視の思想はその誤れる発展であると見られる。（中略）「殲滅戦思想」というものの中味はどんなものであるか、また陸軍中央がそれについて如何なる関心と考えとをもっていたかを端的に示すものとして、大正十年五月に参謀本部で刊行した「欧州戦争叢書、特第十一号、『殲滅

戦』」という刊行物がある（中略）紀元前二百六十二年、カルタゴの名将ハンニバルがローマ軍に対して指導したカンネの戦闘を始めとし、（中略）一九一四年八月ヒンデンブルグ大将が十三万五千の寡兵をもって東プロシヤに侵入してきた五十万の露の大軍をタンネンベルヒ及アルレ河畔の二度の会戦で各個に撃破した殲滅戦等の戦史を掲げ、さらにこれ等の戦例から帰納して殲滅戦法の原則を編述し、徹底した攻勢思想の鼓吹、両翼包囲と果敢なる追撃の推奨（中略）を強調したのである。

竹下は自身の体験に照らしつつ続けます。

欧州戦争叢書は第一次世界戦争の末期から前後数年間にわたり、直前に戦われた欧州における幾多の戦史を数十冊の本にまとめて参謀本部が発行し、近代戦の様相をわが国軍事界に紹介したものであるが、その中でこの「殲滅戦」の一書はある意味において一結論的意義をもち、欧州における教訓を、わが陸軍が如何に受けとめるかという中央の指導精神を示したものと見ることができると思う。私が少尉に任官したのは昭和五年であり、陸軍大学校に入学したのは十一年のことであったが、この「殲滅戦」の一書は当時われわれの愛読、再読した戦術参考書であって、それがわが国防計画を担当し、それに基づく作戦計画の立案を掌《つかさど》っている参謀本部の発行したものであるだけに当時の陸軍の戦略・戦術思想そのものであったと見ることは決して誤った考え方ではないと思う。

タンネンベルク信仰の起源はどうやら欧洲戦争叢書特号一一号の『殲滅戦』にあるようです。そして『殲滅戦』の熱い精神主義は、前章でつぶさに眺めた同じ特号の『世界大戦ノ戦術的観察』のクールな合理主義を圧して、昭和の日本陸軍を支配していったのでした。その過程でとりわけ重要な役割を果たしたのは、荒木貞夫と小畑《おばた》敏四郎《としろう》と鈴木率道《よりみち》という三人の軍人だったと思われます。このうち荒木と小畑は第一次世界大戦のとき観戦武官として東部戦線を動き回っていたのです。タンネンベルク包囲殲滅戦の敗者、ロシア陸軍に随行して。

第五章　「持たざる国」の身の丈に合った戦争——小畑敏四郎の殲滅戦思想

一九二八年の精神主義

関ヶ原より桶狭間

「持たざる国」日本の陸軍にとっての夢の福音。装備最優秀とは呼べない味方の寡兵によっても、敵の圧倒的な大軍をあっという間に包囲殲滅できてしまう魔法の戦争。国力戦、総力戦、長期戦、国家総動員、新兵器開発戦、機械化戦といった言葉を嚙み締める前に、電光石火でかたのつくいくさのかたち。第一次世界大戦最初期の東部戦線でドイツ軍の寡兵がロシアの大軍を粉砕したタンネンベルクの戦いは、決して唐突に現出したわけではありません。長い歴史的な経緯の末、持たざる国の陸軍が、もしもそれでうまく行くのならと願い続けた戦争のひとつの理想型が、周到な作戦と訓練の当然の結果か、あるいは思わぬ僥倖が重なっての偶然の賜物か、とにかく本当に実現した。それがタンネンベルクの戦いであったのです。

一九世紀は科学の世紀。銃火器が発達します。接近したら互いが撃ち殺される確率が飛躍的に高まってゆきます。実際、一八六〇年代のアメリカにおける南北戦争では、ガットリング銃等の連発銃が次々と開発されては実戦に投入され、北軍も南軍も、いくら突撃しても犠牲が増えるばかりでなかなか戦線を突破できなくなりました。さっそく戊辰戦争でも長岡藩の河井継之助がガットリング銃を購入し、官軍を苦しめたのは有名な話です。連発銃は高速連射の機関銃へと発達してゆく。そんな時代に騎兵や歩兵による正面突破はもう無茶ではないか。ナポレオンやクラウゼヴィッツのように敵に決戦を挑んで徹底的に撃滅するなどといつも考えていては味方の損失が大きくなるばかり。死傷者のいたずらな増大は戦意を阻喪させ戦争継続を不可能にする。これからは攻撃よりも防御。敵が消耗していたり疲労していたり士気が落ちていたり補給を断たれているときにのみ、積極的に攻撃すべきだ。ヨーロッパ諸国の陸軍にそんな思想が広まりました。

明治維新によって誕生した日本陸軍は、旧幕府陸軍が万事フランス式に訓練されていた伝統を継承し、かの国を模範とします。当時のフランス陸軍も防御一辺倒。したがって創成期の日本陸軍も攻めより守りを重視したのです。よく防ぐ側が勝つ。それが明治初期の日本陸軍の中心的哲学でした。

ところが、この一八六〇年代的常識を一八七〇（明治三）年から翌七一年にかけての普仏戦争が揺り動かします。防戦を旨とするフランス陸軍に、旧式とも言える正面突破を第一義に掲げて吶喊《とっかん》突撃をくりかえすプロイセン陸軍が勝ってしまった。フランス陸軍も攻撃の意義を見直しはじめ、新教義が日本にも伝来します。防御より攻撃が重要なら、後追いのフランスよりも本家のドイツに習った方が手っ取り早いだろう。普仏戦争以来、ドイツ贔屓となっていった山県有朋、大山巌、桂太郎、川上操六らによって、一八八〇年代のうちに陸軍の準拠国はフランスからドイツに切り替わってゆき、一八九〇年頃には軍楽隊教育などの限られた領分を除いてフランス色はついに一掃されます。よく攻める側が勝つ。哲学は改まったのです。

日本陸軍の新哲学の成果や如何に？　その正しさを世界に証明したかのように思われたのが、改めて言うまでもなく日露戦争でした。火力不足で白兵戦に頼るほかなかった日本陸軍は、数でも装備でも優るロシア陸軍に対して、獅子奮迅の肉弾戦の末かろうじて勝利を得ました。第三章でふれた通り、フランス陸軍は日本陸軍の突貫精神に感動し、正面突撃が現代においてもなお有効なのだと確信して、ナポレオン時代の陸戦スタイルに先祖がえりしてしまいました。

しかし実は、日露戦争での日本軍の騎兵や歩兵の突撃は正面から行った場合はたいてい火線に阻まれて犠牲を増すばかりだったのです。普仏戦争時のプロイセンのようには事は決して捗らなかった。兵器の進歩によって突撃の有効性は逓減するという、一八六〇年代的常識は普仏戦争でいったん面目を失いましたが、日露戦争で改めて正しさを証明されつつあったのです。

それなのになぜ日露戦争での日本陸軍は歩兵の突撃で勝てたという話になってしまったのか。答えは簡単です。正面攻撃だけではなく側面攻撃を活用したのです。騎兵などによる機動性を重視し、相手の思いもよらない角度から攻める。不意を打つ。びっくりさせる。横から攻められれば敵の火線も十分に役立たない。飛んで来る機関銃の弾は少ない。突破しやすい。そうやって陣形を瓦解させ、敵を潰走させる。奉天の大会戦などではこの手が効きました。奇策を用いて前時代的肉弾戦法の延命をはかったわけです。戦国時代の合戦でいえば、長篠の合戦や関ヶ原の合戦のような正面からのぶつかりあいではない。桶狭間の合戦のような奇襲攻撃です。持たざる国は思わぬ方向からの機動性に富んだ奇襲でないと勝てない。海軍の山本五十六の真珠湾攻撃も結局この思想です。

シュリーフェンの速戦即決戦争

日本陸軍に防御より攻撃と教えたドイツ陸軍は、日露戦争での日本陸軍の側面攻撃の成功例を注意深く研究し、大いに影響されました。もちろん批判のまなざしも送りながら。一九〇六（明治三九）年から参謀総長を務めることになるヘルムート・ヨハン・ルートヴィヒ・フォン・モルトケ（小モルトケ）らドイツ陸軍の幕僚たちの結論は次のようなものです。日本陸軍の側面攻撃は勝利にはつながったものの詰めが甘かった。せっかく敵の隊列をいったん瓦解させながら、陣形の組み直しや退却を許している。側面を突破できているのだから、正面攻撃をかけている味方と巧みに連携すれば包囲殲滅も可能なはずなのに。ドイツ陸軍は、日露戦争終結の翌年にあたる一九〇六年にさっそく『歩兵操典』を改めました。そこでは果敢な側面攻撃と包囲の有効性が強調されました。

この包囲殲滅戦術は、当時のドイツ陸軍を支配していたアルフレート・フォン・シュリーフェンの戦略思想と結びつきます。シュリーフェンはベルリンっ子で普墺戦争や普仏戦争に参謀将校として参加し、一八九一年から小モルトケに後を譲るまではドイツ陸軍の参謀総長でした。

ドイツにとって、普仏戦争の次なる大戦争は、東のロシアと西のフランスを同時に相手にする二正面戦争となる可能性が高い。そのときどうするか。普仏戦争時の参謀総長で、小モルトケの伯父のヘルムート・カール・ベルンハルト・フォン・モルトケ（大モルトケ）は考えました。フランスは普仏戦争の負けいくさのあとたちまち国力を回復している。だから今度は同様には行くまい。東のロシアは超大国である。ナポレオンでさえ躓《つまず》いている。容易な相手ではない。両国相手に文句なしの勝利を収め、一気に戦争を片づけるという発想はあまりに非現実的だ。フランスに対しては適度に攻勢をかけながら基本は防御に徹するべきだ。ロシアに対してはオーストリアの協力を見込める分、攻勢もかけうるだろう。だからといって完全勝利は難しい。東も西も長期戦を覚悟する。忍耐しながら敵の弱い部隊を探しては叩く。確実に戦果を積み上げて相手の戦意を殺《そ》ぐ。そのうちどこかで敵主力に痛撃を与え、講和への道を探る。方策はこれしかあるまい。いわゆる大モルトケ戦略です。

短期決戦論者シュリーフェン

　この先輩の意見をシュリーフェンは覆しました。大モルトケは甘い。フランスとロシアの提携が緊密化し、両国の軍事力が増強されてゆく現状に鑑みれば、二正面長期戦争は愚の骨頂である。戦争は短期決戦で、敵の各個撃破に徹するべきだ。開戦当初に敵の主力をいきなり捕捉して撃滅しなくてはならない。東部も西部も攻撃あるのみである。精兵の一撃で速戦即決する。机上の空論と思うなかれ。問題は敵国の戦時動員体制だ。ロシアの国情を察すれば開戦からロシア軍主力の展開までは数週間を要するだろう。その間にドイツ陸軍の全兵力を西部戦線に集中する。大モルトケは普仏戦争においてナポレオン三世ひきいるフランスを僅か六週間で降伏させたではないか。作戦次第で同じことは再現可能なはずだ。ついですぐに踵《きびす》をかえし、全兵力を東部戦線に移動させてロシア軍を殲滅する。こうすれば短期で終わる。

シュリーフェンは長期戦の態勢を整える必要はないとします。長期戦志向は敗北主義だ。長引けば国力の小さい方が不利になる。最初から長期戦を仮定することは負けいくさになる可能性を認めること。そういう前提に立つとき、心はすでに負けている。長期戦になったら敗北が運命づけられる。潔く諦めるほかない。短期決戦で勝つ。それがすべてだ。何か月も何年も続いたら補給をどうするかなんて考えるだけ無駄なのだ。いわゆるシュリーフェン戦略です。

たとえ寡兵でも恐れることなく包囲殲滅戦に徹せよというドイツ陸軍の一九〇六年版『歩兵操典』の思想とシュリーフェンの短期決戦戦略思想が結びつくとき、そこに生まれる戦争イメージはあまりに明快です。国力とか補給とか長期化とかを考慮しない。戦争が始まったら現有戦力でしゃにむに闘う。あっという間にケリをつける。ケリのつけ方は陸戦についてはひたすら包囲殲滅である。そんな戦争観です。

この「短期決戦＋包囲殲滅戦」論が今度は日本陸軍に影響します。普仏戦争に触発された面のある日露戦争での日本陸軍の方策がドイツに輸出され、シュリーフェンの大局観とセットになって大胆に深められ逆輸入された格好です。ドイツ→日本→ドイツ→日本というぐるぐる回りの増幅が起きたのです。ドイツ陸軍信奉者の多い日本陸軍に、勇猛果敢な側面攻撃によって敵大軍を包囲殲滅し圧倒的勝利に至れるという信仰が深まってゆきます。一九一四年にはタンネンベルク包囲殲滅戦でのドイツの勝利という実例も生まれたのだからなおさらでした。

殲滅戦ハ一六勝負ニ非ズ

といってもやっぱりおかしな話です。第一次世界大戦はドイツにとっては確かに東部と西部で同時に戦線を展開する二正面戦争になりました。大モルトケやシュリーフェンの予想通りでした。しかしそのあとは大モルトケ戦略を否定したシュリーフェン戦略通りにはちっとも行きませんでした。「短期決戦＋包囲殲滅戦」論が花開いたように見えたのは緒戦での東部戦線のタンネンベルクの戦いだけと言ってよく、西部戦線では本格的にはただの一回も包囲殲滅戦は実現されませんでした。東西両戦線とも膠着し長期化してゆき、シュリーフェン戦略はたちまち破綻しました。大モルトケの思い描いたように長期戦に耐えながら機を逃さずに敵主力を痛撃し有利な講和に持ち込む願いも叶いませんでした。国力の腕比べになってドイツは連合国側に敗れました。第一次世界大戦の客観的全体像は、青島《チンタオ》戦の戦訓、津野一輔《かずすけ》や筑紫《つくし》熊七《くましち》といった陸軍軍人の考え方、参謀本部の編纂による「欧洲戦争叢書」の『世界大戦ノ戦術的観察』等々にあらわれているところに尽きるのではないでしょうか。物量戦で総力戦で長期戦で科学戦だということです。歩兵や騎兵の突撃で一気呵成に終われる戦争の牧歌的古典時代は完全に終焉したということです。シュリーフェン戦略の挫折こそ第一次世界大戦史の教訓だったのではないでしょうか。

ところが大戦終結の三年後、「欧洲戦争叢書」の一冊として一九二一（大正一〇）年に刊行された『殲滅戦』は、同じ陸軍の出版物でも、そういう理解にはくみしませんでした。それどころかシュリーフェンを崇拝し「短期決戦＋包囲殲滅戦」論を日本陸軍の教義にすべしと主張しました。本格的な包囲殲滅戦は長きにわたる大戦の中でタンネンベルクくらいでしか現出しなかった。それは事実である。でもだからといってタンネンベルクが再現の困難な特殊例と考えるのは間違いだ。タンネンベルクにおけるヒンデンブルクとルーデンドルフの作戦指導を詳細に研究して応用すれば、多くの戦闘でタンネンベルクは必ず繰り返せる。第一次世界大戦でタンネンベルクが再現されなかったのは単にドイツ軍の作戦指導が悪かったせいなのだ。『殲滅戦』はそう高唱したのです。

殲滅戦ヲ奨励シ且殲滅戦ノ精神並ニ方式ヲ説クコト以上ノ如シト雖《いえど》モ、吾人ハ勝負ヲ一六勝負ニ委セントスルガ如キ冒険的作戦或ハ真理ヲ無視セル突飛ナル策案ヲ奨励スルモノニアラズ。寧《むし》ロ敵ニ対シ殲滅的打撃ヲ与ヘントセバ、戦闘ノ真理ヲ究メ之ガ徹底的適用ニ依リ始メテ其目的ヲ達成シ得ベキモノナルヲ推論セリ。而シテ此真理ヲ究メ戦場心理ノ機微ヲ察シ原則ノ適用ヲ徹底的ナラシムルニハ、百度原則ヲ繰返スモ其甲斐ナシ。古来名将勇士ノ為セル戦法ヲ仔細ニ観察スルコトニ依リ、始メテ理論ヲ超越セル崇高ナル真理ヲ発見シ以テ其目的ヲ達成シ得べキナリ。

殲滅戦は偶然や運命の作用で起こるのではない。イチかバチかの賭け事でもない。戦争の真理を究明することで合理的に計画的に準備できるようになる。タンネンベルクは窮極的にはマニュアル化できる。そういう見解です。続いて『殲滅戦』は述べます。

吾人ハ又徒ラニ天才的非凡児ノ戦闘法ニ憧憬シ大言壮語之ヲ推賞スル者ニ非ズ。又偶々天才的名将ノ為セル戦闘方式ガ殲滅戦ノ真理ニ合一セシモノナリトテ、一モ二モナク名将ノ戦法ヲ模倣セントスル者ニアラズシテ、敵ニ殲滅的打撃ヲ与フルハ天才的名将ニアラザレバ為シ能《あた》ハザルトノ誤解ヲ解カントスルニ在リ。即チ、真摯ナル学理上ノ研究ト相俟《あいまっ》テ不断ナル人格ノ鍛練ニ依リテハ、縦令天才的将帥ニアラズトモ、容易ニ之ヲ実施シ赫々タル偉功ヲ奏シ得ベキヲ切言セントスルモノナリ。

殲滅戦の指揮は戦史をよく学びおのれをよく鍛えれば天才でなくても「容易ニ之ヲ実施」できるというのです。誰でもヒンデンブルクやルーデンドルフになれるという教説です。さらに包囲の仕方について改めて注意を促します。

吾人ハ包囲迂回ノ原則適用ニオイテ現時兵学界一般ノ趨勢ノ誤レルヲ覚醒セントスルモノナリ。正面突破ハ将来極メテ至難ナルノミナラズ、両翼包囲ヲ企図セル敵ニ対シ、中央突破ヲ以テ之ニ応ゼントスルハ自己ノ殲滅ヲ意味スルモノナルコト、及ビ戦場ニ於テハ敵ノ過失ニ乗ジ得バ縦令劣勢ノ兵力ヲ以テスルモ両翼包囲ヲ為シ得ル機会ノ多々アルベキコト、或ハ追撃ハ唯一ノ殲滅戦法ニアラズシテ、寧ロ敵ニ対シ殲滅的打撃ヲ与ヘントセバ、最初ノ部署ニ於テ殲滅戦的部署ヲ採ルベキコトノ必要ナルヲ力説セリ。

たとえ寡兵であっても最初から「殲滅戦的部署」、つまり側面に迂回して相手を包囲できるような攻撃態勢をとるべきだというのです。正面からの撃破殲滅は難しくても側面攻撃の機会は必ずあり、その機会をつかめば、必ず包囲殲滅できる。迂回して包囲して殲滅する。ひたすらそれだけなのです。

最適な戦法をとれば、兵力や装備が劣勢でも相手を包囲して殲滅できる。それを繰り返せば戦争を短期で終わらせられる。やや神がかっていて非合理でもある教説を展開する『殲滅戦』は、いくら軍内に影響を及ぼしたといっても、約八〇冊ある「欧洲戦争叢書」の一冊にすぎません。参考書のようなものです。強制力もありません。多様な意見のひとつにとどまります。

『統帥綱領』の新理念

にもかかわらず『殲滅戦』が他の合理的諸考察よりも突出してしまったのは、「持たざる国」の軍隊に勝利の心地よい幻想を与えてくれる書物であったからでもありましょう。しかしそれだけではありません。実は『殲滅戦』の見解を大幅に取り入れた格好で、一九二八（昭和三）年に『統帥綱領』が大幅に改訂されているのです。そのとき「短期決戦＋包囲殲滅戦」論は、日本陸軍のひとつのありうべき立場から、絶対にかくあらねばならぬ教義へと格上げされたのです。この格上げは結果として、改訂者の思惑をはるかに飛び越えてしまい、後の歴史にとてつもない事態を招来してゆくようになるかと思われるのですが、それはまたあとの話になります。

『殲滅戦』を参謀本部の誰が執筆したかは明らかにできませんが、『統帥綱領』改訂の中心人物は分かっています。参謀本部の第一部長だった荒木貞夫中将（のち大将）、同作戦課（一部二課）長だった小畑《おばた》敏四郎《としろう》大佐（のち中将）、同作戦課員だった鈴木率道《よりみち》少佐（のち中将）の三人です。先にふれたように、荒木と小畑は第一次世界大戦時に観戦武官としてロシア軍に付いて歩きました。タンネンベルクの戦いのときはまだ観戦武官ではありませんでしたが、包囲殲滅された側から詳しく聞いて、戦闘経過を熟知していました。二人は「タンネンベルク信者」でした。

『統帥綱領』改訂を主導したのは小畑です。小畑に心酔していた鈴木が小畑の意に沿って作文し、荒木がそれにお墨つきを与える。三人の役割分担はそんなものだったかと推測されます。

『統帥綱領』とは一九一四年に制定された日本陸軍の機密戦争指導マニュアル。統帥というと明治憲法の統帥権が思い浮かびます。天皇が大元帥として帝国陸海軍を統帥するとした条項です。すると『統帥綱領』とは天皇が軍を統帥するためのマニュアルなのでしょうか。そうではありません。憲法用語の統帥とは違うのです。軍隊用語として別の意味を持たされています。日清戦争や日露戦争で現地派遣軍の総司令官が何十万もの大兵団を指揮することがあった。そのくらいの大規模な部隊を指揮することを特に統帥と呼んだ。日清・日露の戦役時には統帥にあたっての規則や心得を記した公文書は存在しなかった。指揮官の創意工夫にかなり委ねられていた。けれど近代的国軍の制度として如何なものか。そこで日露戦後、堀田正一工兵少佐がドイツ留学の土産として持ち帰ったドイツ

小畑敏四郎（左）と荒木貞夫
1934年頃　須山幸雄『作戦の鬼 小畑敏四郎』（芙蓉書房）より

陸軍の上級指揮官用のマニュアルを参考にして『統帥綱領』が出来上がったのです。これが一九一八（大正七）年、一九二二（大正一〇）年、一九二八（昭和三）年と、大正から昭和にかけて三度改訂されました。そしてそのまま、一九四五（昭和二〇）年に至ります。

小畑は参謀本部の作戦課長となった一九二六年にさっそく部下の鈴木に『統帥綱領』の改訂原案を作らせました。それを小畑や鈴木がさらに吟味し、また各所で審議され文言を修正されて、思想内容としてはほぼ原案の路線で、一九二八年の正式改訂となったのです。

いったいどのように変わったのでしょうか。改訂原案や成案の肝と思われる部分の幾つかを引き、必要に応じてその前の一九二一年版と較べてみましょう。

まず驚かされるのは兵站についてです。兵站とはいうまでもなく軍隊への補給のこと。戦闘が長期化しても戦線に食糧や弾薬や医薬品や兵器を絶やさぬよう統帥者は如何に心を配るべきか。一九二一年版にはもちろん兵站の項目がある。補給は戦争の基本である。特に長期戦となれば補給が勝敗を分ける。戦争の常識だ。ところが一九二六年の改訂原案には目次に「兵站」とはあるものの条文は一行も書かれていない。一九二八年の改訂成案からは「兵站」の二文字は完全消滅している。

シュリーフェンの短期決戦思想の影響と思われます。「持たざる国」の戦争はすぐ終わらなくては駄目だ。国家総動員の長期戦は敗北に直結する。したがって兵站の心配をするのは敗北主義だ。統帥に補給は要らない。だから綱領にもなくてよい。そういうことでしょう。

次に、具体的ないくさの仕方については殲滅戦思想が前面にあらわれます。改訂原案は「帝国軍作戦指導ノ本旨ハ攻勢ヲ以テ速戦即決、敵軍ヲ撃滅スルニ在リ」と宣言し、改訂成案は「作戦指導ノ本旨ハ攻勢ヲ以テ速ニ敵軍ノ戦力ヲ撃滅スルニアリ、之ガ為、迅速ナル集中、潑剌タル機動及果敢ナル殲滅戦ハ特ニ尚《とうと》ブ所トス」と獅子吼します。速戦即決なら兵站も考えずに済むわけです。

また、これに伴って政治や外交と大兵団統帥の関係も微妙になってきます。一九二一年版の『統帥綱領』には「将帥ハ作戦以外ノ複雑ナル情況ニ応ズル為、自ラ政略眼ヲ備ヘ、外交ト密接ナル協調ヲ保ツヲ要ス」といちおう記されていました。外国と戦争するのですから外交を無視できるはずもない。政治との共同作業が大切ということです。ところが一九二六年の改訂原案ではだいぶんニュアンスが変わります。

政略指導ノ主トスル所ハ戦争全般ノ遂行ヲ容易ナラシムルニ在リ。故ニ作戦ハ之ト密接ナル協同ヲ保持スベシト雖、戦争遂行ノ為最モ重要ナル手段ハ固《もと》ヨリ作戦ニ存スルガ故ニ、妄《みだ》リニ政略上ノ利便ニ随従スベカラザルノミナラズ、作戦ノ実施ニ至リテハ全然独立不羈ナラザルベカラズ。

速戦即決の殲滅戦で一気に決める。突然に天佑神助のように訪れるかもしれない勝機を絶対逃さず敵を叩き潰す。そういう戦争指導をしたいときに外交だのを顧慮してはいられない。将帥の独断専行を認めなくては敵の意表もつけない。政治を無視して軍隊の好き勝手にさせてくれという願望が読み取れるでしょう。

最後に、今後の戦争は物量戦や科学戦でしかありえなくなったという新時代の常識についてはどうでしょうか。改訂原案から引きましょう。

帝国軍ノ統帥ハ劣勢ノ兵力、寡少ノ資材ヲ活用シテ（中略）各般ノ要求ヲ充足セシムルヲ以テ基調トナス。而シテ統帥ノ本旨トスル所ハ軍ノ実力、就中《なかんずく》其無形的威力ヲ皇張シ適時之ヲ最高度ニ発揚シテ巧ミニ敵軍ニ指向スルニ在リ。蓋シ輓近ノ物質的進歩著大ナルモノアルガ故ニ、妄リニソノ威力ヲ軽視スベカラズト雖、勝敗ノ主因ハ依然トシテ精神要素ニ存スルヲ以テ、戦闘ハ将卒一致、忠君ノ至誠、匪躬ノ節義ヲ致シ、其意気高調ニ達シテ終ニ敵ニ敗滅ノ念慮ヲ与フルニ於テ、始メテ能ク其目的ヲ達スルヲ得ベケレバナリ。

帝国軍ノ統帥ハ畢竟精神的優越ヲ以テ物質的威力ヲ凌駕シ、寡以テ衆ヲ制スルヲ一ノ特色トナス。乃チ追随ヲ許サザル創意ト独特ノ工夫トニ依リ、敵軍ノ意表ニ出テ戦勝ノ基ヲ啓キ、或ハ其成果ヲ偉大ナラシムルノ要愈々《いよいよ》切ナリ。

兵隊や兵器や弾薬が足りなくて当たり前だ、それで闘うのが日本陸軍の基本だと、完全に開き直っている。気力と創意工夫と作戦で補えば如何に劣勢でも勝てると大胆に主張する。日本陸軍が自ら計画し実践した青島での物量戦や、欧州での圧倒的消耗戦や、「宇垣軍縮」による陸軍近代化構想や、「欧洲戦争叢書」の『世界大戦ノ戦術的観察』に示された機械化戦の進展による精神主義の無意味化の議論などは、全部吹き飛んでいます。一見すると、近代日本の軍事思想はこの一九二八年の時点で精神主義の方向へと大きく舵を切ったように見えます。最上級指揮官向けの『統帥綱領』改訂に伴って下位指揮官向けの『戦闘綱要』も一九二九年に変わります。もちろん小畑敏四郎らが仕切ってのことです。そこでは攻撃即包囲殲滅という新理念の徹底がはかられます。

攻撃ノ主眼ハ敵ヲ包囲シテ之ヲ戦場ニ殲滅スルニ在リ。攻撃ニ任ズル部隊ハ常ニ剛健ナル意志ヲ以テ専心敵ニ向ヒ勇進スルヲ要ス。攻撃ハ敵ノ意表ニ出ヅルノ度愈々大ナルニ従ヒ其成果益々大ナリ。

包囲ハ側面ニ用フル兵力大ナルト且果敢ナル正面攻撃ニ依リ敵ヲ正面ニ拘束シテ他ヲ顧ミル遑《いとま》ナカラシムルトニ従ヒ、其効果益々大ナルモノトス。而シテ包囲ニ任ズル部隊ノ行動ハ神速果敢、敵ヲシテ対応ノ処置ヲ講ズルヲ得ザラシムルヲ要シ、特ニ指揮官ハ状況ノ困難、敵情の不明等ニ介意スルコトナク断乎トシテ一意任務ニ邁進スルコト肝要ナリ。

敵を包囲するためには何よりも側面攻撃である。敵正面は手薄になっても敵側面に主力を用い、正面を担当する部隊は囮《おとり》のつもりで奮戦して敵を引きつけ、包囲の完成に寄与せよ。寡兵による大人数の包囲殲滅は敵に対応の暇を与えず迅速に奇襲することで実現されうるのだから、たとえ敵の様子が分からなくても突撃するときは突撃せよ。そういう趣旨です。これが日本陸軍の一般的戦闘法として綱領化されたのです。

新『統帥綱領』と新『戦闘綱要』の文言からは、改訂から十何年のちの日米戦争における補給なき戦闘やバンザイ突撃や玉砕の情景が透けて見えてくるでしょう。「持たざる国」が容易に「持てる国」になりえはしない。そう観念してしまったら確かにこのような『統帥綱領』や『戦闘綱要』にならざるをえないのかもしれません。しかしあまりに乱暴な内容ではないでしょうか。小畑敏四郎はいかなるつもりでこれらの立案に関わったのでしょうか。この『統帥綱領』や『戦闘綱要』で、「持てる国」の最新装備の大軍に対して勝ち目はあると本気で信じていたのでしょうか。いや、第一次世界大戦の現地見聞を積み過ぎるほど積んだ「作戦の鬼」がそんなに愚かしいはずはない。結論を先取りすれば、彼は一流国の大軍と戦うなんてヴィジョンは捨てていました。日本陸軍には少なくとも当分のあいだその能力はない。そう確信していたのです。新『統帥綱領』は殲滅戦思想のいわば顕教にすぎなかったのです。

殲滅戦思想の密教と顕教

国を誤らせたアナクロニスト？

この新『統帥綱領』に関して、軍事史研究者の前原透は『日本陸軍の「攻防」にかかわる理論と教義』（防衛研究所戦史部、一九八六年）で、その特徴を五点にまとめ、次のように記しています。

1. 全体に理論的、説明的事項を削除し、（中略）「教義」としての性格を強化していること。そしてこれを以て『戦闘綱要』の根本主義とすること。
2. 国務、政略からの作戦の独立不羈を一層高唱していること。
3. 「作戦の本旨」として「攻勢」を掲げるようになったこと。
4. 「速戦即決」のため「初動威力の強大」を述べる等、方面軍レベルの指針を超え、国軍の作戦戦略に言及していること。〔注、この文言は昭和11年の国防方針改訂の際、国防方針にまで反映している。〕
5. 「会戦」を「攻撃」にのみ限定し、「機動」を一層強調して「運動戦」をその記述の中心に据え、また「包囲殲滅」を高唱し、かつそこにおける「攻撃精神」が「猛烈果敢な攻撃」に変遷しており、それがそのまま『戦闘綱要』に反映していること。

端的に言い直せば、政軍関係では政治を無視して軍の独断専行も辞さない。時間的には徹底的に速戦即決。兵站の心配をする前に戦いを済ませる。作戦面では包囲殲滅あるのみ。速戦即決するには疾風迅雷の勢いでの包囲殲滅戦がいちばん。大胆に包囲殲滅し一気呵成に会戦を終わらせるには兵士の並外れた戦意がむろん不可欠。よって極端な精神主義。もしも包囲殲滅による速戦即決に失敗したときの方策はない。兵站に焦点の移る長期戦は「持たざる国」にとっては敗北を意味する。敗北の可能性を織り込みつつ『統帥綱領』を用意することは、即ち敗北主義であるから、常に必勝を課せられた日本陸軍の少なくとも戦闘指揮官としては想定外の問題だ。想定外の事柄を考える必要はない（勿論補給部門の指揮官には、軍全体から見れば重要度を低く見積もられてしまうとはいえ、とにかく別の思想が与えられなければなりません。事実、日本陸軍には『兵站綱要』というマニュアルも存在しました）。

戦後に非難されることになる日本陸軍の問題点が、一九二八年改訂版『統帥綱領』にはまさに集約的に表現されているといってよいでしょう。

この改訂にあたった中心人物、小畑敏四郎とはいったいどのような人間だったのか。たとえば、小畑の唯一の伝記らしい伝記、須山幸雄『作戦の鬼 小畑敏四郎』（芙蓉書房、一九八三年）に、第二次世界大戦の敗戦時に陸軍大佐だった井本熊男の、戦後になってからの証言が載っています。井本は陸軍大学校の第四六期生。一九三一年の入学、一九三四年の卒業です。小畑は一九三一年に陸軍大学校の教官となり、その後、参謀本部勤務等を経て、一九三四年には陸軍大学校幹事（教頭のような職と思えばよいでしょう）、翌年には校長になりました。井本は陸大時代の小畑の教え子のひとりであったわけです。井本の感想には戦前から軍人同僚やジャーナリストによってしばしば語られてきた小畑像の典型が示されています。

小畑将軍は軍人としては、やや小柄であったが、華族の出で学習院育ちのせいか、大変上品なお方であった。一見柔和だが内面は強烈で、いかにも土佐人の血を享けた将軍という印象が深い。したがって自負心が強く、己れが是と信ずれば絶対に妥協しない。良くいえば信念の人、悪くいえば自我の強い性格のように見うけた。

一見たいへん紳士で、当たりも強くないけれど、実は協調性に乏しく唯我独尊。華族の子弟らしく世間知らずでひとりよがり。組織にはあまり向いていない。小畑といえばそういう人と戦前から相場は決まっていました。

彼は一八八五（明治一八）年二月一九日、小畑美稲《うましね》の四男として東京の都心の三番町に生まれました。小畑家はもとは土佐藩の郷士。坂本龍馬の家と同じ身分です。美稲は幕末には孫二郎と名乗って、武市半平太率いる土佐勤王党に加わり、勤皇の志士として活躍しました。維新後は美稲と改名し裁判官となり、大阪上等裁判所で要職に就き、一八八四年からは東京に移って元老院議官を務めます。

敏四郎の誕生はそれからすぐ。元老院の役人の子供ということで小学校は学習院初等学科に。ちょうど志賀直哉や武者小路実篤ら「白樺派」の世代が在籍している時代の初等学科です。敏四郎とは陸軍で不倶戴天の敵となる東条英機も遅れて編入してきます。

敏四郎が初等学科五年生の一八九六年、父の美稲は男爵となって華族に列せられました。その前々年、前年には、日清戦争があり三国干渉がなされました。敏四郎は幼いなりに国家の行く末に危機感を抱きます。当時の学習院の院長はアジア主義者の近衛篤麿《あつまろ》。敏四郎は篤麿に憧れるところも大だったようです。アジアと協調し西洋に対抗するには、どうしたらよいか。そのあたりが大陸での活躍を期待できる陸軍軍人を志望する動機ともなったのでしょう。なお、敏四郎は昭和に入ってから近衛文麿と交際し、政治家近衛に大きな期待をかけ、「大東亜戦争」中には文麿と一緒に東条英機内閣打倒を画策しますが、文麿への格別な肩入れには、幼い日に影響された篤麿の跡取りだったことも与《あずか》っていたでしょう。

敏四郎は一八九八年、大阪地方陸軍幼年学校に入学し、一九〇三年、陸軍士官学校に進んで、順調に軍人の道を歩みます。一九一一年、陸軍大学校を成績優秀で卒業。翌年には、立憲政友会の代議士で昭和初期には衆議院議長にもなる元田肇《はじめ》の娘、千鶴子と結婚。千鶴子の妹は、やはり立憲政友会の代議士で戦後には自民党の派閥の領袖になった船田中《ふなだなか》に嫁いでいます。小畑敏四郎と船田中は義理の兄弟でした。

すると小畑は軍人としてどんなものの考え方をしたがったのか。再び井本熊男の回想を引きましょう。

その作戦思想の根本として物質面にはあまり重きをおかず、精神面を重視する。意志の強固を強調し、必勝の信念を確立することを主張された。そして持久戦を避けて短期決戦主義に徹し、敵を包囲して一挙にその場で撃滅する、いわゆる殲滅作戦思想に徹していた。こうした作戦の基本思想は、もちろん小畑将軍の創見というわけではなく、（中略）日本陸軍の伝統で、日本軍人の好みに合った戦法である。小畑将軍はこの伝統をふまえて、その上に自分の性格に基づく思索によって、信念的な殲滅戦思想を練り上げられたものと思われる。

小畑将軍はわれわれの卒業後わずか二年足らずで退役されたが、その後の陸大の作戦思想はもとより、陸軍全般にも将軍の影響は強く残ったと思う。しかし、日支事変では最終的には蔣介石の持久戦に敗れたし、大東亜戦争でも米国の余りに巨大な物量作戦に敗退したことはよく知られている。これは別に小畑将軍の与り知らぬことではあるが、作戦思想面から見れば、その後の日本陸軍は殲滅思想に固執しすぎ、過度に精神面のみを重視し、物的戦力を軽視した欠点に敗れたともいえる。もっとも当時の相手国の戦力をよく知らなかった無知も大いにあったのだ。

井本は小畑をほとんど時代遅れで神がかりの精神主義者のイメージで語っています。日本陸軍に「物的戦力」軽視の思想を植えつけ「大東亜戦争」を敗北に至らしめた張本人のひとり。第一次世界大戦後の総力戦を常識とする世界の趨勢を知らず、明治時代のまだまだ前近代的な戦争観・軍隊観に昭和になっても固執して国を誤らせたアナクロニスト。そういう理解でしょう。

校長と生徒の甲論乙駁

なるほど、確かにそう見えたのかもしれません。小畑は昭和の陸軍大学校で必勝の信念に基づく包囲殲滅戦の遂行を執拗に大胆に説き続け、生徒たちを辟易させていたようですから。陸軍大学校で井本の一年後輩にあたり、敗戦時にはやはり陸軍大佐だった高山信武《しのぶ》は、先にも紹介した著書『続・陸軍大学校』で、小畑陸軍大学校長臨席で行われた陸大での模擬演習の様子を記しています。作戦主任参謀に高山が擬され、指導し試問するのは小畑。出された問題はおおよそ次のようなものです。

ある日の午前中である。敵味方双方とも三個師団ずつが平原で会戦しようとしている。敵軍の主力たる第二師団と第三師団は既に戦場に到着して展開中である。しかし、敵軍のもうひとつの第一師団は約半日、行程が遅れていて、敵軍主力の右翼に展開しようと大急ぎで進撃中である。

これに対する味方の三個師団は敵主力の正面に進出を完了し、『統帥綱領』や『戦闘綱要』の指導精神にのっとって、敵軍の右翼に廻り込み、包囲殲滅するように作戦を立案中である。ただし、そこで味方の進撃方向については甲案と乙案に意見が分かれている。

甲案は敵軍の第二師団と第三師団の右翼に遅れてやってくる第一師団のことも織り込んで、最初から敵の三個師団全部を包囲するつもりで、味方を進撃させる。敵の第一師団の展開予想位置のさらに右翼に廻り込むわけだから、大廻りになる。

乙案は、味方の一部を割いて敵の第一師団の進撃を牽制し、行程をより遅れさせ、味方は敵の第二師団と第三師団の右翼にすぐさま廻り込む。そうして敵の第一師団が戦場に参加する前に敵の第二師団と第三師団を包囲殲滅してしまおうというのである。甲案よりも小廻りで機動性に富んだ作戦である。大胆に速戦即決を狙う。

どちらの案がよいか。

試問する小畑と解答する高山のやりとりは、おおよそ以下のようなものでした。

高山はまず、次のように述べます。「味方は敵軍の右翼を包囲する如く攻撃を指導します。これがため、やや遅れて到着するであろう敵第一師団を含めて、広くかつ深く敵を完全に包囲する如く攻撃を実施致します」。

つまり甲案です。なるたけ早く包囲殲滅という陸軍の作戦の基本方針は当然ながら受け入れる。しかし乙案は短兵急すぎてリスクが高すぎる。そういう判断です。

小畑の顔が歪みます。彼にとって戦争とは常に際どくギリギリで切羽詰まったものです。初動に全力を挙げる。一刻の猶予もない。すぐに叩ける目先の敵は躊躇なくただちに叩く。そのためには乙案である。陸軍の参謀将校がこのような事例で全員必ず乙案を選ぶようになってこそ新しい『統帥綱領』と『戦闘綱要』の思想は全軍に貫徹する。ところが実際は一歩退きたがる参謀も多い。必勝の信念が足りないのだ。高山もそうだ。なぜ「広くかつ深く」などと余裕を示して臨もうとするのか。小畑は問います。「敵の右翼師団は若干到着が遅れている。その結果、敵軍主力との間に隙が生じている。この弱点に乗じ、乙案方向に主攻撃を指向し、速やかに敵軍主力の右翼に向かって前進する案に対してはどう思うのか」。

高山は校長のあまりに極端な速戦即決主義に内心呆れつつ、いなしにかかります。「ハイ、有力な一案だと思います。但し万一、味方がその案を実行した場合、やがて敵右翼師団が戦線に加入し、しかもわが軍主力の左翼を逆包囲することになり、戦況はわが方に不利となるでありましょう。この際わが軍は、眼先きの戦況に捉われることなく、敵第一師団をも含めて、大きく敵軍の右翼を包囲するよう攻撃を指導するのを適当と判断致します」。

小畑は若い将校の微温的態度にもう我慢なりません。なぜ、敵第一師団の到着遅れによって味方に与えられた時間的余裕を活用しないのか。この生徒はどんな時間割を思い描いているのか。小畑は尋ねます。「決戦の時機を何時頃と考えているか」。

「ハイ、現在午前一〇時頃でありますので、敵第一師団の戦場到着は夕刻に近くなると思われます。これに対し、わが軍の展開のための時間等をも考慮すれば、軍の決戦は明払暁以降であると考えております」。

高山は明日の朝まで戦わないつもりなのか。一日無駄にするのか。それが場合によっては致命傷になるとは思わないのか。小畑は畳みかけます。「明払暁になれば、敵は完全に戦力を統合することは明瞭だ。現在は敵軍は兵力分離の状態にある。しかも敵第二師団の右翼は完全に暴露しており、敵第一師団と間隙を生じている。敵のこの弱点は、まさにわれらの乗ずべき戦機とは思わないか。しかも敵第二、第三師団はまさに展開中であり、敵第一師団の到着を待つことなく決戦を企図しつつあるようにも判断される。速やかに乙案方向に重点を指向して、先ず敵第二、第三師団と決戦を交え、これを各個に撃破した方が良いとは考えられないか」。

高山は言い返します。「ハイ、私もその点は一応考慮したつもりであります。しかしながら、本日中に勝敗が決するとは考えられません。したがって明払暁以降の両軍の態勢を考えれば、敵第一師団の戦線加入により、わが方の態勢が不利になると思われますので、私は校長ご指摘の乙案は採用したいとは思いません」。

甲案を引っ込めない高山に痺れを切らした小畑は、甲案の弱点を論ずることにします。「甲案により大きく右廻り大旋回して展開態勢を整えようとしたならば、敵第二、第三師団は機を失せず味方の旋回軸に向かって攻撃を加えることも考えられる。この場合、味方は旋回軸附近を突破されて、危機を招来したり、或いはこれがために予期せざる決戦を招来したりする恐れはないか」。

高山は折れません。一種の官僚答弁で口応えします。「ハイ、そのような敵の企図は充分考えられますので、わが包囲軸附近においては、所在兵団が柔軟な作戦行動により敵の突進を阻止致します」。

小畑はさすがに怒ります。「柔軟な作戦行動とはいったいどういうことだ」。

高山もむきになって「官僚答弁」に拍車がかかります。「わが軍の決戦方面兵団の攻撃行動を容易ならしめることを眼目として、作戦行動を律するのでありまして、硬軟自在な攻勢により当面の敵を牽制抑留するとともに、敵の果敢な攻勢に対しては、時として防御をも併用して、わが軍主力の旋回軸を援護せしめます」。

唯我独尊的態度で知られる小畑も、高山の強情ぶりにはさすがに参ったようです。折衷案を出しました。「万一、甲案を採用するとした場合、午前中からその案の通り行動して敵にわが企図を暴露するよりも、差し当りは乙案を実行し、敵に相当な損害を与えたうえ、本夜暗を利用して兵力を転用し、明払暁以後甲案に移行した方が良いとは思わないのか。貴官は決戦を明払暁以降と予想しているのだから本日は乙案と見せかけて明日は甲案にしても何の問題もないではないか」。

小畑は敵の虚をつく夜襲や夜間移動を作戦に活用することに熱心でした。『統帥綱領』では敵味方が同規模、もしくは味方が無勢でも敵を包囲殲滅するように教えている。しかし当然ながら包囲殲滅は味方が多勢で相手が無勢のときにはじめて容易に行い得る。その逆を説くのはそもそも無茶です。この無茶を通すために無形戦力の精神力が祭り上げられ、奇手奇策が推奨される。その一環として「作戦の鬼」小畑は寝ないで夜に動くことを好んだのです。初日に敵の二個師団を包囲して殲滅までは行かずとも打撃を与え、夜は休まず移動し、そのままほとんど眠らず翌日に敵の追加の一個師団を含めて改めて包囲殲滅する。小畑の理想とする軍隊はそれを可能とする精神力を充溢させていなければなりませんでした。

小畑の猛烈さに高山はついに気圧されたでしょうか。そうはなりませんでした。高山は小畑の策を正面から批判したのです。「その案も考えられないことはありませんが、軍の統帥としてはいささか姑息に過ぎはしないでしょうか。軍の統帥は大河の流れるように極めて自然に無理のないものでなくてはなりません。急角度に方向転換したり小細工的に作戦指導を変更したりすることは慎むべきだと思います」。

小畑は憤然として部屋から出て行きました。

殲滅戦思想の二重性格

参謀本部作戦課長としては上司の荒木貞夫と部下の鈴木率道の絶大な支援を得つつ『統帥綱

領』や『戦闘綱要』の改訂に尽力し、日本陸軍に精神主義と速戦即決思想を行き渡らせようとする。部隊の指揮官としては夜間行軍や夜襲や急な配置移動の訓練に兵を励ませる。陸軍大学校の教官としてはいついかなるときも敵を最短時間で包囲殲滅すべしと参謀の卵たちを指導し、神がかった物言いで反感を買う。小畑敏四郎はいったいどういうつもりだったのか。確かに「持たざる国」日本の実力に思いを致せば、総力戦・補給戦・長期戦となったら勝ち目はない。かといって、いかなる敵も並外れた精神力と鬼面人を驚かす作戦で包囲すればたちどころに殲滅できるとは奇妙キテレツすぎるのではないか。どんな相手も短期戦で包囲殲滅してしまえるから長期戦にならないなんて話は、およそ科学的でないエセ宗教の類いではないか。だいたい装備優秀で優れた指揮官に率いられ補給も十分な敵大軍が押し寄せたとして、それを寡兵が精神力と奇略だけで殲滅できるのか。ありえない！

実は、荒木や小畑や鈴木もそんなことは不可能と確信していたのです。一九二八年版『統帥綱領』に絶大な影響を与え、小畑らの戦争思想の核心を形成する書物ともなった「欧洲戦争叢書」特号第一一号『殲滅戦』（一九二二年）の結論部分にこうあります。

素質劣等ナル敵ニ対スル作戦ノ研究ハ必要ナリ。人或ハ謂ハム、精鋭ナル軍隊又ハ指揮運用ニ妙ヲ得タル指揮官ノ統率スル軍隊ニ対スル戦闘ヲ究メ、之ガ戦理ノ研究ニ専心ナラムカ、素質劣等ナル敵ニ対セバ勝利ヲ得ルコトハ極メテ易々タルベシト。

此言ヤ真ナリト雖モ、吾人ハ単ニ戦闘ニ於テ敵ヲ撃攘シ、或ハ地域ノ領有ヲ以テ満足スルガ如キ不徹底ナル戦勝ニ甘ンゼムトスルモノニアラズ。敵ノ素質ニシテ劣等ナラムカ、其素質ノ程度ニ応ジ成果大ナル勝利ヲ希望スル者ナリ。夫ノ強敵ニ対スル戦法ヲ其儘素質劣等ナル敵ニ対シ準用セバ戦勝素ヨリ易々タルベシト雖モ偉大ナル成果ハ之ヲ期待シ得ラレザルベシ。蓋シ強敵ニ対スル戦法ハ多クハ万全ノ方法ニヨリ成果ノ大ナラムヨリモ成功確実ナルヲ欲スレバナリ。即チ吾人ハ敵ノ素質ニ応ジ如何ニ大胆ニ而モ徹底的ニ戦闘ノ原則ヲ適用スベキヤヲ研究セザルベカラズ。

もってまわった言い方ですが、要するに包囲殲滅の完遂は優秀な敵を相手にしては考えにくいということです。身も蓋もない言い方をすれば、強敵を包囲殲滅することはほとんど不可能であり、包囲殲滅作戦は素質劣等な弱敵を相手にしか通用しないだろうということです。

然ルニ従来吾人ノ為セル演習並ニ戦術教育法ニ於テ、単ニ原理原則ノ研究ヲ専ラニシ機略ノ養成ニ欠クル感アルハ遺憾トスル所ナリ。即チ戦術指導、兵棋演習或ハ実兵演習ニ於テ専習員ハ常ニ自己ニ比シ戦術能力卓越セル教官ヲ敵トシ、或ハ両軍ノ素質、兵力、編成並ニ指揮官ノ戦術能力相拮抗セル者ヲ特ニ選定シテ相対抗セシムルヲ常トセリ。此ノ如キハ素ヨリ戦理ノ研究ニハ至当ノ方案ニシテ飽クマデ之ヲ奨励スルノ必要アリト雖モ、常ニ此ノ如クニノミ依リテ訓練セラレ、此ノ如ク教育セラレタル軍隊ハ、戦時彼我戦闘ノ諸元ヲ異ニセル場合ニ於テモ形式的原則ノ適用ニ慣レ、機略的運用ノ妙ヲ失スルニ至ルベシ。是レ素質劣等ナル敵ニ対スル戦法ヲ平時ヨリ訓練シ、且教育シ置クベキ必要アル所以《ゆえん》ナリ。

敵がまっとうだと想定したら、大胆で無茶な作戦など容易にはとれない。包囲殲滅できる相手は素質劣等な敵だけだと考えてよいだろう。実は『殲滅戦』の肝腎要はこのくだりにあります。第一次世界大戦のタンネンベルクの戦いでドイツ軍がロシアの大軍を包囲殲滅できたのは、ヒンデンブルクとルーデンドルフの作戦が優れ、兵の士気が高かったせいもありますが、それ以上にロシア軍に不備が多かったせいなのです。相手が素質劣等のときだけ大軍の包囲殲滅は可能である。精神力や奇策が通用するかどうかはあくまで相手次第。これが『殲滅戦』の基本テーゼなのです。『殲滅戦』は精神主義の賞揚一辺倒ではなかったのです。

荒木と小畑と鈴木はこのテーゼを内なる前提として『統帥綱領』や『戦闘綱要』を起草したのでしょう。しかし『統帥綱領』も『戦闘綱要』も相手が素質優等か素質劣等かを建前としては問いません。どんな敵と戦うときにも適用される。だからこそ綱領であり綱要なのです。敵の種類に合わせて綱領や綱要を何通りも用意するわけにはいきません。

ここに一九二八年版『統帥綱領』とそれに連動する改訂版『戦闘綱要』は、密教と顕教の二重性格を有することになりました。それらは表向きはすべての陸戦に適用される。そういう建前である。けれど本音では素質劣等な敵にだけ通用するつもりの教説だったのでしょう。少なくとも小畑はそのつもりでそれらの改訂に尽くしたはずです。彼はタンネンベルクの戦いの実状を熟知していたのですから。新しい『統帥綱領』や『戦闘綱要』は素質優等な敵に対しては用いられてはならない。日本は装備もよく補給力も十分な敵と絶対に戦争してはならない。あくまでこの前提あってこその一九二八年版『統帥綱領』や二九年版『戦闘綱要』でした。「持たざる国」日本は無理な背伸びを少なくとも当分は諦め、精神力と奇手奇策で勝てる相手としか戦わない。素質優等な敵とは戦争にならないように軍人と政治家がしっかり結び付いて注意してゆく必要もある。小畑が近衛文麿と仲良くした根本動機はそこにあったでしょう。

でもこの密教はどこまでも密教です。日本陸軍は強い相手と戦争しないと公然と言ってしまっては、軍の自己否定につながる。ゆえに小畑はたとえば陸軍大学校での教育でも表向きはあくまで「強敵相手でも包囲殲滅戦で行け」と教えざるをえない。しかし内心では常に素質劣等な敵を前提に考えている。だから高山信武相手の演習でも無茶にきこえる作戦を平気で推奨するのです。ところが高山は対等か優等な敵を想定している。まさか小畑が内心そこまで日本陸軍を見限っているとは思っていない。ゆえに演習問題の甲案と乙案を巡るふたりの議論は決裂するほかなかったのです。

けれど、小畑のいじった『統帥綱領』や『戦闘綱要』は、彼の想定外の戦争、対米戦争に用いられてしまいました。荒木や小畑や鈴木にしてみれば、自分たちが軍内の覇権を握り続け、戦争の相手だって自分たちで選べるだろうという、そんな目算があったのでしょう。密教と顕教を均衡させて運用し続けられるはずだった。ところがそうは問屋が卸さなかった。荒木や小畑や鈴木ら「皇道派」と呼ばれたグループは、一九三六（昭和一一）年の二・二六事件で軍中央から排斥されてしまったのですから。

「皇道派」とは何か

ペトログラードの小畑敏四郎

第一次世界大戦は諸国の政治家や軍人や産業人など、戦争にかかわるすべての人々に圧倒的な教訓を遺しました。今後ふたたび大戦争が起こるとすれば、長期戦になり国家総力戦になる公算が高い。それは数字の勝負である。兵員、装備、資源、生産力、技術力、労働力等々の数字の多寡、水準の高低で、勝ち負けは決まる。天才的な将軍提督、勇敢な戦闘部隊が多少揃っていても、彼らは戦争が長引くうちに数字の奔流に呑み込まれてしまう。

ところが大正末期から昭和初期にかけて陸軍中枢の要職にあった小畑敏四郎は、ひたすら短期殲滅戦争を説きました。長期戦争を想定外にしようとしました。生産力や技術力よりも精神力を重視しました。その路線に沿って軍の戦争指導の根本方針に関わる『統帥綱領』を一九二八年に改訂し、指揮官教育も推進しました。第一次世界大戦を知らず、必勝の信念だけで国家総力戦時代に生き残れると信じたアナクロニスティックな軍人の代表として、後世の批判の対象にもなりました。

でも既に触れてきた通り、小畑は第一次世界大戦を知らない軍人では決してありませんでした。むしろ知りすぎた男だったのです。

ロシア時代の小畑敏四郎　1915～16年頃　須山幸雄『作戦の鬼　小畑敏四郎』（芙蓉書房）より

第一次世界大戦の始まった一九一四（大正三）年、小畑は大尉で陸軍参謀本部員。当時、参謀本部にはロシア班が新設されたばかりで、初代班長は荒木貞夫少佐でした。のちに陸軍に「皇道派」と呼ばれる派閥が形成されますが、その首魁と目されたのが荒木で、一の子分と思われたのが小畑。小畑と荒木の蜜月時代はこの頃からのようです。ロシアは日露戦争の手強い相手であり、第一次世界大戦のときは友好国ながら、またいつ敵となるかもしれない。日本陸軍にとってのいちばんの仮想敵。荒木と小畑はロシア研究に情熱を燃やしていました。

そのロシアがドイツと戦っている。共にドイツを敵とする日本はロシア軍に観戦武官を送ることができる。欧州の戦争の実相とロシア陸軍の実力を間近で観察できるまたとない機会ではないか。恐らく荒木と小畑のあいだには十分な打ち合わせがあり、彼らを応援する陸軍部内の勢力もあったのでしょう。一九一五年四月に荒木が、翌月に小畑がロシアに旅立ちます。そしてふたりとも一九一八年までかの地にとどまりました。単なる視察の域を超えています。足かけ四年に及ぶ長期出張でした。

小畑大尉がロシア行きの辞令を受けたのは四月七日。二週間後の二一日には妻子を伴い東京駅を出発。大阪、加古川、宮島、別府、中津などに滞在して兄弟や親類を訪ね、妻子と別れを惜しんで、単身、関釜連絡船に乗り込んだのが五月二日。四日後にはハルビンからシベリア鉄道に乗車。周囲の景色を子細に観察し、ロシアの広大さと森林資源の豊かさに感嘆しつつ、五月一三日にウラル山脈を越え、一五日にペトログラードに到着しました。前年までペテルブルグと呼ばれていたロマノフ王朝の都は「ブルグ」が敵国ドイツの言葉に由来するのを嫌ってロシア風に改められたばかりでした。

小畑はペトログラードでまずロシア語の学習に明け暮れました。日本で準備する間もないほど急な出張決定だったのでしょう。彼の陸軍での専修語学はフランス語で、ロシア語は不得手。戦争未亡人に連日、個人レッスンを受けました。知遇を得たロシア陸軍将官宅に遊びに行って泊めて貰いもしました。実践的に会話の習得に励んだのです。

「皇道派」の現実主義

そんな中、八月にはデンマーク駐在の永田鉄山《てつざん》大尉がロシアとフィンランドに出張ということでペトログラードにやってきます。小畑と永田は陸軍士官学校でも陸軍大学校でも同期の親友でした。しかしのちに袂を分かち、永田は陸軍内の一派閥「統制派」の中心人物と目されてゆきます。「統制派」には満洲事変の首謀者、石原莞爾《かんじ》なども属すると考えてよいでしょう。

大尉時代の永田鉄山
永田鉄山刊行会編『秘録　永田鉄山』（芙蓉書房）より

この「統制派」と小畑の「皇道派」は水と油の関係になり、ついに永田は「皇道派」の将校に殺害されるに至りました。

なぜ両派はいがみあったのでしょうか。様々な理由があります。そこには第一次世界大戦の受け取り方の問題も絡むでしょう。荒木や小畑と永田や石原とでは、大戦観がかなり違いました。日本の将来の国力への展望にも差がありました。先走って述べてしまえば、日本も参加するであろう次の世界大戦のときのこの国の力を、荒木や小畑は小さく、永田や石原は大きく見積もったのです。荒木や小畑は、日本はここ当分のあいだ「持たざる国」のままだろうと予想しました。永田や石原は、やりようによっては次の大戦争に間に合うように「持たざる国」を「持てる国」に化けさせられると夢想しました。「皇道派」と「統制派」の抗争には、軍部内の権力抗争や世代的・人間的対立といった事柄だけでなく、思想の問題も大きかったのです。

それはともかく、一九一五年のふたりはまだまだ仲良し。永田はペトログラードに着いたとたん風土病に罹って高熱を発し、倒れてしまいました。小畑は数日間、ロシア語の勉強もかえりみず、つきっきりで看病しました。これほど麗しい友情に結ばれていたふたりは、昭和になると互いに口もきかなくなるのです。

といっても「皇道派」と「統制派」のどちらかのレッテルを貼られた陸軍軍人同士がみな険悪な関係だったのかというと、そんなことはありません。たとえば小畑と石原は認め合う仲でした。小畑は一九三一年の満洲事変での石原の見事な作戦指導による速戦即決を「持たざる国」の理想の戦争として絶賛しました。では石原はなぜ満洲事変を起こしたか。満洲を一大産業基地にして、なるたけ早く「持たざる国」を「持てる国」に変えたかったからでしょう。

でも「皇道派」系の人々はそこには疑問を呈したのです。「持たざる国」の経済が仮に景気よく伸長して「持てる国」になったつもりでも、そのときにはアメリカのようなもともと「持てる国」も更なる経済成長を遂げて、よりいっそう「持てる国」になっているかもしれない。とすれば「持たざる国」はどんなに背伸びしてみたところで相変わらず「持たざる国」のままなのではないか。そんないたちごっこのために、軍事でも外交でも経済でも危ない橋を渡って無理を重ね、「持たざる国」を「持てる国」に脱皮させようとして列強との戦争リスクを高めるよりは、「持たざる国」の身の丈に合った拠り所を求める方がいい。「皇道派」は第一次世界大戦をあまりに真剣に受け止めました。「持たざる国」の身の処し方を考え抜いた末の結論でした。

これは一種の現実路線です。しかし、その拠り所は神がかった「皇道」でした。天皇に絶対の忠誠を誓い、国家に命を捧げて、どんな無茶な戦闘行為もいとわない。かなり極端な精神主義です。天皇を現人神とする明治国家体制の論理に素直に乗る。現人神を大元帥とする帝国陸軍は神の軍隊だと信じる。「天皇陛下万歳！」を兵士に叫ばせて戦闘意欲を最大限に高める。「皇道」にしたがうとはそういうことでしょう。「持たざる国」の軍隊に物質的な背伸びをなるべくさせず、国力に見合わない過度な軍備拡大のために国民に経済的苦労もさせず、物質の不足はできるかぎり精神で補おうとする。ただし、どうしても戦争をするときは最短で終わらせる。装備も補給も不十分で気力だけに頼っていては長く戦争できはしない。「皇道派」は精神主義に度外れて依存したがる点では非合理的ですが、極限的に緊迫した精神状態の時間的持続には限りがあると認める点では合理的なのです。その辺りに「皇道派」の思想の真髄があるでしょう。

「皇道派」は農村や農民と相性がよいと言われます。小畑敏四郎も指揮官として田舎の素朴な兵隊を愛しました。地方人の質実剛健さが「皇道派」の理想とする熱烈な精神主義に共鳴しやすいせいだと説明されもします。確かにそういう面もあるでしょう。けれど、そもそも「皇道派」には都市文明や産業文明や科学文明を嫌う傾向があります。それらの価値を積極的に肯定してしまうと、都市や産業や科学を進歩させるための地力の高い「持てる国」が地力の低い「持たざる国」よりも常に優位に立つと認めざるをえなくなるからです。

「皇道派」の哲学は「持たざる国」の軍事イデオロギーとしてなかなか現実的なところがあります。そしてその哲学の形成には、親友永田鉄山の看病を終え秋になってから、いよいよ第一次世界大戦の東部戦線の現場に足を踏み入れていった小畑敏四郎の経験と思索が大きくものを言ったのです。

ロシア革命というトラウマ

三吉義隆という軍人がいました。第二次世界大戦の敗戦時は陸軍大佐。陸軍大学校時代から小畑を敬愛し、自宅にも出入りして、その謦咳に接する機会に多く恵まれました。貴族的で唯我独尊で人付き合いが悪かったと言われる小畑の、内面までを理解した数少ない後輩軍人のひとりでしょう。三吉は『作戦の鬼　小畑敏四郎』の著者、須山幸雄の取材に応じて次のように述べています。

小畑将軍は大正五、六年の第一次欧州大戦の際、ロシア軍に従軍された。その時のエピソードを、その頃同じロシア軍に従軍していた黒木親慶少佐に聞いたことがある。

その頃、ロシア軍はつねにドイツ軍に圧迫されて、どうしてもはね返すことができない。観戦武官の小畑将軍（その時はまだ大尉であられたが）は、ロシア軍の司令官に対して作戦上の意見を具申された。司令官はそれも一案であると採用した結果、ドイツ軍を押し返し、久しぶりに優位に立つことができた。こうした事が一再ならずあったらしい。司令官は小畑将軍の才識を高く評価した。その頭脳の明晰さ、敵軍に対する情勢判断の適確さ、戦術能力の卓越に舌を巻いたという。この事を司令官の作戦会議の席上披露して、並居る司令官連中も思わず唸ったということだ。この話を伝え聞いた某元帥（ニコライ伯であったと思うが）が、大変感激し、即座に平素愛用のステッキを小畑将軍に感謝と友情のしるしとして贈った。

小畑将軍は帰国後も大切に保存され、革命で悲惨な死をとげた、その元帥を偲んでおられた。

本当とすれば小畑は、第一次世界大戦の欧州の陸戦の場で作戦を立てて友好国の軍隊を局地的ながら勝利に導いた恐らく唯一の日本軍人になるでしょう。西部戦線でフランス陸軍の観戦武官だったのちの陸軍中将、酒井鎬次《こうじ》は随行部隊の幕僚たちにいろいろと意見をしたそうですが、酒井の作戦が採用されたという話までは聞きません。

とにかく小畑は一九一五（大正四）年秋からロシア陸軍と一緒に東部戦線を駆け回りました。ロシア陸軍の下士官の優秀さや兵士の真面目さには感銘を受けたようです。装備も決して悪くはありません。それなのにドイツ軍と戦うとよく負けてしまうのです。小畑がロシアに来る前年の大戦当初には、タンネンベルクでロシアの大軍が寡兵のドイツ軍に包囲殲滅までさせられてしまっている。小畑は不思議に感じました。その理由を研究し、司令官や参謀の作戦指導がしばしば拙劣であるからだという結論に達しました。それはやはりロシアの国民性と関係するのではないか。長年の専制主義のせいで、上に立つ人間が粗暴になりがちである。そういう社会組織の文化がある。指導者が精密な計算を欠いて暴走する傾向がある。そうでなければ下士官や兵たちにはそれなりに人材の揃うロシア軍がかくも負け続けるはずはない。

対してドイツ陸軍は司令官や参謀に優れた人材を多く抱えているようだ。兵士の戦闘意欲もロシア兵以上に旺盛である。寡兵でも果敢に効果的な側面攻撃を行う。ロシア軍のダメージは大きい。にもかかわらず東部戦線はドイツ軍の勝利にまでは至らない。戦線が長い。ロシアの銃後は、小畑もシベリア鉄道から眺めて実感した、広大で肥沃な国土が広がる。補給が尽きない。いくらドイツ軍の精鋭が作戦を工夫し獅子奮迅の活躍をしても、ナポレオン同様、茫洋たる東部戦線を抜けない。ましてやドイツは西部戦線との二正面作戦である。軍の戦闘能力だけとればドイツに分があるが、国力全体となるとロシアの懐は深い。塹壕戦となって睨み合い停滞する戦線も出てくる。お互いが決め手を欠いたままずるずると長期化する。ロシアもドイツも戦争を終わらせられない。小畑はそのさまをつぶさに見聞しました。そして膠着の果てに何が起きたか。一九一七年一一月二八日、小畑は大島健一陸軍大臣と上原勇作参謀総長宛に次のような電文を送りました。

レニン一派ニヨリテ攪乱セラレツツアル露軍指揮権ハ目下鉄道、郵電、ウクライナ、コサック委員会、ケレンスキ時代ノ軍事委員会ニ依リ、微力ナガラモ支援セラレ又聯合与国ノ休戦抗議ニ多少ノ力ヲ得テ辛フジテ総司令官ノ統轄ノ下ニ「レニン」政府ニ従ハザルモ其意気ト実力トヲ欠キツツアリ。既ニ過激派ニヨリ蹂躙セラレタル観アリ。又軍隊ハ給養防寒ノ不足ヲ訴ヘナガラ今迄ハ尚概シテ従前ノ外観ヲ保チツツモ過激派ノ煽動ニ会フテ帰趨ニ迷ヘリ。此間部隊中ノ若干ハ既ニ各個ニ独軍ニ休戦提議ヲ為シタルモノアルモ、独軍ノ応接振リ稍《やや》横柄ナルモノアル為メ、意外ノ感ヲ為セルモノアルガ如シ。斯クシテ到ル処大小ノ動揺ヲ脱レズ方々ニ危機ノ迫リツツアル内ニモ、稀ニ射撃交換ヲ為シツツアルモノアリ。之レニ対スル敵軍ハ兵力ニ於テ未ダ顕著ナル減少ノ情報ニ接セザルモ、其素質ニ於テハ頗ル老朽ノモノヲ以テ代ヘラレアルヲ認ム。

ロシア革命です。長期戦争は軍隊を疲弊させました。勤勉なロシア軍もさすがに保《も》たなくなってくる。軍需優先で銃後の国民生活は貧しくなってゆかざるをえない。兵士にも民衆にも不満が溜まる。そうなると戦争の勝ち負けだけの問題ではなくなる。果てしない戦時の不安と緊張に耐えかねて国民の思想がひっくり返ってしまう。国家体制の変革にまで行く。ロシアのような「持てる国」でさえ、第一次世界大戦勃発から四年目にして潰れてしまいました。戦争に負けたのではありません。「持てる国」の蓄えを吐きだして内側から自壊してしまったのです。少なくとも小畑はそう観察しました。国の身の丈を超えて戦争経済、戦時体制を追求し、それでも戦争にケりをつけられなくなったとき、国は敗れずして滅ぶ。「持たざる国」日本が今後同じような長期戦争をやったらどうなるか。土佐の勤皇の志士、小畑美稲を父とし、学習院で華族教育を施され、皇室への尊崇の念は人一倍厚く、日本民族は天皇と共にあってこそと念じている小畑敏四郎です。ロシア革命は小畑のトラウマになりました。

一九一八年一月一一日、小畑はペトログラードを出発し、フィンランド、スウェーデン、デンマーク、ノルウェー、イギリス、フランス、スイス、イタリアを回りました。英仏二か国には長めに滞在し、ロンドンでは大戦視察中の筑紫熊七陸軍中将と会っています。筑紫が帰国後、今後の戦争は軍事力よりも経済力と工業力を決め手とすると説き続けたことは、既に触れました。

西部戦線側の視察は半年続きました。六月二四日、小畑はリヴァプールから大西洋航路の客船に乗り込み、七月四日、ニューヨークに着きます。アメリカではシカゴ周辺の工業地帯などを見学し、西海岸に抜けて七月一九日にサンフランシスコから乗船。八月五日、横浜に帰りました。三年と三か月ぶりの日本です。第一次世界大戦はまもなく終わろうとしていました。ドイツの自壊によって。

殲滅か玉砕か

三年と三か月をかけた世界大戦下の世界一周。小畑はそこから何を得たのか。三吉義隆は次のようにまとめています。

小畑将軍は若い頃、大尉から少佐時代にかけてロシアからヨーロッパ、そして米国を巡ってその国土の広さ、人口の大きさ、資源の豊かさをはじめ、列強の工業力、技術水準の各般にわたって、軍事的な立場からつぶさに研究された。
その結果、資源のない後進国の日本はどんなにもがいても、欧米の列強には及ぶべくもないことを痛感された。そのため日本の独立、国民の安全を護る最後のギリギリの線として、日本の防衛は唯一つソ連の侵略防止のみに力を注ぐ。しかし、ソ連の膨大な国力にはとても敵わない。軍事力もソ連の大約六割か七割が限度である。したがって対ソ戦略は（中略）内線作戦、つまり侵入してきた敵を一部隊毎に徹底的に叩く。即ち各個に包囲殲滅して行く作戦だ。一部隊の全滅は敵の戦意を喪失させる。しかし、勝ちに乗じて敵を深追いしない、絶対に国境を越えない、つまりシベリアに進出しない作戦であった。（中略）
日本陸軍の戦車、飛行機、銃砲火力はソ連の六割か七割が限度である。つまり絶対的劣勢である。その劣勢を補うために無形戦力、つまり精神戦力を強調された。兵士一人一人に必ず勝つという信念をもたせる。その上に卓越せる統帥、巧妙な戦略、作戦などあらゆる精神的無形戦力を結集するというのが、小畑将軍の信念であった。（中略）
ましてや統一途上の国民政府に戦いをいどんだり、勝てる筈のない米国に宣戦布告をするなど、小畑将軍の眼から見れば、まさに「狂気の沙汰」であった。
小畑は戦争論や戦略論や戦術論、あるいは時事的文章を遺す型の軍人ではありませんでした。

小畑にかぎらず軍人は一種の役人ですから職業上の秘密を守りつつ黙々と仕事をするだけの者が多い。軍内の雑誌に論文を発表したり、一般誌に登場して主義信条を述べたり、さらに一般向けに著書を刊行したりする軍人はどちらかというと例外に属します。ですから結局、軍人の思想というのははっきりとは分かりにくいものです。三吉がいくら小畑の本音に接する機会が多かったとしても、昭和も戦後になり小畑も逝ってからの回想に、一〇〇パーセントの信を置けるかは分かりません。けれども精神主義と速戦即決と包囲殲滅戦を三本柱とする小畑の戦争思想は、いついかなるときにでもそのように戦おうという話ではなく、三吉の付した限定のもとでこそ、初めて腑に落ちるものでもあるでしょう。小畑の第一次世界大戦経験から類推しても三吉のような理解がもっともと思います。

「持たざる国」が「持てる国」相手に長期戦争をしても勝ち目はない。ロシア革命のように国体を護持できぬ危険も高まる。第一次世界大戦後の日本の仮想敵はアメリカ、イギリス、ソ連等の「持てる国」ばかりであって、彼らと正面きっての本格戦争を遂行する力は日本にないと断ずるよりほかはない。避戦に徹するべきである。けれどソ連とは満洲の利権を巡って衝突する可能性を否定できない。最も起こりうる戦争である。そのための万全の準備は必要だ。といっても日本のような「持たざる国」がソ連の国土に侵攻するなどという事態は破滅的だから不可である。防衛戦争のみにする。日本の縄張りに突入してきたソ連軍とだけ戦う。その場合、日本陸軍にとって参考になる最近の例はやはり第一次世界大戦の東部戦線だ。東部戦線でのドイツ軍以上の作戦指導と兵の戦意維持を可能とするように軍隊教育で徹底する。将校はタンネンベルクの包囲殲滅戦を学習し、兵隊には必勝の信念を植えつけなければならない。ソ連軍は日露戦争や第一次世界大戦でのロシア軍並みと想定する。小畑が東部戦線において肌で知ったロシア人気質の横溢した統率の粗雑な軍隊である。ソ連軍はきっと日本軍よりも遥かに大人数だろう。それでも予想通り粗雑な軍隊であれば包囲殲滅も可能なはずである。

こうした条件が全部揃った限定的短期戦争だけがポスト第一次世界大戦時代に日本陸軍が行える戦争だというのが、小畑のたどり着いたところだったのです。小畑を実質的な産みの親とする新しい『統帥綱領』や『戦闘綱要』も局限された状況でしか活きない代物だったのです。

「皇道派将軍」小畑の思想と行動は、タンネンベルク殲滅戦の再現以外に日本はもう戦争をやれないという信仰から生じました。しかもそこで想定される敵軍はタンネンベルクで負けたロシア軍の後身のソ連軍、タンネンベルクに代わる場所は満洲の平原でなければならない。劣悪な敵相手なら誰でもどこでもよいという話でもありませんでした。小畑には、そして荒木貞夫にも、次の戦争は必ずこの形だという絶対のヴィジョンが有されていて、『統帥綱領』や『戦闘綱要』はそのために当て書きされたと考えるとしっくり来るのです。

ところが、この『統帥綱領』や『戦闘綱要』は、「皇道派」が一九三六年の二・二六事件で「統制派」に敗れて失脚したあとも、そのまま生き残った。改めて修正されもしなかった。そもそも如何なる特殊条件を前提に策定されたのかをきちんと分かる者が責任ある部署から消えてしまった。密教としての文章化されていない教義は忘れ去られ、顕教としての書いてある通りが素直に信じられて、暴走していった。かくして、装備劣悪で寡勢の日本軍が装備優秀で多勢のアメリカ軍等を「必勝の信念」で包囲殲滅しようとする、いかにも無理筋の悲痛きわまるドラマが幾つも生み出されることになりました。

しかも、土壇場になるほどに、追い詰められるほどに、ついに殲滅できずにくじけるような「必勝の信念」は本当の「必勝の信念」ではない、信念が足りていない、信念を上積みすれば必ず殲滅できるはずだ、という論理がエスカレートします。そこから、敵を殲滅できずとも味方が殲滅されるまで戦い続けるという、とんでもない哲学が自動的に生起してしまいます。

これを玉砕と言います。玉砕は殲滅のウラ概念、すなわち被殲滅なのです。殲滅戦に失敗して不利劣勢の立場に追い込まれても「必勝の信念」を捨てぬなら、退却や降伏という選択肢はありえないのですから、もはや玉砕しか残りません。たとえばバンザイ突撃です。「天皇陛下万歳」を叫びながら装備劣悪な寡兵が敵の大軍に突っ込む。敵を殲滅させられるはずはなくとも、なお相手の側面に回り込もうとする。たとえ自殺的に思えても突撃を続ける。戦争はなまものですからどこで何が起きるかは最後の最後まで分からないとも言える。諦めずに全滅する気で敢闘精神を発揮しつづければどこかで局面はひっくり返せるかもしれない。そう信じてついに玉砕してしまう。相手の強さ弱さの次第によって殲滅精神は容易に玉砕精神へと転倒してしまうのです。荒木貞夫や小畑敏四郎の想定外の用いられ方をすることで『統帥綱領』と『戦闘綱要』は「狂気の沙汰」の教典と化してしまいました。

二・二六事件後、予備役に編入され、対米戦争には何の責任も負わなかった小畑は、東久邇宮《ひがしくにのみや》稔彦《なるひこ》を首班とする敗戦処理内閣で近衛文麿らと共に国務大臣に就任しました。『統帥綱領』と

『戦闘綱要』の密教と顕教、その二重性格的な真実を知る男が帰ってくるには遅すぎました。

　一九四六年四月一〇日、小畑は風邪気味にもかかわらず衆議院選挙の投票に行きました。共産党の擡頭とロシア革命の日本での再現を心配して保守党に票を入れたかったのです。この無理が祟って風邪をこじらせ結核を発症しました。逝ったのは一九四七年一月一〇日でした。最期の言葉は「日本は飛行機が足りない」だったそうです。三吉義隆がそう回想しています。「持たざる国」の将来を憂え続けた一生でした。

第六章　「持たざる国」を「持てる国」にする計画——石原莞爾の世界最終戦論

「銀河鉄道の夜」と『法華経』

ジョバンニの言葉

天上へなんか行かなくたっていゝぢゃないか。ぼくたちこゝで天上よりももっといゝとこをこさえなけぁいけないって僕の先生が云ったよ。

宮澤賢治の「銀河鉄道の夜」の一節です。ジョバンニとカムパネルラという二人の少年が銀河鉄道で三人組と乗り合わせます。ひとりは「十二ばかりの眼の茶いろな可愛らしい女の子」。もうひとりは「つやつやした黒い髪の六つばかりの男の子」。あとのひとりはこの姉弟の家庭教師だという黒服の青年。彼らは「氷山にぶっつかって船が沈」んだので天上に行く途中だと身の上を語ります。天上に行くにはサウザンクロス駅で降りなくてはいけません。しかし駅が近づいたとき男の子が降りるのをいやがる。「僕も少し汽車へ乗ってるんだよ」と駄々をこねる。家庭教師は「こゝでおりなけぁいけないのです」と叱りますが、男の子は抵抗をやめません。

ジョバンニは男の子を応援します。「僕たちと一緒に乗って行かう。僕たちどこまでだって行

宮澤賢治　1924年

ける切符持ってるんだ」。姉や家庭教師にもそう呼び掛けます。そして冒頭に引いた台詞を語るのです。天上で幸せを得るのもよいだろう。けれど地上に天上よりも素晴らしい楽園を建設するために尽くす方が、もっと大切なことなのではあるまいか。だからサウザンクロス駅では降りずに「どこまでだって行ける切符」を使って地上に戻るべきではないか。

　しかし女の子は、天上に参るのは神さまの思し召しによるものだから、きっと唯一無二の正しい選択に違いないと反論する。ジョバンニは「そんな神さまうその神さまだい」と嚙みつく。女の子は「あなたの神さま」の方が「うその神さま」だと逆襲し、ジョバンニは「さうぢゃないよ」とつむじを曲げる……。

　俗世を離れて天上の楽園に行けるとなったら素直に従うのが人として喜ぶべきことなのか。いや、まだ天上に行かずとも済むならば、少しでも長く俗世にとどまって地上を楽園にしようと努めるのが人の道なのか。タイタニック号沈没事故の犠牲者と思しき青年や女の子とジョバンニとのあいだに、ちょっとした宗論《しゅうろん》が展開されるわけです。

　はて、作者の宮澤賢治はいったいどちらの側に肩入れしているつもりだったのか。ジョバンニの側だろうと日本近代文学研究者の上田哲は『宮沢賢治　その理想世界への道程』（明治書院、一九八五年）で述べています。しかも「こゝで天上よりももっといゝとこをこさえなけぁいけない」

とジョバンニに教えた「僕の先生」には、賢治の先生とも呼べる田中智学《ちがく》の影が透けて見えるとも指摘しています。

田中智学とは何者でしょうか。如何なる思想の持ち主なのでしょうか。順を追って説明しましょう。

宮澤家の宗旨は浄土真宗で、父親はとりわけ熱心な門徒でした。賢治も仏教に親しんで育ちました。しかし父親への反発もあったのか、同じ鎌倉仏教でも親鸞の浄土真宗とは多くの点で相容れない日蓮系の思想に惹かれだしました。言うまでもなく日蓮は、西暦二世紀までに成立したと伝えられる重要な経典『妙法蓮華経』（略して『法華経』）を唯一絶対化して他の経典を認めず「南無妙法蓮華経」と唱えた人です。賢治も『法華経』に熱中しますが、そこで手引きとしたのが田中智学の著した日蓮や『法華経』の解説書でした。やがて賢治は一九二〇（大正九）年の秋、智学の率いる日蓮主義系の新興宗教団体、国柱会《こくちゅうかい》に入信します。盛岡高等農林学校を卒業した翌々年でした。第一次世界大戦の終わった翌々年でもあります。二四歳の年です。同年一二月二日付で友人の保阪嘉内に宛てた書簡にはこうあります。

> 今度私は国柱会信行部に入会致しました。即ち最早私の身命は日蓮聖人の御物です。従って今や私は田中智学先生の御命令の中に丈あるのです。

国柱会の会員制度は協議員と研究員と信行員に分かれていました。協議員は国柱会の趣旨に賛成して支援する会員、研究員は『法華経』と日蓮主義を学習する会員、信行員は国柱会に絶対忠誠を誓って熱烈に活動しようという会員です。賢治はこのうちいきなり信行員になったのです。

また、賢治の友人で賢治の勧めにより国柱会会員にもなった関登久也《とくや》は「彼は田中智学氏の著書は悉く読破した」と証言しています。賢治の国柱会熱は高まる一方でした。一九二一年一月には東京の鶯谷の国柱会館を訪ね、同会幹部の高知尾智耀《たかちおちよう》と面会します。賢治は国柱会の布教活動に挺身したかったらしいのですが、智耀は賢治に街頭等での実践行動よりも文学による法華経思想の宣布を奨めます。智耀にしてみれば、地方から上京してきた煩悶青年を引き取って面倒をみるとなると大変なので、軽くいなしたということだったのかもしれません。国柱会は宣伝につながる文芸創作を奨励し、田中智学からして戯曲などにも筆を染めていましたから、もしかして智耀が熱心な信行員たる賢治の才能をそれなりに見抜いたのかもしれません。

そのあたりの真相は不明ですが、ともかくこの面会は日本の文学史にとって大きな出来事になりました。賢治は智耀の指針を素直に受け止めて童話作りに一所懸命になります。「セロ弾きのゴーシュ」も「風の又三郎」も「銀河鉄道の夜」も智耀の一言がなければ生まれなかったのかもしれません。

では「銀河鉄道の夜」のどこが法華経思想の宣布なのでしょうか。そもそも『法華経』とはどんな経典でしょうか。

法華経・日蓮・日本主義

この教典の舞台となるのは王舎城の北東に聳える霊鷲山《りょうじゅせん》。釈迦が大勢の人々に説法します。

そこでたとえば釈迦は「火宅のたとえ」を説きます。大金持ちの家が火事になりました。大金持ちは大勢の子供たちを分け隔てなくひとり残らず助け出し、そのうえ、子供たちにひとりずつ、最高に贅沢な乗り物を与えました。大金持ちは釈迦で子供たちは衆生。釈迦はこの世の誰ひとり残さず、みんなを救い出して成仏させる力を有しているというお話でしょう。

あるいは釈迦の弟子が「放蕩息子のたとえ」を説きます。息子が父親を捨ててしまう。その後、父親は富豪に出世する。息子はどん底に落ち、豊かになった父親の家の前をたまたま通りかかる。父親は息子に気づくけれど、息子は富豪の正体が分からない。父親は息子を奉公人として雇い修業させ、性根が叩きなおされたあとで、親と名乗って、自分の後継者に指名する。父親が釈迦で息子は不肖の弟子。いろいろ非があってもそれなりに努力すれば成仏できるというお話でしょう。

このように『法華経』は誰でも広く仏になれる可能性があるのだと教えます。長く苦しい仏道修行の末に悟りを開いた格別立派なごくごく限られた人間だけが成仏できるのではない。釈迦は成仏するための乗り物を大きく作ってたくさん用意している。小乗でなく大乗ということです。選ばれた人間だけではない。みなが救われうるのです。

それだけなら他の大乗仏教の経典でも似た話を説いているのかもしれません。でも『法華経』には当然ながら『法華経』ならではの教えもあります。『法華経』への信仰が世界に広まり、みなが自分も仏になれると確信して、釈迦に認めて貰えるように一所懸命努力し修行していると、世界に奇跡が起きるというのです。この世が生きながらの極楽に改まるというのです。

仏教の出発点の思想からすれば、現世はあくまで穢土《えど》であって、そこにとどまる限り人間は四苦八苦する以外にありません。悟りを開き成仏するとは此岸を超越して彼岸に渡ることです。たとえば宮澤賢治の親たちの信仰した親鸞の浄土真宗は、自力では悟りを開けそうにない凡人も「南無阿弥陀仏」と唱えて阿弥陀仏という慈悲深い仏にすがれば、臨終のとき阿弥陀仏の法力で穢土から浄土に連れ出して貰えると教えています。いかに逃げるかなのです。

ところが『法華経』はさにあらず。釈迦が皆を成仏させてこの世から脱出させる話ではない。あくまで現世にとどまりこの世の悪と対決するのです。『法華経』を信じ、穢土が浄土に逆転する日があると思い、もちろん思うだけでなく、そのために皆がこの世を素晴らしくしようと努力する。そうしていれば、いつか釈迦が必死の行いを認めてくれて濁世は光に包まれる。彼岸に憧れる必要はない。彼岸が向こうからやってくる。釈迦による現世の革命と言ってもいい。その日を夢見てひたすら現実の改善に励もうというのです。

「銀河鉄道の夜」のジョバンニの台詞はこれにピタリと当てはまるではありませんか。「ぼくたちこゝで天上よりももっといゝとこをこさえなけぁいけないって僕の先生が云ったよ」とは『法華経』の教えに即しているとも解釈できる。天上彼岸に行って救われようとするキリストや親鸞の教徒を批判しているようにも捉えられる。そう読んでみる手もあるでしょう。

『法華経』の思想がそのようなものであるとすれば、日蓮は鎌倉時代に生きた僧侶として、そこに何を付け加えたのでしょうか。いろいろあるでしょうけれど、大切なのはやはり末法思想でしょう。『法華経』に末法思想を組み合わせた。

みなが頑張れば釈迦が感応してくれてこの世がユートピア化する。そんな『法華経』の教えは、みながこの世をよくしたいと切実に願わざるをえなくなるときにこそ華開く。現世が常に泥まみれの苦の世界だとしても相対的に見ればまだ穏やかで平和という時代には『法華経』の思想は伝わりにくい。世の中がおかしい。完全に行き詰まっている。駄目である。この世に生きているからにはどうにかせねばもう耐えられない。死んであの世に行けば関係ないとやりすごしてはいられない。だって今生きているのだから！　多くの人々がそこまで追い込まれたときこそ『法華経』の時代になる。日蓮はそう考えました。

　では日蓮の時代はどうか。日蓮からすれば邪教である念仏仏教や禅仏教が日本国中にはびこっている。蒙古襲来という国難も重なる。日蓮には末法に見えました。今こそ『法華経』を弘めて終末寸前の世の中をユートピアにひっくり返さねばならない。こうして日蓮は『法華経』と末法思想を鎌倉時代の中で生々しく結びつけたのです。

　すると田中智学はさらにそこに何か付け足したのでしょうか。ナショナリズムです。『法華経』と末法思想と日本主義の三位一体こそが田中智学の思想世界なのです。

田中智学の大同情

　田中智学は一八六一（文久元）年、江戸の日本橋本石町《ほんごく》に生まれ、日蓮宗の僧侶になりました。しかしすぐに疑問にぶちあたります。『法華経』と日蓮は世界の生きた現実の中で矛盾をただしていくのが真の仏教だと教えているように思われる。ところが自分は日蓮宗の寺院の中で暮らしている。社会と隔絶とまでは言わないにせよ、ある程度切れた一種の聖域内にとどまっている。それでいいのだろうか。日蓮宗に寺院があるというのがそもそも不自然にも思える。末法の世の中に立ち向かい、それを少しでも改善し、現世の理想郷化を願うなら、法華の行者は出家よりも在家であるべきだ。頭をまるめず世俗の渦中で活動し、他の宗派とも積極的に対決して、末法を先鋭に体験し続けなければ、日蓮に従う者としての存在価値は自分にない。

智学は一八七九（明治一二）年に還俗し、在家の日蓮主義運動を志して、一八八四年に立正安国会を設立。第一次世界大戦の勃発した直後の一九一四（大正三）年秋には立正安国会を発展的に解消して新たに国柱会を組織します。

この国柱会を導く新たな書物を執筆せねばならない。一九一五年秋、智学は継続中の大戦争の経過から霊感を得つつ、自らの思想の精髄を『天壌無窮』という小冊子にまとめ上げました。九月に伊勢神宮と神武天皇畝傍《うねび》御陵と明治天皇桃山御陵に参拝して精神を統一し、一〇月四日から二四日までの三週間、伊豆の伊東に籠って脱稿したといいます。そこにはむろん、『法華経』の求める世界ユートピア化構想と、日蓮流の切羽詰まった危機意識と、智学ならではの日本賛美とが、しっかり重ね合わされています。

まず智学の日本論を眺めてみましょう。

日本の文明といふものは、実質が無いと言ても可《よ》い、日本は文明を造る国でなくて、世界の文明を整理する国である、統一の大能を以て世に立ツた国だから、区々たる自己の文明を造らずとも、世界万国の文明を容れて、爾してこれに国体の粋化を加え、甲と乙との間の調和をも、能判の力の下に引よせてからする、故に三韓の文明も支那の文明も印度の文明も西洋の文明も、皆悉く日本に来て、一種の日本化を経た上に、東西南北の各長所が、ほどよく握手したのである。

日本はそれ自体では何者でもないと智学は言うのです。個性ゼロの無内容な国ということです。単なる場所なのです。主体が無い。主語が無い。それだから駄目なのではない。おのれの無い日本のみが、古今東西の万物を無限に抱擁し融合させ、究極の地上天国、世界文明の最終完成態を作り上げることを可能とする。そう説くのです。智学によれば世界でこれほどまでにおのれのない国は日本だけです。その意味での日本唯一論、日本絶対論なのです。彼は次のように続けます。

日本人は模倣性に富んで、みづからは何物をも造り得ないが、人真似は至て上手だといふことを申す、これは悪い意味での批評だらうが、それが却て日本の特性を言ひ顕したものと惟《おも》ふ、自分で考出すよりも、他の考へたものを批評するのは、腕前が一枚上でなければ出来ない、世界の文明を始末する役目の日本としては、自己の創造力は不要であッて、却て模倣性が必要である、模倣といふことは理解力の整頓した結果である、それから又物を統一するには、何よりの条件として「消化性用」がなくてはならぬ、其準備としては「公平」といふことが肝心だ、自らは何物をも有せざる虚気平心でなくてはならぬ、些《すこし》の痩我慢もなく、いづれの長所をも克《よ》く見て遣《や》るといふ、日本人の淡然水の如き性質は、確かに世界の文明を批判決着して終に之を調和整斉する「消極的能力」を意味して居る。

智学によれば、日本人に創造性というほどのものはありません。理解し批評し模倣し消化し整理するだけです。「淡然水の如き」「消極的能力」と言えばそれまでです。しかし智学は消極性こそ究極の積極性であると価値づけを逆転させます。日本人は「真理と人情とに対する大同情性」を有していると智学は叫びます。世界諸民族の様々な人情やそこに垣間みえる真理らしきものに、情を同じくできてしまう。しかも受容可能な限られた対象にではない。ほとんど何でもかんでもである。無限抱擁である。

智学は、この並々ならぬ同情の原理、言わば大同情の原理こそが本居宣長らの言う「もののあはれ」の正体だと喝破します。「もののあはれ」とはつまりは同情だ。「おもひやり」だ。相手をあわれみ、無心になって、相手の立場に全く同一化しきって、感情を同じくする。私は相手と何か違うところがあるなどとは決して思わない。素直に水の如く相手に染みる。相手の人情やその向こう側に開ける真理の領域に向かって、どこまでも浸透してひろがってゆく。私の独自性はゼロだからその意味でまことに消極的である。けれどこの消極性なくして世界の諸文明の統一は果たされない。世界史の完成のためには日本人の消極性が積極的役割を果たしうる。消極性なくして地上天国を創造することはできない。なかなか豪快な理屈です。

そして世界史の状況はそんな日本をいよいよ必要としていると智学は考えます。なぜなら、世界文明を牽引してきたように思われた西洋列強は、近代の矛盾の積み重ねの果てについに勃発した第一次世界大戦によって、いよいよ行き詰まりつつあるように観察しうるからです。
西洋列強はそれぞれに日本の国の持ち合わせない創造性を発揮して競い合ってきたのでしょう。そのせいで文明も大いに発展したでしょう。しかし創造的な国々は主体性を際限なく追求するがゆえに創造的に振る舞い続けられるのです。どこまで行っても我を張るということに他なりません。それでも収まっているうちはよいでしょう。けれど近代の科学や経済の発達はそれぞれの我を膨脹させすぎました。我と我の軋《きし》み合いは軋む範囲を超えて互いにひびを入れ壊し合う程度にまで高まってきている。これぞ末法ではありませんか。無の国であるがゆえにどことも軋みようのない日本が、今こそ世界のまとめ役を引き受けなければ、地上天国ではなく地上地獄が現世を覆い尽くしてしまうでしょう。世界は破滅するでしょう。智学は今こそ日本の出番なのだと解説を始めます。

偏曲な考を有《も》つものは、『それほどの大主張ある日本が、何故今日迄に大発展をして居ないか』と疑うかも知れないが、それは今日までの世界の大勢が、まだ日本の登場を要せざる時であるから、自然に幕間の形で時を待ツたものである。（中略）世界の文明が爛熟して、虫のついた時分、（中略）日本は一ゆり揺《ゆッ》て起き出した、明治の中興《げ》は実に日本のみの中興ではない、最後平和の前場《まえば》たる「世界的熟慮」の幕があいたのである、この意味に於て、明治大帝は全く世界的大聖皇であツたことを認めねばならぬ。

智学にしたがえば日本の歴史に無駄はありません。出番が来るまでは眠っていればよろしい。その前に騒いでも力の浪費である。事実、黒船到来まで呑気に寝ていて、明治維新で目覚めた途端に大躍進している。これまた日本が世界で特殊な使命を帯びた国家であるとの証明材料のひとつになる。そうした日本の転位を順調に牽引した英雄、明治天皇の存在は極めて重い。大尊敬に値する。しかも天皇は一個人として偉大なのではない。万世一系、天壌無窮の存在である。神武天皇から今上天皇まで一貫するものがある。明治天皇が偉大だとすれば神武天皇以来の歴代天皇のすべてが偉大なのだ。天皇の偉大さは結局、日本文化の柔軟な無限抱擁性を象徴してきた点から生じるというわけでしょう。

とにかく無の存在としての天皇を中心とする、大同情・大調和・大抱擁の国としての日本が「もののあはれ」の心で全世界を包み、ついに世界大戦の発生するに至った滅亡寸前の現世を永遠平和に導かねばならない。そのときが目前に迫っている。智学はそう説いたのでしょう。

ところで、智学の言う世界諸文明の統一、地上天国の実現とは、如何にして達成されるのでしょうか。宗教的・文化的・思想的運動によって平和裡に推進されるのでしょうか。それとも何らかの外交や経済のプログラムにしたがって世界連邦か何かを日本中心でかたちづくろうというのでしょうか。そういう面もあるでしょう。が、それだけではありません。いくさの可能性を排除しません。明治から昭和まで、膨大な著述の中での智学の戦争観は必ずしも一定ではないように見えますが、たとえば第一次世界大戦中に執筆した『天壌無窮』では武力を重視しています。

日本は個性に乏しいが綜合し細工するのは上手。もしも単にその程度の話なら智学の思想は「和魂洋才」とか「折衷主義が得意」とかいった、明治から今日までにありがちな日本文化論とあまり変わりません。しかし違います。天皇主体の世界統一国家の樹立を目指す。世界の末法的混乱状態を救済する手立ては他にない。そのためには軍事力も大切である。世界統一のための最終戦争に日本が勝たねばならない。あるいは戦わずして圧倒的武力によって世界を平伏させねばならない。話はそっちの方角に広がるのです。世界征服を企む危険な侵略思想のようでもあります。

智学はかく吼えます。

世界の将来には、一度は必ず世界をあげての大戦乱が来り、各国とも其にこり〴〵して、真の平和を要求する様になる時が来て幕が開く、その時こそ、かね〴〵此平和の為に建てられてある日本は、勢ひ「最後平和の使命」を以て登場して、世界渇仰の下に、這《この》始末を着けてやらねばならぬ役廻りとなる。

由来大平和には大武力が伴ツて居る、大武力には大文明が潜んで居る、日本には是れが皆咸《ことごと》く備ツて居る、大平和を与へた恩力と、世界文明を調和した勲功とで、正しく世界統綜の神聖なる実権が生じて来る、この段取まで漕着けねばならぬ。(中略)

世界は世界自身の自衛作用として、反撥混乱の煩に堪へかねて、自然に落着たくなツて来る、其迄の路順として、経るだけの屈曲も、踏むだけの険路も、経るだけ経て踏むだけ踏んで、モー往処《ゆきどころ》が無いとなツて、扨《さて》之をどう仕様となれば、誰が考へても、『喧嘩を熄《や》め様』といふより外に仕方がない、其時に此喧嘩を永久に預るものが入用となる、其預り人《て》こそは世界万国の異議ない処に究《き》めなければならぬ、其国はどこであらう、世界的平和の率先者！、世界文明の整理者！、世界最古の貴族家！、世界無二の徳教家！、是丈を具備して居る国は、日本の外に一つも無いではないか。

無の国だからこそ、我欲にまみれて混沌と角を突き合わせる世界を円満に整理できる。統合できる。日本以外の世界の国々がそれぞれの可能性を示し尽くし絞り切ってしかも我を張り続けて互いを傷つけ合い疲弊しきったところで、日本が「大武力」を背景に世界に「大平和」を実現する。末法的状況から一気にユートピアを生み出す。歴史の運命だ。第一次世界大戦が終わったあと、何十年後かのうちにそういう機会が訪れるだろう。それは第二次世界大戦か何か巨大な戦争のかたちをとるかもしれない。

智学はその日のためのなかなか魅力的な言葉も用意しました。「八紘一宇」です。『日本書紀』にある「掩八紘而為宇」を智学がいじって生み出したのです。八紘は世界の意、一宇はひとつの家の意。世界を日本中心の一家にするということです。日本はそのときのための準備に励まねばならない。日本人がみな『法華経』を信奉し、日蓮主義に目覚める必要もあるでしょう。智学の夢は膨らむ一方でした。

宮澤賢治が信行員になるよりも少し前の一九二〇（大正九）年四月、ひとりの陸軍軍人がやはり信行員として国柱会に入りました。彼の名は石原莞爾《かんじ》。「ぼくたちこゝで天上よりももっといゝとこをこさえなけぁいけないって僕の先生が云ったよ」という賢治の言葉を地で行くように、世界最終戦争に勝利して「八紘一宇」の世界の実現を冀《こいねが》った男です。

「統制派」とは何か

賢治と莞爾

賢治が逝ったのは一九三三（昭和八）年九月二一日です。三七歳でした。死に際に「日本語訳の『法華経』を一〇〇〇部刷って友人知己に配ってほしい」と父親に言い残しました。遺言は実行されました。一九三四年に宮澤家私家版の『国訳妙法蓮華経』が刊行されます。一冊ずつに通し番号が入っていました。その第五九番は賢治の弟、宮澤清六から陸軍軍人、石原莞爾に贈呈されています。

石原は国柱会の有力な信徒でした。賢治が生前に石原と友人知己だった話は聞きませんが、宮澤家の方で縁を感じたのかもしれません。贈呈は一九三八年六月のことです。ときに石原は関東軍参謀副長でした。一九三一年の満洲事変の立役者も、その頃にはもう、ライヴァルの東条英機との確執の末、陸軍中央より追われつつありました。ちなみに賢治は、満洲に出征中の若い友人、伊藤与蔵に宛てた一九三三年八月三〇日付の書簡で満洲事変以後の大陸情勢にふれ、こう綴って

石原莞爾と田中智学　1932年頃　智学(左)は満洲から戻った石原の武勲を讃えた　写真提供・鶴岡市郷土資料館

います。「既に熱河錦州の民が皇化を讃へて生活の堵に安じてゐるといふやうなこと、いろいろこの三年の間の世界の転変を不思議なやうにさへ思ひます」。

石原莞爾は一八八九（明治二二）年、山形県の鶴岡で生まれました。賢治より七つ年上になります。父親は元は庄内藩士で警察官でした。莞爾は軍人を志し、一九〇二年に仙台陸軍地方幼年学校に入学。日露戦争があったのはこの仙台時代。東京陸軍中央幼年学校を経て、一九〇七年、陸軍士官学校に進みます。二一期生でした。ちなみに小畑《おばた》敏四郎《としろう》や永田鉄山《てつざん》は一六期、東条英機は一七期、阿南惟幾《あなみこれちか》は一八期です。

陸軍士官学校卒業後、会津若松に新設されたばかりの歩兵第六五連隊に隊付将校として配属され、韓国に駐留するなどしたのち、難関の陸軍大学校に進学したのは一九一五（大正四）年。三〇期生でした。同期には、陸軍士官学校では三期先輩だった阿南惟幾、同じく一期後輩だった鈴木率道《よりみち》などが居ます。鈴木は既に幾度もふれてきた通り、小畑敏四郎の腹心の部下となって一九二八年の『統帥綱領』改訂等に重要な役割を果たします。日本陸軍には短期戦争のみ可能で、戦法は包囲殲滅戦に限るという議論の急先鋒でした。陸軍大学校卒業時の成績順位は、鈴木が首席、石原が次席です。

石原は田中智学に傾倒し、一九二〇年の四月に国柱会の信行員になったわけですが、これは彼が陸軍大学校を卒業したのち、中支那派遣隊司令部付将校として漢口に赴任しようとする直前のことでした。なぜ、石原は智学に惹かれたのか。それは恐らく、智学が石原に、日本は何が何でも「持たざる国」から「持てる国」へと変身せねばならぬとの確信を与えたからでしょう。石原は智学の教えによって自らの思想と行動の原理を打ち立てたのです。

「統制派」の経済主義

「持てる国」と「持たざる国」。石原に限らず、第一次世界大戦の時代を経験した日本陸軍の軍人たちは、この二つの言葉にうなされていました。

第一次世界大戦で戦争のかたちはがらりと変わった。これからの大戦争は基本的には物量戦で消耗戦で補給戦で新兵器開発戦だ。要するに総力戦だ。総動員戦だ。鉄鋼生産量はどれだけか、石油の備蓄はどうか、食糧生産はどうなるか……。総動員されるべき事柄は山ほどある。どれもだいたい数字で勘定できる。その総計の多寡が戦争の結果を自ずと定めるだろう。例外は考えにくい。「持てる国」が圧倒的に有利である。

それはそうに違いありません。第一次世界大戦の現実を真摯に観察すれば誰の目にも明らかです。そのへんを素直に認めようとした陸軍軍人たちも大勢いました。特に砲兵畑や工兵畑に。しかしその先はどうなるでしょうか。日本は「持てる国」でしょうか。いや、「持たざる国」です。国土は狭い。資源に乏しい。近代的総力戦にはおよそ向いていない。短期間で「持てる国」に生まれ変われるとは到底思えない。駄目ではないか。勝てないではないか。そこで荒木貞夫や小畑敏四郎ら、のちに「皇道派」と称される陸軍軍人たちは、大戦争にはなるたけ参加しないという極めて現実的な道に徹しようとしました。限定的な短期戦争しか行わない。それでさえ兵器や弾丸は不足するかもしれない。けれど「持たざる国」なのだ。軍備で背伸びすれば、国民経済に無理が生じる。国家や軍隊が反発を買いやすくなる。天皇制の存続の危機にもつながりかねない。ロシア革命みたいなことが日本でも起きたら大変だ。だからなるべくお金をかけず無形戦力で補う。つまり作戦上の創意工夫と兵士たちのガンバリズムに頼ることにしたのです。

「皇道派」の人脈は、大正末期から昭和初期にかけて陸軍の覇権を握りました。極端な精神主義と初動のみに賭ける短期戦争論を基調とする『統帥綱領』等、重要作戦マニュアルの改訂にも成功しました。陸軍の思想を統一してゆけるようにも思われました。

が、そうは問屋が卸しませんでした。日本は「持たざる国」には違いない。しかし、表向きは第一次世界大戦の戦勝国として、世界の列強に数えられるまでになっている。小畑のようなつましく地味すぎる考え方では世界の中での日本の地位を主張できない。「持たざる国」を少しでも「持てる国」に変えてゆこうではないか。そのために知恵を絞るべきである。もちろん「持たざる国」を「持てる国」にするなどという話は陸軍だけでは実現不能だ。国家の方針の問題だ。国を富ませなくてはいけない。急激な経済成長を奇跡的に達成でもしてくれたら、いちばんありがたい。軍の悩みは一挙に解決する。とにかく軍人が経済の心配をせざるをえない時代に突入したのだ。ならば、軍人としての身の程を弁《わきま》えつつも政界や官界や財界にだって、ある程度の働きかけを行うことさえ、時には必要ではないか。

そうした考え方を代表し、荒木や小畑と対立することになった陸軍軍人の旗手と言えば、永田鉄山です。先述のように永田は小畑と陸軍士官学校以来の親友でした。けれど、「持てる国」と「持たざる国」を巡る思想の対立が、ふたりを分け隔てることになったのです。そして永田の周囲に集った陸軍軍人たちがのちに「統制派」と呼ばれるようになり、荒木や小畑から軍内の覇権を取り返してゆきます。

なぜ「統制派」の名が付いたのでしょうか。「皇道派」に属する軍人、特に青年将校たちは、彼らの理想とする軍隊あるいは国家を実現するためには下剋上やクーデターも厭いませんでした。それに対して、永田とその周辺は、軍組織とはあくまで法や階級に基づいて成立するのだから、その意味で軍の統制を守るべきだ、下剋上などもってのほかだと考えがちでした。だから「統制派」、というのがよくある理解でしょう。

しかしそれだけではない。両派の違いはむしろ次のように見たほうがよいのかもしれません。つまり、「皇道派」と「統制派」に思想があるとするなら、「皇道派」は「持たざる国」でも「持てる国」に対してなお戦争をやり続けてしまえるほどの神がかった精神主義に関心があり、「統制派」は「持たざる国」を「持てる国」に近づけるための算盤勘定、経済運営に関心があるのです。「持たざる国」が無駄なく資金を運用し効率的に経済発展を遂げるには、経済を市場のメカニズムに任せて自由放任にするよりも、統制経済や計画経済の手法に頼るのが適切ではないでしょうか。事実「統制派」と呼ばれた陸軍軍人の中には、永田鉄山や石原莞爾、鈴木貞一や池田純《すみ》久《ひさ》など社会主義や共産主義の経済運営に強い関心を寄せる者が多かったのです。「皇道派」の将軍たちがしばしば「統制派」を「アカ」呼ばわりしたのにはそれなりの理由があります。「統制派」とは「組織統制派」であると同時に「統制経済派」でもあったのではないでしょうか。

国家総動員と精神主義

永田鉄山に話を戻しましょう。荒木や小畑が『統帥綱領』等の改訂を策していた一九二六（大正一五）年のことです。中佐だった永田は、陸軍のみならず、内務省、大蔵省、農林省、商工省、逓信省、鉄道省、内閣統計局、内閣拓殖局などを巻き込んで、国家総動員機関設置準備委員会を作り、幹事に就任しました。この委員会はそれなりに機能して、一九二七（昭和二）年に内閣資源局を誕生させます。総力戦のために必要な資源とその動員のための調査研究を行う部局です。内閣の外局でありながらスタッフに現役の軍人も入りました。一般行政官庁であるにもかかわらず現役軍人がそのままの身分で勤められる組織は、近代日本においてこれが初めてと言います。総力戦向けの総動員体制を準備するのですから、軍の要望が分からなくては働きようもありません。とにかく画期的でした。軍人と一般行政官庁の役人とが机を並べて付き合いを深められる役所ができたのです。資源局は一九三七年に企画院に発展。企画院は、東条内閣時代の一九四三年、新設の軍需省に呑み込まれます。軍需省も軍人と文官が混在する組織でした。

この資源局創設準備時代の一九二六年九月、永田の肝煎りで、青山書院という東京の青山にオフィスを置く出版社から『国家総動員之意義』という本が刊行されました。一般国民への総力戦啓蒙書です。陸軍関係者ばかり七人による共著で、田中義一や宇垣一成《かずしげ》といった大物も短めの文章を寄せていますが、巻頭から全体の半分強の頁は高屋三郎という人の「国家総動員講話」で占められています。高屋は陸軍経理学校で総動員体制講座を受け持っていた陸軍一等主計正。永田のよき相談相手でもありました。彼は「国家総動員準備の要諦」を次のようにまとめています。

一、他日必要の場合最大の戦争能力を発揮する為には平時に於て予《あらかじ》め国家総動員の準備を必要とす。

二、国家総動員準備の第一歩は其目的物たる諸資源に関し精密なる調査を行ふを要す、之が為には所要諸統計の完備を必要とす。

三、国家総動員準備の為めにする調査は努めて統一的に之を行ひ、且つ調査及被調査者は能《よ》く其の目的を理解し、調査を有効ならしむることを要す。

四、調査の結果不足資源は之を促進開発する為、所要の方策を樹立し比較的豊富なる資源と比肩し得るに至らしむることを期するを要す。

五、当面の戦争準備としては現存資源の外、確実に心算に入れ得る補足資源をも考慮の内に加へ総てを統制按配して之を運用するの手段方法を計画するを要す。

六、以上各項の方針計画を立て且つ之を実施するには一部一方面の者の為し得る所にあらざるを以て各方面の智識経験を集むるを必要とす。

つまりは、もしも日本が本格的に総力戦をやらねばならなくなったら「持たざる国」として足りない資源がたくさんあるはずだから、今から少しでもよく調べておこうというわけです。そのために内閣資源局のような組織が不可欠となる。足りない資源が何かを把握し、それを足らせるための「所要の方策を樹立」して「持てる国」に多少なりとも近づけるように努力する。今、軍隊や国家の為すべき緊要の課題はそこに尽きるというのです。高屋は続けます。

斯くして成るべく多くの兵力を出し得る如く不足資源の助成発達を計ることは最も緊要の問題であらねばならぬ、由来装備不充分にして後方よりの補給を必要の程度に持続することを確実に期待し得ざる軍隊ならば、当初より戦勝を予期することは出来ないのである、而して方今軍事界に於て一般が是認する程度の装備と後方よりの補給力を備へたる相当数の軍隊を戦場に立たしむるには、挙国一般に絶大の努力を払つた後でなければ之を企及する事を得ないのである、

荒木や小畑や鈴木率道が用意しつつあった『統帥綱領』改訂版に集約される思想への、痛烈な批判にもなるくだりです。装備不十分で補給がなくとも精神力だけは充溢した軍隊が獅子奮迅の活躍をして、補給を必要とする段階に達する以前にあっという間に勝敗を決してしまう。「持たざる国」に都合のよいばかりのそんな短期戦争思想など、現今の「軍事界」の常識からすればお笑い草でしかない。装備充分で補給のある軍隊でなければ今後の大戦争に参加する資格はない。そう高屋は説きます。

しかし、ここでいつもの問い掛けが戻ってくるでしょう。少なくとも大正末期・昭和初期の段階では「持たざる国」の日本の軍隊が、「持てる国」を相手とする戦争で、どうやったら装備を遜色なく整え、補給を絶やさずに居られるのか。国家総動員機関で戦争に必要な物資を事細かに調べ上げたところで、不足物資はどこで調達できるのか。調達のための「所要の方策」とは何なのか。「持たざる国」がどうすれば「持てる国」になれるのかのアイデアも示さず、ただ物量戦や補給戦の概念を高唱し、それができなければ戦争をする資格はないとほざいてみたところで、何の意味があるのか。「持たざる国」の現実に徹しようとした、のちの「皇道派」に比べると頭よげに理屈と数字を並べるだけで実がなさすぎるのではないか。

そのあたりに議論が及ぶと、さすがの高屋陸軍一等主計正もお茶を濁すしかありません。「固《もと》より不足資源中には軽々に之を増補し能《あた》はざるものがある」から、今後もよく留意して打開策を検討し続けなくてはならないと。

では、高屋に総力戦思想の啓蒙役を務めさせた永田鉄山中佐はいったいどう考えていたのでしょうか。少なくとも『国家総動員之意義』の頃の永田はひとつの解答しか持ち合わせていなかったようです。それはなんとライヴァルの小畑と同じく精神主義の高唱でした。永田は『国家総動員之意義』に「国家総動員準備施設と青少年訓練」という一文を寄稿して、次のように述べています。

此国家総動員は人的、物的両方面の資源を統制、按配して国防の目的を達成する事であるが、之が基調となるべきものは即ち国民精神であつて、此の国民精神の緊張が欠けて居つたなれば総動員を行ふ事は夢にも思はれない、名づけて精神動員とでも言はふか、国民精神を極度に緊張させ、砥励すると云ふ事は極めて必要であつて（後略）

永田はひどく当たり前のことを主張しています。大戦争をするとなれば、アメリカのような「持てる国」であろうがどこの国であろうが、国民のやる気がなければどうしようもありません。国民精神の緊張は大前提の条件です。戦争をする国に不可欠の一般論です。とはいえ、ここで永田はあくまで「持たざる国」の日本が、少しでも「持てる国」の体裁を整えるためにはどうすればよいかを、広く大日本帝国臣民に提案しようとしているはずなのです。そのための本でしょう。ところが、足りない物資をどうするかという根本の問いに答えない。無形戦力で数的評価になじまず曖昧模糊とした「精神動員」に頼ってとりあえず不足分を穴埋めする。あとは青少年を軍隊式に鍛錬しようという「国家総動員準備施設」の意義が説かれてゆきます。

一九六六年の世界最終戦争

「統制派」的な考え方とは、日本が「持たざる国」であり続けることに甘んじられない思想なのだとすれば、こうした永田の態度は、まだ「統制派」らしさを徹底させたとまではいえません。確かに永田は精神論ばかりに傾斜する「皇道派」的な考え方を嘲り笑い、総力戦時代に対応しようと国力調査に熱心に取り組み、国力を積み増しするための統制経済的・計画経済的国家運営の方法に深い興味を寄せました。

けれど、「持たざる国」日本を何が何でも「持てる国」日本にすぐさま変身させようというラディカルな野心は恐らく永田にはない。なるべく「持てる国」の方向を目指しはする。政界や財界とも連絡をとってゆく。永遠に「持たざる国」だと開き直っているわけにはいかない。しかし、現実的にどうしても足りなくてしかもすぐには穴埋め困難なものを、無理に慌ててどうにかしようとまでは考えない。それは危険だからです。軍人だからあらゆる戦争の可能性を想定して準備しなければならないけれど、大戦争は避けられればそれに越したことはない。足りない部分は精神力という融通無礙なものを適当に勘定して当座の帳尻を合わせてごまかしておくしかない。永田鉄山はなかなかのリアリストでした。リアリストは「持たざる国」が「持てる国」に化けられるなどとは本当には思いません。

しかし本当に国が化けられると信じ抜いたラディカルで純粋な「統制派」も居たのです。その唯一無二の存在が石原莞爾でしょう。

永田がいかにリアリストで、石原がいかにラディカリストであるか。それが端的に示されたひとつの挿話があります。

一九二八(昭和三)年一月のこと。木曜会の会合が開かれました。木曜会とは、鈴木貞一陸軍少佐が主宰していた陸軍内部の勉強会で、永田鉄山や東条英機、あるいは土橋勇逸《つちはしゆういつ》や根本博らが参加していました。鈴木はのちに「統制派」の系統の有力者と目されてゆき(一時期「皇道派」に靡いたこともありますけれど)、永田の作った内閣資源局の後身、企画院の総裁も務めました。東京裁判ではA級戦犯として告訴され、終身刑の判決を受けます。

その日、石原は「我が国防方針」と題して講演しました。将来、日本とアメリカは必ず大戦争をする。いや、しなければならない。日本は東洋の、アメリカは西洋の代表だ。その戦争は世界最終戦争となる。結果次第で世界の運命が決まる。日本はどうしても勝たねばならない。ところが現段階では日本は「持たざる国」で、アメリカは「持てる国」。まずは可及的すみやかに彼我の懸隔を埋めなければならない。そのための日本の方途は「全支那を利用する」ことである。「全支那」を日本の産業基地となせば、日本は「持てる国」に化けられる。「全支那」の獲得に向けて邁進すべきだ。それが日本の「国防方針」だ。石原はそんな話をしたようです。

永田はどう聞いたのでしょうか。なぜ強大なアメリカとどうしても戦争をしなければならないのか。「全支那」への進出というとてつもないリスクを冒してまで日本が「持てる国」にならなければいけないのか。石原の議論にはおよそ必然性がない。呆れ気味だったようです。

石原はなぜアメリカとの世界最終戦争などと言い出したのでしょうか。彼の信じる田中智学からの影響なのです。智学はたとえば日蓮の『観心本尊抄』をきわめて独創的に解釈し、一九〇四(明治三七)年に出版された『妙宗式目講義録』でこう述べています。


この本化の教を広布せんとする賢王と、本化を信ぜざらんとする多くの愚王との諍ひとなるときは、ここに世界の大戦争が起る。正義正法には、仏と神明との天佑もあッて、敵をなす国は遂に争ひに勝つことできず、あるひは天帝を祭り、或は権迹の仏菩薩を祈るに至ッてもつひにその験なきに至ッて、はじめて世界中の国々が、懺悔醒悟して、本化の大威神力を恐れ、三大秘法の大真理におもひ至り、世界各国の王臣一同ははじめて此法に帰依するに至る。

「本化《ほんげ》の教」とは、『法華経』で予言されているところの、将来この世をユートピアにすべく現れる仏の教えということでしょう。この仏の教えを世界に広めるのは日本の賢王であり、そのとき世界大戦争が起きる。智学は日蓮のテキストをかなり自由に読み解き、そう結論するのです。この智学の教えを石原莞爾はたとえば『世界最終戦論』（立命館出版部、一九四〇年）で次のように言い直しています。

日蓮聖人は将来に対する大きな予言をして居ります。それはどう云ふことであるかと申しますと、日本を中心として世界に未曾有の大戦争が必ず起る。其の時に本化上行《ほんげじょうぎょう》が再び世の中へ出て来られ、本門の戒壇を日本国に建て、茲《ここ》に日本の国体を中心とする世界の統一が実現せられるのだ。斯う云ふ予言をして亡くなられて居るのであります。

信仰の人、石原にとって「持たざる国」の日本が第一次世界大戦後の総力戦時代に本格的に大戦争に参加できるか否かなどそもそも問題ではない。「日本を中心として世界に未曾有の大戦争が」定めとして必ず起こるのだ。その相手は世界の現状を見るにアメリカを措いて他はあるまい。「持てる国」のアメリカと戦争して勝たねばならぬ定めなら、それに向けて準備するのみである。

対米決戦のときまでに「持てる国」になっておくのも定めというわけです。するとそのときはいつなのか。石原は智学の一九一八（大正七）年の講演「本化宗学より見たる日本国体」に答えを見つけだします。

世界の覚醒期が今既に来て居る。世界の覚醒期が既に来て居るのに、この日本国体を宣伝する者が眠ッて居るといふことはない。

日本国体を発揚して世界に日本の真価を知らしめ日本的価値観に世界を屈従させるにはやはり大宣伝だけでは済まないかもしれない。大戦争が必要なのかもしれない。戦争を経ないと田中智学の理想とする天皇中心の八紘一宇の大世界は実現しないということもありうる。智学は続けます。

昔戦争をする時分には「往亡日《おうぼうにち》」といふ日があるといッて、戦争に往くと亡びるといッてこれを忌んだものである。ところが或る時戦争に出かけるのに、どうしても今日出かけなければならぬといふことになッた。そこで日を卜《うらな》はして見たら往亡日と出たので、是は出かけると必ず負けるといッて躊躇して居ッた。随分御幣担ぎの話だが……さうすると或る大臣が「ナーニ決して構はない、これはさう解釈するからいけない、我れ往いて彼れ亡ぶるの日なり」と言ッたので、そんなら行かうといッて行ッたら、到頭勝ッたといふ話がある。

恐ろしく乱暴な理屈です。無茶と思える戦争でもやってみれば案外と勝てるものだというしごく楽天的な戦争観です。すると日本が世界を従えるその大戦争はいつ起きるのか。閃きによるのか、それとも何か根拠があったのか、石原莞爾も「田中智学先生が」「どういう算盤を弾かれたか」よく分からないと言っているけれど、智学はこの講演で極めて具体的な数字を挙げています。

今日は世界の覚醒期で、彼が待ッて居る、今度はこッちが彼に向ッて進んで行くのである。その進んで行くところの時代が、日本国体の世界的宣伝期に到達したものである。明治天皇は即ち日本を世界的に解放なさッた、世界的に宣伝するところの素質をお造りになッた。その魂を入れる日蓮主義は、やはり世界的に開顕しなければならぬ。（中略）予は四十八年かゝれば確にやれるといふ算盤を割出してある。有志の諸君には御伝授申すが、これは決して夢想でない、予の言ふ通りにすれば、一天四海皆帰妙法は四十八年で出来てしまふ。（中略）日本を教化するより、世界を教化する方が早いかも知れない。日本中の蒙昧なる人間、偏狭なる人間を教化して居るより、ウイルソンや何かの方が或は早く気が附くかも知れない。

「一天四海皆帰妙法」とは全世界が「妙法蓮華経」の教えに折伏されるということです。そのときが四八年後に来ると智学は「算盤を割出して」いる。このくだりを石原莞爾は日本が世界的大戦争に参加して究極の勝利を収める年についての予言ととったのです。そのとき「一天四海皆帰妙法」の状態が訪れる。世界に『法華経』の教えが現実化するわけだから、つまり理想世界の実現だ。究極の平和の時代になる。以後に戦争はもうない。四八年後の世界は世界最終戦争になる。一九一八年から四八年後だから一九六六年だ。智学の予言通りならその年の第二次世界大戦か第三次世界大戦によって世界は変わる。その日のために準備しなければならない。日本を、アメリカの国力、産業力、科学力に匹敵する国に仕立てておかなければならない。

もっとも石原は、たとえば一九六六年という具体的な年を、田中智学に帰依し国柱会に入った最初期から意識していたわけではないでしょう。日本が何十年かかけて「持たざる国」から「持てる国」に変貌したそのあとで、第一次世界大戦を凌駕する規模の大戦争の一方の主役となる。いや、ならねばならない。それが『法華経』と日蓮と田中智学によって約束された定めである。そういう想念を徐々に作り上げていったことが重要なのです。するとどうすれば日本は「持てる国」に化けられるのか。けっきょく満洲です。満洲事変を起こし、満洲を事実上領有する。そこを基点に日本を世界に冠たる大産業国家にする。石原はこのヴィジョンのとりこになってゆきました。

「天上へなんか行かなくたっていゝぢゃないか。ぼくたちこゝで天上よりももっといゝとこをこさえなけぁいけないって僕の先生が云ったよ」。『法華経』と日蓮と田中智学の信者、宮澤賢治が「銀河鉄道の夜」でジョバンニに語らせた地上の理想化とは、同信の人、石原にとっては日本の対米戦争での勝利と日本中心の世界統一以外にありえなかったのです。

「八紘一宇」の構想と挫折

国威西方に燦然と

石原莞爾は自伝的随想と呼ぶべき「『戦争史大観』の由来記」を一九四〇（昭和一五）年の大晦日に京都で書き上げました。そこに次のようなくだりがあります。

昭和二年の晩秋、伊勢神宮に参拝のとき、国威西方に燦然として輝く霊威をうけて帰来。私の最も尊敬する佐伯中佐にお話したところ余り良い顔をされなかったので、こんなことは他言すべきでないと、誰にも語ったことも無く、そのままに秘して置いたのであるが、当時の厳粛な気持は今日もなお私の脳裡に鞏固《きょうこ》に焼き着いている。

この一文は雑誌『東亜連盟』の一九四一年六月号に発表されました。文中に登場する佐伯中佐とは佐伯正悌《まさよし》のこと。石原と同じ山形出身で、石原が士官候補生時代の一九〇七（明治四〇）年に配属された山形の連隊で大隊長を務めていました。以来ずっと交際が続いていたのです。

石原が「他言すべきでない」と思った「国威西方に燦然として輝く霊威」とは、いったいどんな現象だったのでしょうか。「『戦争史大観』の由来記」には肝腎のその先が記されていません。石原に傾倒する人々はそこが知りたくてたまりません。直接聞きに行く者も現れました。たとえば伊地知則彦《いじちのりひこ》です。一九一四（大正三）年の鹿児島生まれ。大阪外国語学校蒙古語科を卒業ですから、司馬遼太郎の先輩です。一九三七（昭和一二）年に満洲に渡り、学校教師になりました。満洲で日本人は何をなすべきか。悩み苦しみ、ついに石原の思想と信仰に救いを見出だしました。彼が一九四三年、山形県鶴岡に石原を訪問し、「霊威」の正体を尋ねています。

石原はこう答えました。「眼前に地球の姿を現わし、金色の光りが日本から満洲に向って光りわたる」というヴィジョンが大聖霊によって与えられたのだと。何を意味しているのでしょうか。このヴィジョンを見たという一九二七（昭和二）年には、石原は陸軍大学校の教官。既に田中智学の日蓮主義の教えと自らの戦史研究とを組み合わせ開展させて、世界最終戦争の思想、というよりもむしろそれへの信仰を確立していました。

近代世界の苛烈な生存競争に勝ち残った二つの国が遠からず武力によって雌雄を決する。一方は西洋文明の代表国としてのアメリカである。もう一方は『法華経』の信仰を体現する日本でなければならない。これは石原の宗教的確信です。世界情勢を分析しての評論や学問ではない。日本がアメリカに勝利して『法華経』の約束する理想郷をついに世界にもたらすのだ。世界最終戦争に日本が勝ち残ると、現世はそのまま仏国土に変じて永遠の理想郷と化す。理想郷にはもう戦争はない。だから本当に最終戦争である。そのためには「持てる国」のアメリカに負けぬ国力を日本が持つ必要がある。しかし、そんなことが可能でしょうか。

石原はその方策が知りたくて伊勢神宮に参拝したと言ってよいでしょう。「持たざる国」の日本がなるたけ早くアメリカと拮抗できるほどの「持てる国」に変ずるにはどうしたらよいのか。

伊勢神宮で祈ったら、日本から飛び出した光が満洲に射し、その地が輝いたというのです。なるほど、満洲を一大根拠地にすれば「持てる国」になれるのか。石原はそう受け取ったわけでしょう。

一九二八年一月、鈴木貞一主宰の陸軍将校勉強会「木曜会」で日米の最終戦争の必然を力説し、同席していた永田鉄山に呆れられた石原は、同年夏、関東軍参謀に任じられ、秋には旅順に赴任します。別に石原本人がそういう人事を希望したのではありません。陸軍の巨大な組織はいちち希望を聞いてくれるようには出来ていません。たまたまと言うべきでしょう。石原はそこに超越的なものの導きを感じていたものと思われます。伊勢神宮での啓示から一年を経ずして満洲の日本陸軍の中枢に入ったのですから。石原の計画に基づく満洲事変が起きたのは一九三一年九月一八日です。翌三二年三月一日には満洲国が建国されました。

石原は満洲で何がしたかったのでしょうか。どうすれば日本が最短で「持てる国」になれると思ったのでしょうか。言うまでもなく満洲に眠る豊富な資源を開発し、その地を世界的な重化学工業地帯へと育てることです。そして満洲の産業力を日本本国と連携させる。日本本土だけでは資源もなければ人口も足りない。朝鮮と台湾を合わせても世界に冠たる重化学工業を築くのは厳しい。だが満洲があれば可能である。当時は満洲の資源調査がまだまだ行き届いていたわけでもありません。未知不可測な要素がずいぶんある。それでも石原は突き進みました。やはり伊勢神宮での霊験のせいなのでしょう。

ただし、資源や工場だけあってもしようがない。産業を大きくするには人の力が不可欠です。

豊富な労働力や知識力が要求される。当然日本人だけでは賄えません。だいたい日本がアメリカと最終戦争を行うのは『法華経』の教えの広がる東洋の仏教世界の代表者としてです。広くアジアに助けて貰って最終戦争の場に送り出して頂かねばならない。いわゆる「五族協和」の理念がここに生まれます。日本人、満洲人、中国人、朝鮮人、蒙古人という、満洲に生きる五つの民族が対等の立場で助け合ってこそ初めて満洲国は理想的な産業国家への道を歩めるというわけです。たとえば煩悶青年の伊地知則彦が石原に傾倒した最大の理由は、やはりこの「五族協和」でしょう。

満洲国での「五族協和」の延長線上に生まれるのが中国を含めた広いアジアの連帯をはかる東亜連盟の運動になります。その中心にも石原が居ました。彼が『『戦争史大観』の由来記』を発表した雑誌は、この連盟の機関誌でした。

「持たざる国」を「持てる国」にする方法

ところで、石原の世界最終戦争とはどのような戦争なのでしょうか。「持てる国」と「持てる国」との総力戦です。「皇道派」の荒木貞夫や小畑敏四郎や鈴木率道らの思い描いた戦争、つまり「持たざる国」が物資の不足を精神力で補って無理々々に行う局地的で短期の殲滅戦争などとは規模が違います。世界大戦争なのです。かといって第一次世界大戦型の長期総力戦とも違います。徹底的な総力戦ながら、あっという間に終わる。それが石原の想像した世界最終戦争です。石原によれば、第一次世界大戦的な総力戦、すなわち大国同士が何年にもわたって国力を絞り尽くし、消耗に耐え補給を切らさなかった方が勝つ戦争は、まだ近代戦の最終形態を表現してはいません。大戦争はその先で再び短い戦争に転ずると石原は言うのです。準備や前哨戦はいろいろあるでしょうが、戦争の本体は戦国時代の多くの合戦のように数日か一日か、もしかして数時間で終わってしまう。そんな戦争ができるようになると、ついに最終戦争時代だと石原は説きます。

なぜ、そんなに短く終わるのでしょう？　二〇世紀は科学の時代だからです。日露戦争ではまだせいぜい大砲と機関銃でした。それが約一〇年後の第一次世界大戦では戦車と飛行機と毒ガスと潜水艦です。兵器の破壊力は今後も加速度的に進化するでしょう。一瞬で大都市や国家そのものを破壊する、とてつもない兵器が現れる日も遠くないのかもしれません。最終戦争の決め手は結局最終兵器なのです。石原は最終兵器という言い方はせずに決戦兵器と呼んでいますけれど。ともあれ、あっという間に終わるのです。

決戦兵器は科学力と技術力の究極の結晶としてしか発明されないでしょう。その背景には巨大な重化学工業が存在せねばならないでしょう。研究開発のためには膨大な投資が必要でしょう。決戦兵器を開発できるのはやはり「持てる国」なのです。「持たざる国」が決戦兵器を作り出すとは考えにくい。

石原自身の言葉を聞いてみましょう。彼は一九四〇年五月二九日に京都で講演しました。そのとき石原は京都の留守第一六師団長。陸軍中将でした。講演の筆録は『世界最終戦論』との表題で同年九月に立命館出版部から刊行され、石原の主著となって今日まで読み継がれています。そこで彼は世界最終戦争準備のための昭和維新を呼び掛けてこう述べます。

第一六師団長時代の石原莞爾
写真提供・鶴岡市郷土資料館

昭和維新のためには二つのことが大事であります。第一は東洋民族の新しい道徳の創造であります。ちょうど、われわれが明治維新で藩侯に対する忠誠から天皇に対する忠誠に立ち返った如く、東亜連盟を結成するためには民族の闘争、東亜諸国の対立から民族の協和、東亜の諸国家の本当の結合という新しい道徳を生み出して行かなければならないのであります。その中核の問題は満州建国の精神である民族協和の実現にあります。この精神、この気持が最も大切であります。第二に、われわれの相手になるものに劣らぬ物質力を作り上げなければならないのです。この立ち後れた東亜がヨーロッパまたは米州の生産力以上の生産力を持たなければならない。

石原はアメリカを超える「生産力大拡充」の必要を叫び、ナチスドイツの現状にふれます。講演が行われた前年にはヨーロッパで第二次世界大戦が始まっています。日本が対米戦争に突入するまではまだ一年半ありました。石原は、「持たざる国」として第一次世界大戦に敗れたドイツが約二〇年後、再び世界大戦に突入できた自信のよってきたるところをその科学力に求めます。ドイツは特に化学工業の革命的発達によって資源の不足を補う工夫ができた。だから「大戦争に突進できたのであろう」と推測します。そして日本はドイツもアメリカも超えなくてはならないと聴衆に訴えます。

断然われわれの全知能を総動員してドイツの科学の進歩、産業の発達を追い越して最新の科学、最優秀の産業力を迅速に獲得しなくてはならないのであります。これが、われわれの国策の最重要条件でなければなりません。ドイツに先んじて、むろんアメリカに先んじて、われわれの産業大革命を強行するのであります。

「産業大革命」が成功すると日本は最終戦争の一方の主役になれる。それはいつなのか。講演をしている一九四〇年は満洲国建国から八年です。日本の準備はまだまだできていない。石原は田中智学の予言や自身の宗教的研究の結果から、この講演では最終戦争は三〇年後と占っています。そしてこう続きます。

われわれはもう既に三十年後の世界最後の決勝戦に向かっているのでありますが、今持っているピーピーの飛行機では問題にならない。自由に成層圏にも行動し得るすばらしい航空機が速やかに造られなければなりません。また一挙に敵に殲滅的打撃を与える決戦兵器ができなければなりません。この産業革命によって、ドイツの今度の新兵器なんか比較にならない驚くべき決戦兵器が生産されるべきで、それによって初めて三十年後の決勝戦に必勝の態勢を整え得るのであります。（中略）皆さんに二十年の時間を与えます。十分でしょう、いや余り過ぎて困るではありませんか。

三〇年後に決戦兵器を用いた最終戦争が行われるとすると、その破壊の程度は如何に見積もられているのでしょうか。石原はさらりと言ってのけます。

破壊も単純な破壊ではありません。最後の大決勝戦で世界の人口は半分になるかも知れないが、世界は政治的に一つになる。（中略）同時に産業革命の美しい建設の方面は、原料の束縛から離れて必要資材をどんどん造ることであります。（中略）必要なものは何でも、驚くべき産業革命でどしどし造ります。持たざる国と持てる国の区別がなくなり、必要なものは何でもできることになるのです。

世界人類は最終戦争で絶滅はしないものの半減すると想定されています。しかし、そのくらいの最終兵器が開発される科学の時代には、水や空気のようなただ同然の無尽蔵な原料から諸々の物資が生産されるようになるので「持たざる国と持てる国の区別がなくな」ると予想されてもいます。「持てる国」と「持たざる国」の如何ともしがたい格差。第一次世界大戦以来、とりわけ日本陸軍の軍人たちを悩ませてきた大テーマは石原の夢の世界では科学のユートピアによって消滅するのです。それこそが石原の仏国土だったのです。

昭和一〇年代の「高度経済成長」計画

水や空気から何でもできる話はともかくとして、一九七〇年頃までに日米の経済力や科学力を対等にしようという石原構想は果たして荒唐無稽だったのでしょうか。必ずしもそうとは言えないのかもしれません。一九三〇年代の日本の年平均経済成長率を調べてみましょう。満洲事変が起き、満洲の開発が始まり、日中戦争も本格化した時期の一〇年間です。経済協力開発機構（OECD）の統計によると四・八パーセントなのです。同時期のソ連の六・一パーセントよりは低いけれど、かなりの高水準です。

では石原の最終仮想敵国、アメリカはどうでしょうか。なんと〇・二パーセント。ほとんど成長が止まっている。まさに失われた一〇年。一九二九年にアメリカ発で起きた世界恐慌のせいです。アメリカの経済成長率は一九三〇年から四年連続のマイナスになります。同年が八・九パーセント、一九三一年が七・七パーセント、一九三二年が一三・二パーセント、一九三三年が二・一パーセントの減少。翌年はプラスに転じますが以後の回復は鈍く、再びマイナスの年もあり、一〇年を平均するとほとんどゼロ成長なのです。

日本も世界恐慌の影響を受けて一九三〇年はマイナス七・三パーセント。しかし満洲事変の勃発した一九三一年には早くもプラスに転じ、翌一九三二年は八・四パーセントという高い伸びをしめしています。その年は五・一五事件等が起きていて、日本も世界恐慌余波で暗い不況の時代という印象を持ちがちですが、数字の上ではあくまで高成長でした。跛行的成長の皺寄せをとりわけ本土の農業経済がかぶったというところでしょうか。経済のグローバル化がまだまだ進んでいませんから、世界恐慌とはいえ日本経済がアメリカと共に沈没したわけではなかったのです。日本の立ち直りは早く、アメリカがゼロ成長のときに毎年プラス五パーセント近くを記録できたわけです。

するともしもこの数字がずっと続いたらどうなるでしょうか。二・二六事件の年の一九三六年の国内総生産を同じくＯＥＣＤの統計から見てみましょう。アメリカを一〇〇とすると、ソ連は四五、イギリスは三四、ドイツは二四、そして日本は一九になります。日本はアメリカの二割弱、五分の一です。確かに大きな差がある。でもそれは荒木貞夫や小畑敏四郎が観念してしまったように絶対に追いつくはずのない数字でしょうか。

ここに先の一〇年平均、日本が四・八パーセントでアメリカが〇・二パーセントという数字をあてはめてみましょう。日本の成長がそのまま同じと仮定すれば、一九三六年に対米一九パーセントの国内総生産は一九四五年には三割弱、一九五七年には五割を超えます。ちょうど四半世紀後の一九六一年には六割強、一九六四年には七割強に達します。一九七二年にはついに一〇〇パーセントという里程標をまたぎます。そして一九七四年には約一一三パーセントにまでたどり着くでしょう。

もちろんここで言う一〇〇パーセントとは一九三六年のアメリカの国内総生産が基準です。そこまで日本が四〇年近くかけて到達しても、その間にアメリカはずっと先に行っていて当然のように思われます。でもここでは〇・二パーセントのままという仮定です。約五年かかって一パーセントずつしか上がりません。一九六〇年に約一〇五パーセント、一九七〇年に約一〇七パーセント、一九七四年には約一〇八パーセントです。日本は同じ一九七四年には約一一三パーセントでした。五パーセント抜いています。

世界恐慌後一〇年の実績をベースにすると、一九七〇年代前半には日米は肩を並べることになるのです。石原は一九四〇年の講演で三〇年後にアメリカを追い抜くくらいになろうと述べていたわけですが、この計算ではほぼその通りになってしまう。

この仮定が荒唐無稽と言われればそれまでです。しかし我々はそのあとの歴史を知っているからそう思うのかもしれません。アメリカは一九三〇年代末には恐慌から立ち直りつつありましたが、真に成長軌道に復するのは第二次世界大戦の特需によってです。大戦がなければずいぶん違っていたでしょう。資本主義経済ですからいつまた大恐慌が再来するか予想はつきにくい。日本が「持たざる国」から世界最高位を争うほどの「持てる国」に何十年かで成り上がれるかもしれないとの想定は、決して非現実的とばかり言い切れるものではなかったのです。

しかも石原莞爾は陸軍では永田鉄山などと同じく「統制派」の系統と目されていました。その呼称には様々な意味が重なっていますが、先に触れた通り統制経済や計画経済を志向する派という含みもあるのです。軍を強くするには予算が必要で、そのためには日本経済を少しでも豊かにしなければならない。「持たざる国」が限られた資源を生かして少しでも豊かになるためには、民間企業を自由放任にして競争ばかりさせていては無駄が多くて勿体ない。売れない商品を作って資源を浪費する泡沫企業が続出する。資源を重点的に計画的に配分したほうが効率がいい。統制や計画を経済に持ち込むことが成長を早める。

石原もそう考えました。世界恐慌時代ですからなおさらです。自由放任のアメリカは沈没しっぱなしなのに、計画統制のソ連は成長を続けている。ソ連を見習うのが右肩上がりの早道だ。けれど日本はあくまで自由主義経済を尊重している。軍人が政治や経済に関与できる国家組織にもなっていない。

しかし満洲国なら勝手がしやすい。石原は満洲でソ連経済をモデルに高度経済成長を実現しようとしました。年率四・八パーセント程度では追いつくのに時間がかかる。もっとずっと縮めたい。三段跳び的な大躍進を目論みました。一九三六年六月、石原は参謀本部に新設された戦争指導課の課長に就任すると、満鉄の経済調査会の宮崎正義らに「第一次日満産業五ヶ年計画」をまとめさせます。それは「満洲産業開発五箇年計画」に発展し、実施されました。

統制派・満洲・ソ連の影

京都帝国大学経済学部の学部長や大阪商科大学の初代学長を歴任した河田嗣郎《かわたしろう》の弟子で、戦時下の満洲での実地研究の機会に恵まれた当時の少壮経済学者、藤原泰《ゆたか》は『満洲国統制経済論』（日本評論社、一九四二年）において、五箇年計画の意味を次のように整理しています。日本の「有事の際必要なる資源の現地開発に重点を置」く。満洲を「日本不足資源の供給」のための巨大な基地となす。さらに日本本国の工業生産力の不備や不足も満洲で補う。満洲を世界指折りの大工業地帯へと発展させる。これこそが「満洲国経済建設の指導原理」であり、その実が上がり、日本が世界からついに「持てる国」と呼ばれるようになったとき「日満経済ブロックの確立」という言葉は真に意味を持つ。

藤原は続けます。「日本経済に不足し或は欠除せる資源」として重要なるものは、たとえば「石炭・鉄鋼・石油・鉛・亜鉛・銅・ニッケル・アルミニウム・マグネシウム・棉花・羊毛・ゴム・パルプ・塩」である。以上のうちのかなりは満洲で生産供給が可能だ。しかも地理的にも近接している。その意味で満洲ほど素晴らしい随伴者を日本は決して他に求められない。けれども残念ながら、石油と棉花と羊毛とゴムについては「経済原則から云へば」満洲では「補給困難と考へられる」。しかしそれらについても満洲で「強ひて補給をなさんと企図」するのが五箇年計画の凄みだと藤原は言います。なぜなら「日満経済ブロック」を完全無欠な自給自足圏として確立してみせるのが五箇年計画の根幹的使命だからだ。重要なる資源を欠いてしまっては経済ブロックが成り立たない。ゆえに「強ひて」でも供給可能にしようというのです。

石油は「油母頁岩からの搾油と石炭液化」を何としてでも採算に合うところまで持ってゆかなければなるまい。棉花は「凡ゆる方法を講じて極力その増産を図ることによつて」何とかなるだろう。羊毛は「緬羊の増産改良によつて」収穫高を上げる。ゴムも化学工業を発達させて「人造ゴムの製造」で賄えるはずだ。日本にないものはどうしても満洲で作る。「日本経済で拡充すべき」でありながら、工場立地や労働力を勘案すれば本国では生産量に限界の出てこざるをえない「造船・兵器・航空機・自動車・車輛・機械等の重工業」も満洲で発達させる。そんなところが五箇年計画の肝腎要でしょう。

もちろん五年で終わるわけではありません。計画通りに運べば、次に第二次五箇年計画をやる。第三次、第四次と重ねてゆく。第二次世界大戦後の高度経済成長期を先取りするような科学と経済の凄まじき右肩上がりを年々歳々達成し続ける。政治や外交によって最終戦争の起きるタイミングをなるべく引き延ばす。その間にさらに成長する。そんなペースを保ってゆけば、アメリカが世界恐慌から回復して再び力強く成長を始めたとしても後ろ姿は見えているだろう。それが石原構想でした。

すると具体的な数値目標は？　例として近代国家の花形産業たる鉄鋼を見てみましょう。軍需の根幹ともなる分野です。まず銑鉄は一九三六年には既に生産設備能力として八五万トンありました。鋼塊・鋼材は同じく九八万トンです。これを五年後の一九四一年には、銑鉄を約三倍の二五三万トン、鋼塊・鋼材を三・六倍の三五〇万トンにしようという計画でした。なかなか雄大です。しかしこの数字では石原たちは満足できませんでした。日中戦争開始後の一九三八年に策定され直した「五箇年計画修正計画」では、銑鉄の生産設備能力目標は四五八万トン、鋼塊・鋼材は同じく五二五万トンへと一挙に上積みされます。どちらも五年で五倍以上にしようということです。そのためには毎年約四〇パーセントも成長しなくてはいけません。とてつもない数字です。

結果はどうだったのでしょう？　石川滋や原朗の研究に従うならば目標通りとはゆきませんでした。一九四一年の満洲における銑鉄の生産設備能力は二〇五万トンで実際の生産高は一三九万トン。「五箇年計画修正計画」の目標の五割未満です。鋼塊・鋼材の生産設備能力は一二六万トンで実際の生産高は九七万トン。こちらは「修正計画」の目標の四分の一に過ぎません。電力は

「修正計画」の目標に対して実際は四割。石炭は「修正計画」の目標が設備能力で三四九一万トンに対して実際は二八三〇万トン。鉛は「修正計画」の目標が二万九〇〇〇トンに対して実際は一万二二四〇〇トン。いずれもノルマの達成には距離がありました。石炭液化事業は採算が取れずに破綻しました。

満洲国の五箇年計画は失敗だったのでしょうか。目標と実際の懸隔を見れば幻滅感が漂ってくるかもしれません。けれどもそんなこともないのです。ここで、石原らが憧れて模範としたソ連の五箇年計画(一九二八~三二年)について振り返りましょう。その目標は五年を待たずに四年と三か月で達成された。ソ連共産党は当時そう宣言しました。一方ではアメリカ発の世界恐慌が収まらず、もう一方にソ連経済の輝かしいニュースがある。満洲にも日本にも与えた影響は計り知れません。

しかしソ連の発表は実はあまり正確ではありませんでした。石炭は年産一億トン前後を目指しながら五年目の実際は六四〇〇万トン。石油は目標が五〇〇〇万トン前後に対し実際は二一四〇万トン。銑鉄は目標が一五〇〇~一六〇〇万トンに対し実際は六二〇万トン。目標の五割・四割は当たり前というのが真相でしょう。目標を大幅下方修正して達成したことにするとか、帳尻を合わせてごまかしていたのです。満洲国の五箇年計画はソ連並みの成果を挙げていたのです。ソ連の五箇年計画は水増しがあったとしても世界経済のそれなりの奇跡として今も称えられているではありませんか。ならば満洲国の五箇年計画も大したものだと言えなくもありません。

しかし満洲国の五箇年計画は、少なくとも石原莞爾のつもりでは世界最終戦争のための何十年かの計の第一歩にすぎませんでした。石原構想では、続く第二次五箇年計画と合わせての一〇年でとりあえず、国境線を挟むソ連に対して満洲を防衛できるだけの国力が備わるという計算でした。経済規模において米ソに拮抗し、アメリカとの最終戦争にも勝ち抜ける「日満経済ブロック」の夢はまだまだ遠かったのです。それなのに五箇年計画の五年目の一九四一年一二月に日本は対米戦争を始めてしまいました。一九七〇年のはずだったのに。石原の構想からすればありえないことでした。

そのとき石原は何をしていたのでしょうか。関東軍参謀として満洲建国に携わり、参謀本部の中枢で日本の将来を導こうと八面六臂の活躍をした彼は、政治に首をつっこみたがり、自分の特異な思想を押し通そうとする、軍人にあるまじき軍人として敵を増やしてゆきました。大いに嫌われました。中央の人事から外され、閑職に回されて、『世界最終戦論』を京都で講じた翌年の一九四一年三月には予備役に編入されました。一二月八日の開戦の報せは講演のため高松に行こうと乗っていた宇高連絡船の中で聞いたといいます。

満洲国のことも夢のまた夢。もはや石原には何の実権もありません。満洲国では戦局の重大化に伴い第二次五箇年計画の策定・実施をとりやめました。そして国自体が一九四五年夏には幻と消えました。

石原莞爾は日本を「持てる国」にするまで何十年か長期の大戦争をしてはいけないと考えました。小畑敏四郎は、日本はどこまで行っても「持たざる国」なのだから「持てる国」と正面きっての大戦争をやはりしてはいけないと思いました。

でも彼らのヴィジョンは、軍の中で軍人の本分を尽くしているだけでは達成される性質のものではありませんでした。どこの国とどういうタイプの戦争をするかしないかは結局かなり政治の問題だからです。石原も小畑も、あるいは石原の先輩格の永田鉄山も、それぞれの立場から政治に働きかけられないかと知恵を絞りました。けれども大日本帝国の法制度ないしは政治文化は、軍人の政治的振る舞いをはねつけるように出来ていました。

思想的軍人は排斥される運命にありました。そうやって大勢が消えてゆきました。満洲国は石原の手を、『統帥綱領』は小畑の手をそれぞれ離れ、生みの親が与えたかった歴史的使命とまったく無縁の道を歩き出しました。

一九四五年八月一五日を郷里の鶴岡近郊で迎えた石原は「敗戦の日に東亜連盟会員に訴う」という全七条の覚書をしたためました。第五条は「最終戦争決戦兵器研究を中心問題とする技術者連盟の結成」です。天才的科学者の活躍があれば「持たざる国」の一発大逆転がありうるかもしれない。少なくとも敗戦の日の石原はまだ諦めていませんでした。彼が逝ったのは、それからちょうど四年後の八月一五日です。遺骨は国柱会の妙宗大霊廟に納められました。

第七章　未完のファシズム——明治憲法に阻まれる総力戦体制

どこまで続く泥濘ぞ

一九四〇（昭和一五）年二月一日、米内光政《よないみつまさ》内閣組閣後初の議会が開かれました。審議の焦点は軍事費です。

一九三七年七月七日、北京郊外の盧溝橋での軍事衝突をきっかけに、日中両国は戦争状態に突入しました。日本側はこの戦いを「支那事変」と呼びます。すぐ片づくという政府や軍の言明にもかかわらず、一九四〇年もなお続いていました。既に四年目。一九三八年には火野葦平《あしへい》の戦記小説『麦と兵隊』と『土と兵隊』が、中国大陸の泥濘の描写の丁寧さもあって人気を博しました。そこに、満洲事変の頃から流行った軍歌『討匪行』の歌い出し「どこまで続く泥濘《ぬかるみ》ぞ」が合わされば、中国大陸の戦場を実際には知らない国民でも「中国との戦争→泥沼の戦争→収拾不能な戦争」という連想が働きます。当然ながら戦死傷者も多い。膨大な戦費は国家財政を圧迫する。危機感が募っていました。

一九四〇年度の予算案における一般会計の総額は約六一億円。対して臨時軍事費の要求は四五億円近く。それだけの大金をかければ事変は片づいてくれるのか。議会政治家たちの関心はそこに尽きました。

二月一日には米内光政首相、有田八郎外相、桜内幸雄《さくらうちゆきお》蔵相、畑俊六《はたしゅんろく》陸相、吉田善吾《ぜんご》海相らが所信表明演説を行いました。翌日、衆議院で質問に立ったのは、一八七〇（明治三）年生まれの老政治家、民政党の齋藤隆夫代議士。憲政史に名を残す「支那事変の処理を中心とした質問演説」です。

齋藤は単刀直入な問いを発しました。こんなに長い事変があるものか。戦争と呼ぶべきではないか。言葉をすり替えているだけではないか。ただちに解決するという予測をずっと聞かされているが、ただちにとは実際にはいつなのか。

齋藤はさらに戦争目的の曖昧さや出鱈目さをもつきます。


此処に昨年十二月十一日附を以て発表せられたる東亜新秩序答申案要旨と云ふものがある。是は興亜院に於て委員会を設けて審議せられたる所の其の答申案であります。之を見まするとと云ふと、吾々には中々難かしくて分らない文句が大分並べてある。即ち皇道的至上命令、「うしはく」に非ずして「しらす」ことを以て本義とすることは我が皇道の根本原則、支那王道の理想、八紘一宇の皇謨、中々是は難かしくて精神講話のやうに聞えるのでありまして、私共実際政治に頭を突込んで居る者には中々理解し難いのであります。

「東亜新秩序」の建設は「支那事変」の戦争目的であると説かれました。しかし開戦当初かからではありません。この御題目は盧溝橋での軍事衝突からおよそ一年半経って、ときの近衛文麿首相によって宣言されました。では、具体的な中身は？　それを興亜院が明らかにしようとしたのが、一九三九年暮れの「東亜新秩序答申案要旨」というわけです。

興亜院とは一九三八年に新設された役所で、当初の案では対支院と呼ばれるはずでした。「支那事変」にかかわる中国大陸での政治的・経済的諸問題の処理と必要な政策の立案を仕事とします。思いのほか長引く事変は日本の政治に混乱をもたらしました。外務省など関係する官庁が多すぎて物事が捗りません。そこで興亜院の立ち上げとなったのです。

既成諸官庁のタテ割り業務を乗り越え、新事態への即応態勢を整えて、必要案件の円滑かつ迅速な解決を目指そう。そのために事変の後追いで出来た新機構というわけです。しかし、非常時に内閣の組織が増えたのですから、いわゆる船頭多くして何とやらの状態が生じた面もあります。政治の機能を高めるつもりが、外務省等との縄張り争いを惹起し、かえって混迷を深めもしました。タテ割りを解消するつもりでタテを増やしてますますややこしくしてしまったのです。

それはともかく、興亜院が「東亜新秩序」を意味づけてみせたのは、近衛首相の声明からまる一年もすぎてからでした。すべてが後手に回っている。目的があって事が起こされるのが普通だろうに、事がだいぶん進んでから目的や意味が初めて付いてくる。奇妙な状況です。齋藤代議士には我慢がなりません。国家の意思がまっとうに定まっていないのではないか。国家の諸機構が十全に働いていないのではないか。戦争をするとは多分に主体的かつ能動的な行為のはずなのに、まるで偶発事に翻弄されているようだ。そうも感じさせます。

さらに言えば、ようやく後づけで拵えられた事変の目的や意味が観念的にすぎて分からないという一面もありました。齋藤は糾弾せざるをえません。「戦争の目的である所の東亜新秩序建設が、事変以来約一年半の後に於て初めて現はれ、更に一年の後に於て特に委員会までも設けて、其の原理、原則、精神的基礎を研究しなくてはならぬと云ふことは、私共に於てはどうも受取れないのであります」。

齋藤の質問演説は歓迎もされましたが、事変の意義に疑問を差し挟む不遜なパフォーマンスとして激しい非難も浴びました。二月三日、齋藤は民政党を離党します。それだけでは済まず、三月七日には衆議院から除名されてしまいました。一九四二年の総選挙で返り咲きますが。

ところで、常識的日本人を困惑させる「東亜新秩序」の説明語として、齋藤は「中々難かしくて分らない文句」を列挙していました。たとえば「皇道的至上命令」はカント哲学の術語である「至上命令」を想起させますが、含むところはそうややこしくはありません。「やむにやまれぬ大和魂」とでも言い換えられるのではないでしょうか。「王道」は儒教に由来する概念で、暴力的な「覇道」と対立し、徳をもって世を治める道を示しています。「八紘一宇」は田中智学《ちがく》の造語で、天皇の威光を世界に及ぼすことでしょう。では、「我が皇道の根本原則」とは「うしはく」でなく「しらす」だと「東亜新秩序答申案要旨」が謳う、その「しらす」と「うしはく」とは何を意味しているのでしょうか。

和辻哲郎の苛立ちと長谷川如是閑の達観

その話の前に、もうひとつ材料を出しておきましょう。
雑誌『日本評論』の一九四二年七月号は「支那事変五周年」の記念特集号にあてられました。そこに「新文化の創造」という座談会が掲載されています。出席者は次の六人。「大正デモクラシー」の旗手、長谷川如是閑《にょぜかん》。「大正教養主義」の生み出した一種の人文主義者、和辻哲郎。かつての唯物論研究会のメンバーで、この頃は日本に目を向けた科学技術史家・思想史家として新境地を開いていた三枝博音《さいぐさひろと》。日本主義的哲学者の佐藤信衛《のぶえ》。流行を追う俊敏さでは並ぶ者のない評論家、室伏高信《むろぶせこうしん》。日本史家の肥後和男。

一九四二年は英米との戦争が始まって二年目。一九四〇年の齋藤隆夫の演説のときの戦争目的は「東亜新秩序」の確立でしたが、それは「大東亜共栄圏」の建設へと、少なくとも言葉の構えはより大げさなものになっていました。

和辻哲郎　1943年、東大農園にて
和辻照『荷葉団々』（私家版）より

座談会は長谷川如是閑と和辻哲郎の対論がかなりの部分を占めます。他の四人はいささか影が薄い。大物の二人に気圧されてけっこう黙っています。

この日、和辻はかなり苛立っていたようです。もっとも、真珠湾攻撃やマレー沖海戦といった緒戦の空からの勝利に気をよくしている箇所もある。益子焼の陶工の技が西洋皿を作るときにも無意識のうちに生きるように、日本のパイロットは剣道の呼吸を飛行機の操縦に自ずと活かせるから優秀なのではないかと、とくとくと語ってもいます。

しかし、座談会に臨む和辻の基調はやはり怒りです。何に怒っているのか。戦時下の日本の実情にです。対英米戦という世界史的大戦争が始まって、国内では「挙国一致」の類いのスローガンだけは盛んに叫ばれている。けれども、実のところは政治も社会も経済も文化も細かく割れている

長谷川如是閑　1938年『長谷川如是閑選集　第三巻』(栗田出版会)より

ばかりだ。国家社会のあらゆる局面で縄張り争いが甚だしくなっているのではないか。団結し、強いリーダーシップにしたがい、一丸となり、総力を挙げて事に当たろうという姿勢がちっとも見えてこない。明確な展望もない。そのへんに我慢がならないようなのです。

その種の発言をいくつか拾ってみましょう。「日本の伝統は皇室を中心にして固まつて居る。それは意識されないでもその力が動いて居つた。これはさうに違ひないが、誠に有難い伝統だがそのほかに内輪喧嘩の伝統もあるのではないか。国外の敵を見ないで国内の敵だけを見て居る。さういふ伝統が、生きなくてもいゝ時に生きて居るといふことはいへないですか」。「新文化を創造する場合には、凡ゆる力が一つに固つて外に向つて戦ふといふ必要がある。国内の敵だけやつけるといふ態度ではなく、一緒になつてやらうといふ態度でなければならん」。「プライベート・ライフの一面だけが非常に細かく見られて、日本の国家全体を見渡すとか、広く世界全体を見渡すとか、東亜の運命を見るといふことがない。小さいところは細かく見て居るが、大局が見えな

い」。

こんな和辻を長谷川如是閑が次のように諫めます。

さういふ傾向は日本人の複雑性の一つで、これは外国人にもあるでせうが、つまり非常な多様多角的な国民性の現はれだ。私が伝統といふのはさういふものに拘はれないで、無意識的に強い力を以て一貫して行く性格、どんなものが出ようと、歴史はそれらを克服して一貫した性格を作つて行くといふことです。維新になつても攘夷説でやつて居た人もあるし、討幕ではなくて朝廷と幕府の並立を考へて居つた人もある。しかし伝統といふものは、日本の歴史を一貫性を以て貫いて行く。

如是閑は、本気で意見が一致してひとまとまりになり誰かの指導や何かの思想に熱烈に従うことは、いついかなるときでも、たとえ世界的大戦争に直面して総力を挙げなくてはならないときでも、日本の伝統にはないのだと主張します。

幕末維新は尊皇派も佐幕派も攘夷派も開国派も居たからこそ、かえってうまく運んだ。いろいろな意見を持つ人々が互いに議論したり様子を見合ったりして妥協点を探る。一枚岩になれない。常にぎくしゃくしながら進む。その結果、自ずとなるようになる。複雑で一致しない多くの力の総和や相乗や相殺として、常に日本の歴史は現前する。それをいけないとはあまり思わず、むしろよしとして放任するのが日本の伝統だ。無理に力ずくでまとめようとすればするほど、ひとつの主義主張で固めようとすればするほど、この国はうまく行かなくなる。てんでばらばらになりそうなところをみんなが我慢し、表向きは妥協しながら、けっこう勝手なことをしている。そのくらいで丁度いいのだ。和辻は間違っている。如是閑の意見はそんなところでしょう。

「しらす」と「うしはく」

実は和辻哲郎と長谷川如是閑の議論は、齋藤隆夫が難しくて分かりにくいと言った「しらす」と「うしはく」についての多少の説明になっています。

「しらす」も「うしはく」も古い大和言葉です。どちらも国を治めるといった意味合いで使われました。

まず「うしはく」に触れましょう。柳田國男の弟で元は海軍士官の松岡静雄が単独執筆した『新編日本古語辞典』（刀江書院、一九三七年）では、こう説明されています。「押領の意のオシと掃蕩の義のハキとの複合動詞で、本義は征略であるが、オシといふ語に重きを置いて支配または鎮座の意と了解せられるやうになつた」。

つまりは強権政治をぴったりと表す言葉でしょう。押して掃く。力ずくで従わせる。苛烈なリーダーシップで統率する。支配者が直截に意向を通す。あるいはみんながしっかり一色に染まって一元化する。そういう意味合いを帯びます。和辻哲郎が、大戦争に直面しながら統率が利かず一枚岩になれないこの国は何なのかと憤るとき、そこには「うしはく」への憧憬がちらついているでしょう。

でも古語としての「うしはく」の用例は決して豊富ではありません。より多く使われたのは「しらす」でした。

『日本書紀』では神武天皇を「始馭天下之天皇」、『古事記』では崇神天皇を「所知初国之御真木天皇」と呼称し、どちらも「はつくにしらすすめらみこと」と読ませるのが一般的です。このように天皇には「しらす」が付き物なのです。

はて「しらす」とはどんな含みを持つ言葉でしょうか。明治初期を代表する法制官僚で大久保利通や伊藤博文に近しく、ヨーロッパにも留学した井上毅《こわし》は、憲法発布の翌年になる一八九〇（明治二三）年に「古言」という文章を発表し、それはのちに改稿されて「言霊」と題され、遺稿集『梧陰存稿《ごいんそんこう》』に収録されました。井上はそこで「しらす」を「うしはく」と対比させながら、なかなか独創的に位置づけています。

> 偖《さて》御国にては古来此の国土人民を支配することの思想を何と称へたるか、古事記に健御雷神を下したまひて大国主神に問はしめられし条に汝之宇志波祁流葦原中国者我子之所知国言依賜（いましがうしはけるあしはらのなかつくにはあがみこのしらすくにぞとことよさしたまひき）とあり、うしはぐといひしらすといふ、この二つの詞そ、太古に人主の国土人民に対する働きを名けたるものなりき、さて一はうしはぐといひ他の一はしらすと称へたまひたるには二つの間に差めなくてやあるへき、大国主神には汝がうしはげると宣ひ、御子のためにはしらすと宣ひたるは、此の二つの詞の間に雲泥水火の意味の違ふことゝそ覚ゆる、うしはぐといふ詞は本居（宣長）

氏の解釈に従へば即ち領すといふことにして、欧羅巴人の「オキュパイド」と称へ、支那人の富有奄有と称へたる意義と全く同し、こは一の土豪の所作にして、土地人民を我か私産として取入れたる大国主神のしわざを画いたるなるへし、正統の皇孫として御国に照し臨み玉ふ大御業は、うしはぐにはあらすしてしらすと称へ給ひたり

日本ではもともと大国主神ら国津神たちが「うしはく」の政治を行っていた。力ずくで「オキュパイド」していた。それはよくない。高天原から天津神が地に降臨した。今後は「しらす」でやると言って国を譲ってもらった。以来、この国の正統な政治の仕方は「しらす」となった。井上はそのように説明しているのでしょう。

肝腎な「しらす」の定義はどうなるのでしょうか。井上は述べます。

国を知り国を知らすといへるは、各国に比較を取るへき詞なし、今国をしらすといふことを本語のまゝに意訳を用ゐすして支那の人西洋の人に聞かせたらは、其の意味を了解するに困むへし、そは支那の人西洋の人には国を知り国を知らすといふことの意想は固《もと》よりその脳髄の中に存せされはなり、知るといふことは今の人の普通に用ゐる詞の如く心にて物を知るの意にして、中の心と外の物との関係をあらはし、さて中の心は外の物に臨みて鏡の物を照すことく知り明むる意なり、西洋人の論理法に従ひて解釈するときは、知るとは主観様に無形の高尚なる性霊心識の働きをあらはしたるものにして、奄有といひ占領といひうしはくといへるは専ら客

観様に有形の物質上の関係をあらはしたるものなり

「しらす」は知らすである。上に立つ者がおのれを鏡として、下の者たちのありのままを映し出す。よく映し出すことがよく知ることである。下の全部が見えて全部を映せるのは上にある鏡だけ。知ることは上に立つ者の特権である。上に立つ者は知ったことを改めて下に知らす。それが日本の政治だ。「しらす」の政治だ。井上は次のようにまとめます。

支那欧羅巴にては一人の豪傑ありて起り、多くの土地を占領し、一の政府を立てゝ支配したる征服の結果といふを以て、国家の釈義となるべきも、御国の天日嗣の大御業の源は皇祖の御心の鏡もて天か下の民草をしろしめすといふ意義より成立たるものなり

上に立つ者の心はただひたすら鏡そのものでなければならない。上に立つ者は自らの考えを押しつけ押し通すべきではない。極端に言えば自らの考えは持たない。誰かの意見をことさらに取り上げて他を退けもしない。おのれをよく澄んだ鏡とするのみである。かといって、ありのままの全肯定では、単に混沌を招くだけで政治にならない。根回しも生ずるかもしれない。談合もあるかもしれない。とりあえず誰かに我慢して貰わねばならぬこともあるだろう。とにかくそのときそのときの妥協点を不断に見つけてゆく。井上の理解する「しらす」の政治はそのようなものかと思われます。

先に引いた一九四二年の座談会での長谷川如是閑の表現を借りれば「多様多角的」なさまざまな人の考えや行いをつとめてあるがまま認めつつ、破局を来さないように調整してゆく。あとは自ずとなるようになってゆくしかない。何しろ頂点に君臨するのはひとつの強固な意思ではなくいろいろな意思を映し出す鏡なのだ。その鏡に映ったものを仰ぎ見て知らされる。いつもさまざまなものが映っている。しかしそこに傾向というものがある。たくさん大きく映るものがある。それがそのときの日本の空気であり雰囲気であり、いちばん角の立たない落としどころである。そうやって進行するのが「しらす」の政治であり、日本人が古来認めてきた国土人民をとりまとめる唯一の正しい仕方ということになるのでしょう。

その仕方を自家薬籠中のものとしえたのが天皇である。ゆえに天皇と「しらす」は記紀でもしばしばセットで用いられる。天皇は「しらす」の政治に通じたがゆえに、日本は皇国としてまとまり、皇道を原則とするようになったのだ。そんな話にも及んでゆくでしょう。

「持たざる国」のファシズム

こうした井上毅の「しらす」の語釈がどこまで適当か、疑問の残るところではあります。けれど、井上が「うしはく」との対比の中で浮かび上がらせた「しらす」の思想は、近代日本に間違いなく大きな影響を及ぼしました。

なぜなら井上は学問や趣味として「しらす」や「うしはく」を研究していたわけではないからです。彼は法制官僚の中心に居ました。明治国家を法的にデザインする役目を果たしました。幾つもの法律を立案しました。明治憲法の起草者のひとりでもありました。そして井上による明治憲法草案の第一条は「日本帝国は万世一系の天皇のしらすところなり」でした。これが実際には「大日本帝国ハ万世一系ノ天皇之ヲ統治ス」となったのです。「統治ス」は「しらす」の漢語的表現というわけです。起草者の井上の心積もりを斟酌すれば明治憲法の「統治ス」は、天皇が主体的に権力を行使するのではなく「しらす」の意味合いで解釈されるべきでしょう。「うしはく」を如何に排除して「しらす」の国として近代日本を運営するか。西洋近代国家とひと味違った国づくりをしてみせるか。井上の関心はそのへんにあったのでしょう。

そのつもりで明治憲法とそれに付随する法体制を眺めると、憲法第一条に限らず明治憲法体制の全体に「しらす」の精神が行き渡っているようにも思われます。この国がどう転んでも「うしはく」の方向に流れないような仕掛けが施されているのです。端的には権力の分散化・多元化の工夫です。

モンテスキュー以来の西洋近代政治思想の王道に倣って立法と行政と司法の三権が分立させられていることは言うまでもありません。明治憲法体制はその先をもっと分立させるのです。

立法府は二院制で、貴族院と衆議院に分かれています。どちらが上位ということはありません。片方が可決した法案を片方が否決すれば即廃案になります。片方が可決した法案を片方が修正すれば両院協議会が開かれ、合意に達しなければこれまた廃案です。会期も短めに定められています。立法府が強力に機能しないようにという配慮が働いています。

行政府にはむろん内閣組織が置かれ、総理大臣が居ます。しかし権限が弱いのです。閣僚の調整役以上の役割はなかなか果たせません。そのうえ行政府には内閣と対等な組織として枢密院が存在しました。内閣の重要な判断を覆すことができます。行政府も二院制のようなものだったと考えてもよいかもしれません。

もちろん議院内閣制ではありませんから、議会政治家が内閣を組織する決まりもありません。大正中期の原敬内閣から昭和初期の犬養毅内閣まで政党内閣と呼ばれた時代がありましたが、それはそのときに与党が内閣を組織するのが日本をもっともまるく収める手段だという、言わば鏡に映った空気があったからで、政党が立法府と行政府にまたがることを明治憲法体制が推奨していたとは言いにくいでしょう。

それから軍隊です。帝国陸海軍は立法府にも行政府にも司法府にも属していません。別立てです。内閣も議会も軍に命令できません。逆もまた真で軍が政治に介入することは少なくとも法的にはできない建前です。

これだけまめまめしく分かれていると、仮にどの組織で幾らのしあがってみても、政治家や官僚や軍人の個人の権能はたかが知れたものです。日本を「うしはく」の国に変えようとしても、それだけの力が伴いません。

三権と軍の頂点にはただ天皇ひとりが居ます。だから天皇は上御《かみご》一人《いちにん》とも呼ばれました。天皇親政に乗り出して「うしはく」でやるつもりになれば出来なくはありません。けれど天皇は、伊藤博文や井上毅によって樹立された近代日本の宮廷政治の仕方をよく教え込まれています。あくまで「しらす」なのです。なるべく自分の意思は持たず示さず鏡に徹するように仕込まれています。明治天皇も大正天皇も昭和天皇も「しらす」という原則を一所懸命に遵守しようとしました。強い者が出ない。強権的リーダーシップをとらない。国を一枚岩でまとめようとしない。制度的にもそうできなくする仕掛けを施す。それでも強引に特定の理想を無理矢理通そうとする者がでれば皆で全力で排除する。多元的で民主的でそれなりに自由でなかなか結構ではないかとも言えます。

しかし「持たざる国」が国家の総力を挙げて大戦争を準備したり遂行したりしなければならないというとき、あるいは「持たざる国」が幾ら頑張っても「持てる国」に勝てはしないのだから絶対に自制して負けることのなさそうな限定的戦争以外はせぬようにしようというときには、明治憲法体制では困るとも言えます。国家社会全体を強く束ねる権力がなくてはうまく行かないのに、そういう権力は、クーデターや革命でも起こして憲法を停止するか、合法的に改正するかして作り直さなければ、この日本には生み出しえないわけですから。いわゆる強力政治は明治憲法体制を墨守するかぎりはほとんど不可能に近かったのです。

明治憲法のしくみは、天皇が大権を保持し、しかも天皇の統治行為は「しらす」でなくてはならず、下々は分権というわけですから、これでは論理上、誰もリーダーシップをとれないという結論になってしまいます。しかし、実際はそうではありませんでした。明治時代は元老政治だと歴史の教科書にも書いてある通りです。つまり明治維新の元勲、元老たちが居るというのがあくまで前提条件になっていて、維新の経過から見ても、彼らがリーダーシップをとるというのが政治の基本でした。そのうえで明治政府も明治憲法もできてくる。ところが維新の元勲とか元老は、内閣や議会や裁判所、三権のどこかに属するポジションではありません。憲法上の規定もない。それなのに力がある。要するに黒幕みたいなものですが、しかし元老たちは幕のうしろに隠れずに、日本の顔として表に出ていました。表舞台にいるのです。とはいえ法的には何者でもない。跡継ぎの決め方も、何人居ればいいかも、何も決まり事がない。ということは、跡目がどこかで絶えて、いずれは居なくなってしまうかもしれない。そういう人たちがリーダーシップをとってはじめて機能しえたのが明治のシステムだったのです。

このように、明治の政治システムはいわば超法規的な、異常なものでした。憲法の仕組みとその背景にある「しらす」の思想だけ見ると、誰も力を持てないかたちで出来ているけれども、実際は、誰も力を持てないシステムを作り出した維新の元勲、元老たちの手で回せるようになっている。でも、彼らの寿命が尽きたら、憲法だけ残ってあとは知らない、ということになる。事実、そうなってしまったのが、大正から昭和なのでしょう。このような流れを強調すれば、たとえば丸山眞男流の、日本の政治の無責任は古代以来の超歴史的なものだという見解には疑義が生じます。あるいは司馬遼太郎のように、明治まではよかったが日露戦争のあとの日本の政治家や軍人はヴィジョンもなく指導力もない者ばかり、と考えることもできなくはありませんが、しかし実はいちばん悪いのは明治のシステム設計だったとも言えるのです。明治がいちばん悪く、そのつけを後世が高く支払わされた。そう考えてもいい。その高いつけが、「皇道派」と「統制派」双方の総力戦思想の行き詰まりにも、如実に見て取れるのではないでしょうか。

陸軍の荒木貞夫や小畑敏四郎《おばたとしろう》は「装備劣悪な敵」との短期戦争のほかは決してやらないように

しようと願いましたが挫折しました。石原莞爾《かんじ》は日本を「持てる国」にするまで大戦争には参加させないと決意し行動しましたが、そうはなりませんでした。近衛文麿首相や米内光政首相は「支那事変」の戦争目的も見通しも明察しえずに齋藤隆夫代議士に軽蔑されました。荒木や小畑や石原や近衛や米内の器量が不足していたせいとも言えます。が、明治憲法体制が、軍なら軍、内閣なら内閣、議会なら議会の、強力な意思や明確なヴィジョンの展開・実現を阻む構造を有していたことも見過ごされてはならないでしょう。天皇中心の「しらす」政治の永続を願った明治憲法体制は、第一次世界大戦後の総力戦時代に日本がなおも世界の列強として振る舞い生き残ろうとしたとき、とてつもない桎梏となってのしかかったのです。和辻哲郎の戦時の苛立ちも結局そこから生じていました。

大正から昭和の危機と総力戦と新世界秩序模索時代にあたって、日本でも、世の中を理性で制御していって、デモクラシーの立場をとる人でも軍国主義の立場をとる人でも、強力な政治主体を確立して国力を最大限に動員したいということでは、よほどの反戦平和主義者を除いて思いはひとつだったでしょう。それでその先どうなったかというと、一九四五年以降の戦後的通念では、軍ファシズムが勝ち残って、暴走し、軍部独裁になっていったという話になっています。しかし今まで述べてきましたように、軍が独裁したいとしても、それは明治憲法下ではありえない事態でした。

東条英機内閣がつぶれていく経緯にも、明治憲法の桎梏が認められます。東条英機は首相、陸軍大臣、参謀総長等を兼ねて、「日本のヒトラー」と揶揄されました。でもそれは結局、制度を変えられないのであれば、ひとり何役もするしかないという、東条なりに明治憲法を尊重して国体を護持しつつ総力戦として「大東亜戦争」を勝ち抜こうとしたときの、苦渋の選択だったのです。制度的に統合できずいくつにも分権されているのであれば、同じ人間があちこちの上に立つしかない。慣例としてはないことだけれども、法的にはありうる。

軍の統帥権は内閣から独立している。作戦の指導と政治の指導が分離していて、お互いが何も知らなくても法的にはかえってそれがノーマルで、しかも意思の疎通をする連絡機関すらまともにはない。それが日本のシステムです。そんなふうではどうしようもない。内閣と大本営のトップが席を同じくする最高戦争指導会議もただ情報交換をするだけで、しかも常時おこなわれるわけでもない。そうすれば当然ながら、大本営がやっていることと、閣議がやっていることが全く一致しないこともありうる。それでは戦争ができないと、東条英機も総理大臣になって悟りました。ではどうしたらよいかと慌てて考えて、ひとり何役というのをはじめたわけです。

そのとき、強力政治を推進したい立場の人は、東条のような、もともと思想の不徹底な人物がにわかに何役も兼ねても所詮戦争指導はできないから駄目だといって、東条つぶしをやります。「しらす」を擁護する側は、みんながそれぞれ与えられた狭い職分のなかでやるしかないということですから、ひとり何役もやろうとするのは日本人としてあるまじきことだと、反東条になります。そこで、ひとり何役の東条がなんと言われて攻撃されたか。ファッショです。「東条ファッショ政権打倒」が合言葉になりました。

結局、ファシズム的に統合しようとしたらファッショはだめだということで、みんなに攻撃されるというのが第二次世界大戦中の日本の現実だったわけです。そこでなんとか東条は反対派を弾圧しようと、憲兵などを使って中野正剛等々を潰し、それがまた独裁者東条のイメージ作りに貢献しました。しかし事のありようはすこし違うのではないでしょうか。東条が独裁して勝手なことをしたというより、むしろ独裁したくても日本ではしようがないので困り果てた。そこで、せめて兼職でなんとかしようと思った。けれど、職域のしきりが高くてなかなか上手く行かない。おまけに東条独裁反対の声が上がる。それに対して、言論統制や思想統制くらいは法的にもやりやすかったから、反対派を黙らせることはできた。このような統制・弾圧の歴史的事実をもってして、東条独裁だった、日本はファシズムだったという通念が、戦後の日本に根付いていったように思われます。しかし、ファシズムが資本主義体制における一元的な全体主義のひとつの形態だとすれば、強力政治や総力戦・総動員体制がそれなりに完成してこそ日本がファシズム化したと言えるわけでしょうが、実態はそうでもなかった。むしろ戦時期の日本はファシズム化に失敗したというべきでしょう。日本ファシズムとは、結局のところ、実は未完のファシズムの謂であるとも考えられるのではないでしょうか。

第八章　「持たざる国」が「持てる国」に勝つ方法——中柴末純の日本的総力戦思想

『闘戦経』と『戦陣訓』

闘争・支配・自治・同化・カルマ・帰嚮

神島二郎という政治学者が居ました。丸山眞男の弟子です。生まれは一九一八（大正七）年。第二次世界大戦では陸軍士官としてフィリピンに出征し、捕虜生活を経て復員。「物量において負けると分かっている戦争をなぜしたのであろうか」。いったい日本人の精神構造はどうなっているのか。そんな問題意識を抱えて学問をはじめました。そのためには日本をよく知らねばならない。社会科学のやり方だけでは飽き足らず、柳田國男の民俗学にも傾倒しました。

一九七八（昭和五三）年のことです。神島はＮＨＫのテレビ番組『市民大学講座』で「政治を見る目」と題した連続講義を半年間、行いました。原稿に起こされ、翌年には本になり、番組時とは用字が変わり『政治をみる眼』（日本放送出版協会）と名づけられました。「物量において負けると分かっている」云々は、この本の序文の一節です。

『政治をみる眼』で神島は、自身の学問を決算するかのような大きな理論的枠組みを提示しています。世界中の政治のありようは、六つの政治原理によって、古代から現代までいつでもどこでも説明可能だというのです。六つとは、闘争、支配、自治、同化、カルマ、帰嚮《ききょう》です。

「闘争の政治原理」とは、むろん相争うこと。なるほど、政治は常に揉め事を含むでしょう。政党同士、国同士、相容れない思想を持つ者同士、経済的利害の対立する者同士……。多種多様な争い事が今も世界の政治の構成要素のかなりを占めています。突き詰めれば戦争や殺し合いになります。「支配の政治原理」は、上の者が下の者を力ずくで従えるかたち。「自治の政治原理」は、政治社会の成員が上も下もなく、みな対等に政治に参加して円満な秩序を守れるときに成立します。理想としての直接民主主義がその究極的な具現でしょう。

「同化の政治原理」は中華思想をモデルに考案されました。自らの持てる文明や文化や富を見せびらかす。周りの者は怖じ気づき「参りました」とシャッポを脱いでしまう。無条件で尊敬する。一所懸命に真似したがる。力ずくで押さえつけずとも、上下関係に基づく政治的秩序が自ずと成立する。周りの者が中心の者に憧れて同化したがるので、同化の原理というわけです。古代の日本が中国から法制度や漢字を導入したことなどを思い出して貰えればよいでしょう。

「カルマの政治原理」は、因縁とか事の自ずからのなりゆきとかに従って、世の中が進んでいるようにしか思われないときに成立します。古代インド思想から案出されました。カルマは業《ごう》の意。不条理なようですが、誰もそうしたくないのにそうなることが、政治や社会や経済の歴史にはまことに多い。カルマというと、古代的で秘教的でオカルト的に感じられるかもしれないけれど、むしろ超近代的な概念なのかもしれません。文明が進んで複雑になればなるほど、たとえどんな強者の意思もどこかで必ず歪められ、そのままの形では反映されなくなる。読みきれないことばかりが起きるようになる。そういう状態は、古風な言い回しを用いれば、業や因縁としか表しえないでしょう。

「帰嚮の政治原理」は、いわゆる日本的政治の話です。当世風に言い換えれば「空気を読む」ことで成り立つ政治世界です。誰も表立ってはっきりとは言わない。でも腹の底には何かある。それを察する。落とし所をつかまえる。最大多数が響き合えるところで手を打つ。そういうことです。

神島二郎は、これら六つの政治原理をあくまで一種の理念型と考えました。現実にはそれぞれが単独で純粋に現れることは滅多にありません。「闘争の政治原理」が一途に世界を支配したら、人類が血で血を洗って絶滅するまで相争うことになってしまう。それでは大変です。「帰嚮の政治原理」が日本政治をしばしば特徴づけるとしても、実際に日本の政治が空気を読むばかりで成り立っているはずはない。六つの政治原理の組み合わせなのです。そのブレンドの度合いの違いが、各国の各時代の政治のありようを別《わ》けているというのが、神島の見解でしょう。

たとえば、今日の日本の政治権力には自衛隊や警察といった武力・強制力が備わっている。いざというとき国家はそれらのいわゆる暴力装置を用いて、反対者や革命勢力を排除できる。「支配の政治原理」の生々しいかたちです。民主主義的な選挙によって代表が選ばれ、国民がその代表に政治的権利を信託し納得しているとすれば、「自治の政治原理」(純粋には直接民主主義)が間接民主主義に変形して働いていることにもなるでしょう。争い事も絶えないから「闘争の政治原理」もある。地方が中央に憧れ、富の分け前を貰おうとして政治や社会が動くことも多い。これは「同化の政治原理」でしょう。誰がそうしたかったわけでもなく結果することもたくさんある。

福島で原発事故を起こしたかった人間はどこにも居ないでしょうが、それは現に起きて日本の進路に深甚な影響を及ぼしている。政治を揺り動かしてやまない。「カルマの政治原理」の発動ではありますまいか。このように六つ全部が機能している。そうみなせるわけです。

外国も同じでしょう。「空気を読む」というと、いかにも日本的なように思われますが、雰囲気を察しながら事を荒立てずに結論を導こうとするのは、決して日本だけの習慣ではありません。そういう要素は多かれ少なかれどこにでもある。「帰嚮の政治原理」でさえ世界に遍在します。いわんや他の五つにおいてをや。

支配の決め手は暴力にあり

政治学者が壮大な原理を打ち立てようという話です。原理はきちんと詰められなくてはいけません。六つの政治原理についてはもっと詳細な説明があります。神島は各々の原理を次の七つの指標から具体的に特徴づけようとしました。

①その原理を成り立たせる決め手となる観念は何か。
②その原理の下にどんな構造がたちあらわれるのか。
③その原理はどんなタイプの組織を伴うのか。
④その原理の貫く世界に異議申し立てをする運動はどんな形態になるか。
⑤その原理の貫く世界をすっかり変えるような事態が起きるとすれば、どんなかたちをとるか。

⑥その原理の貫く世界において最も尊重される価値は何か。
⑦その原理の貫く世界に参加する条件は何か。

たとえば「支配の政治原理」の内容を、この七つの指標から詳《つまび》らかにしてみましょう。

①の決め手になるのは暴力だと、神島は言います。暴力の多寡で支配・被支配の関係が決まる。力の最も強い者が他を従える。そんな力の理屈だけが一貫するとき「支配の政治原理」は純粋に出現します。

②の構造は支配服従型。力の強い者が弱い者を下位に置き、上下関係に基づく秩序が出来上がる。それこそが「支配の政治原理」の求める構造でしょう。

③の組織はというと、命令によってのみ機能する組織になります。力ずくの上下関係の世界。そこでは上の者が下の者に対して一方的に命令して動くことになるでしょう。

④の運動の形態は抵抗だと言われます。「支配の政治原理」に貫かれた世界の秩序に何らかの異議申し立てをするためには、目には目を、力には力を。下の者が上の者に対して暴力を辞さない。暴力を背景にして上の者に文句を言う。「支配の政治原理」の徹底した世界では力だけが価値を持つのだから、そこで行われる運動も力を行使するほかに手立てがありません。

⑤の変革の方法は暴力革命です。物理的な力しか通らない世界だというのですから、変革も暴力に頼り、④の抵抗の論理を激しく突き詰めてゆくしかないでしょう。

⑥の尊重される価値は正義。神島はそう述べます。腕力だけの世界だというのに、大切なのが

正義だなんて奇妙な感じもします。しかし無論、ここで神島の言う正義とは、倫理や宗教の問題ではありません。別次元の正義です。力は正義なり。そういうことです。力の強い方が正しい。誰がなんと言おうと正しい。道理は力に付いてくる。みながそう認めることによって、力の強い者が上に立つのがあたりまえという「支配の政治原理」が正当化されるのです。

⑦の参加条件は区別を認めて従うこと。自分と相手のどちらが上なのか下なのか。力の強いのはどちらなのか。常に判断し、自他を区別してゆくことを求められます。支配者と被支配者は明確に異なる。決して同列ではない。そう強く意識し続けなかったら「支配の政治原理」に基づく世界では生きられないでしょう。

闘争の決め手は真鋭にあり

では「闘争の政治原理」についてはどうなりましょうか。とにかく闘い続ける。極限的な戦争状態を想定するというこの政治原理は、七つの指標からいかに意味づけられるのでしょうか。ゆえあって①は後回しにします。

②から行きましょう。闘争を作り出す構造は、敵と味方の対になるかたち。敵味方が向き合う構造というか状況がないと、そもそも闘争は発生しないでしょう。

③の闘争を支える組織のキイワードは、意外にも治。きちんと闘争するためには、敵味方各々の組織はよく統制されていなければなりません。敵味方が激しく闘う前提は、敵味方の組織が静謐なまでによく治まっていることなのです。だから治の一字に極まるのだと、神島は論じます。

④の異議申し立てはどうなるでしょうか。「闘争の政治原理」に貫かれた世界にいちゃもんをつける。そういう運動をする。敵と味方が全力を尽くして闘えないようにする。③の治の反対です。乱の一字です。敵味方それぞれの結束を崩せば、闘いはうまく運ばなくなる。敵と味方がしっかりとやりあえなくするためには、敵か味方のそれぞれの内部で反乱や不服従を起こせばよい。そう、神島は考えます。

次に⑤。「闘争の政治原理」が純粋に永続している世界を想定すると、そこで何か状況を著しく変える事態がありうるとすれば、役者の交替でしょう。敵か味方のどちらかが滅んでしまう。次の敵か味方があらわれてくる。また闘争が続いてゆく。滅びる者があり、興る者がある。敵味方の興亡が闘争の政治世界の眺めを更新してゆくのだと、神島は述べます。

⑥の、闘争の政治世界で第一義的に追求される価値とは何になるでしょうか。生命です。ただし、生命尊重の思想とは関係ありません。ひたすら闘争していれば、敵も味方もどんどん死んでしまいます。それを是としなければ「闘争の政治原理」は純粋には起動しません。生命尊重のかけらもありません。万人の命が大切だということではありません。生きている者だけが死ぬまで闘える。だから命は尊い。その意味においてだけ、生命が讃えられる。それだけの話です。

⑦の、闘争の政治世界に参加するための条件は、自らを物と認めること。いくさのための駒になる。兵隊になる。敵にせよ味方にせよ、各自は集団部品になる。それで悔いなしと思う。その心なくしては、こんな過酷な世界には耐えられません。人間が物となる。この発想には、神島自身の戦争体験も反映しているのでしょう。

ここで先に触れずに通った①に戻りましょう。「闘争の政治原理」を屹立させるための決め手となる観念。いったい何でしょうか。もちろん、いついかなるときでもひたすらに闘争することです。そうでなくては「闘争の政治原理」になりません。

ところが、そうした意味を的確にあらわす言葉がなかなか見つからないのです。なぜなら、一般に闘争とは、勝ち負けの予測を伴いながら起こされることだからです。勝ち目のない闘争にひたはしるとすれば、相当に自暴自棄です。また闘争とは、何らかの目的を達成するための手段として行われるのが普通だからです。

勝ち負けの予測は、互いの所有する暴力装置の多寡から推し量ることができます。だから闘う前にやめてしまったりもします。闘いはじめても、弱い暴力は強い暴力を前に不利を認め、白旗を掲げて、支配・被支配の上下関係が出来上がって終わるというのが通例でしょう。また、闘争の原因となった目的が達成されたり、あるいは達成できないことが明らかになれば、敵も味方も闘い続ける理由はなくなるでしょう。いずれにせよ、どこかで終わるのが自然なのです。

しかし「闘争の政治原理」を純粋に際立たせようとするとき、その闘争は、敵味方の事前の戦力比較で勝ち負けは明らかだからやらないとか、やってみたけれど大勢は既に決したからここでやめようとか、目的は達したからもう続けなくてよいといった理屈に従属しては困るのです。いついかなる場合でも、どんな条件のもとでも、命あるかぎりただ一途に、やる気まんまんで永遠に闘い続けるのが「闘争の政治原理」だというのですから。

ここで念のために繰り返しますと、神島は六つの政治原理をあくまで複雑極まる人間社会の政治の歴史を説明するための道具立てとして考案しました。理念型です。現実は六つの合わせ技でしか説明できません。どれかひとつの原理そのままの世界があったら、かなりおかしい。六つの政治原理のそれぞれは現実ばなれしているのです。けれど、六つの政治原理を特徴づける七つの指標のそれぞれにはまる言葉は、説明をもっともらしくするためにも、既に現実の歴史の中で使われた用語から、どうしても見つけ出したいところでした。しかし「闘争の政治原理」の決め手の部分にピタリとはまる観念は、なかなか発見されない。いかなる合理的判断も何もなしに、命あるかぎりひたすら闘うだけだなんてめちゃくちゃなことを、いったいどこの誰が考えついて言葉にしたというのでしょうか。

でも、神島二郎はついに見つけたのです。「真鋭」という言葉を。新鋭でも真影でもありません。真に鋭い。「真鋭」で間違いありません。日本生まれの漢語のようです。平安時代に成立したと伝えられる兵学の書に載っていました。『闘戦経』という本です。

倭の教は真鋭を説く

笹森順造という人が居ました。一八八六(明治一九)年、青森の弘前生まれ。幼い頃から小野派一刀流の剣法を学び、のちには津軽系小野派一刀流の宗家に。弘前はキリスト教のさかんな土地柄で、笹森も少年時代、プロテスタントへ入信し、早稲田大学に進んで剣道部の主将。渡米してデンヴァー大学大学院に入り、哲学博士号を取得。アメリカに剣道をひろめ、また南カリフォルニアの日本人会の指導者となって排日運動に抵抗。一九二二(大正一一)年には、故郷弘前に戻ってプロテスタント系の私立学校、東奥義塾の塾長に。第二次世界大戦期には東京の青山学院の院長も務め、戦後は三木武夫率いる国民協同党の代議士となって、片山哲内閣には国務大臣として入閣。その後、改進党を経て、自由民主党の結党に参加。一九六八（昭和四三）年まで国会議員生活を続けました。逝ったのは一九七六年。武芸者で教育家で政治家というわけです。

その笹森が大正年間のある日、広島の江田島の海軍兵学校を訪れ、図書館で一冊の写本に目をとめました。表紙には『闘戦経』とあります。そんな兵学書があったろうか。聞いたことがない。武芸者としての笹森は驚きました。実際『闘戦経』の写本は海軍兵学校のそれが日本に現存する唯一のものだったのです。この事実をもって笹森を『闘戦経』の発見者と呼ぶこともあります。しかし、彼がこの書物を世に広めたというわけではありません。笹森はそれから長いこと『闘戦経』の研究に励みましたが、実際に著書『闘戦経釈義』を「一刀流極意」刊行会から出版したのは、やっと晩年期の一九七三（昭和四八）年のことでした。

『闘戦経』が少なくとも一部の識者に知られるようになったのは、一九三四（昭和九）年に海軍兵学校自らが翻刻し出版してからでしょう。写本に付された序文には『闘戦経』の作者は大江維《これ》時《とき》とも大江匡房《まさふさ》とも伝えられるとあります。大江維時（八八八〜九六三）は公卿にして大学者。醍醐天皇や村上天皇に仕え、中納言にまで昇りました。大江匡房（一〇四一〜一一一一）は公卿にして歌人。その歌は『後拾遺和歌集』などにとられています。白河天皇の側近で、権中納言になりました。

維時か匡房かで成立年代はかなり違ってきます。しかし、いずれにせよ序文が真実を伝えているなら平安時代の日本人の手になる兵学書になります。その分野の本として極めて古いものです。もっとも、ずっと後代に出来上がった可能性もあります。海軍兵学校は翻刻本に付けた解題に作者も年代も不明と記しています。

そういう由緒のよく分からない本ではあるのですが、それが注目されたのは内容が面白いからです。古代中国の兵法を批判し、日本人の戦闘精神の特殊性を言い立てようとして躍起になっているところがあります。神島二郎が「闘争の政治原理」の決め手の箇所に持ってきた「真鋭」なる独特な用語は、全五三章中、第八章に登場します。ここもまた中国への対抗意識の濃厚なくだりです。笹森順造による読み下し文を引きましょう。

漢《から》の文は詭《き》譎《けつ》有り。倭《やまと》の教は真鋭を説く。詭なるかな詭や。鋭なるかな鋭や。狐を以て狗を捕へんか、狗を以て狐を捕へんか。

これで全部です。はて、何を意味しているのか。『政治をみる眼』における神島二郎の解釈を嚙み砕いて紹介してみましょう。

「漢の文は詭譎有り」というのは古代中国の兵法が概して理屈や計略に頼っていることへの批判です。暴力・戦闘力の多寡で勝敗は基本的には決まる。寡兵でも知恵を絞り作戦を工夫すれば多兵を破れないことはない。けれど限度がある。兵力差が大きすぎて勝負にならないときは闘うべきではない。そういう論法ばかりなのが中国の兵学だといって馬鹿にします。

もちろん日本人は違うのです。「倭の教は真鋭を説く」。真の闘争はいついかなるときでも、たとえ一対千でも、行われなくてはならない。やるといったらやるのだ。日本人の戦闘精神の真髄は古来「真鋭」という言葉に示されてきた。「真鋭」とは「真に鋭い」から転じて「いついかなるときでも鋭い刀で相手を斬りにゆく」という思想と実践を含意している。勝ち負けの合理的予測とは関係なく、死ぬまでひたすら闘うのが「真鋭」であるというのです。

続く「狐を以て狗を捕へんか、狗を以て狐を捕へんか」の狐は計略本位の兵法、狗は犬で直情径行な戦闘精神を意味します。あくまで犬で行くのが日本人のやり方だと宣言して、章は結ばれています。

この神島の解釈が正しいとすれば、たしかに「真鋭」ほど「闘争の政治原理」を純粋に成り立たしめる決め手となる言葉もないでしょう。兵の多寡を計って闘争をやめてしまうようであれば、それはすぐ「支配の政治原理」の世界へと転化してしまう。どんな条件にも左右されずにずっと闘い続けるという思想が世界を貫通していないと「闘争の政治原理」の世界は成り立たない。純粋な戦争状態の原理と言い換えてもよい。その原理を見事に「真鋭」という言葉が引き受けてくれます。「真鋭」という決め手をみなが完全に受け入れ、それにのみ支配されるということになったら、そのとき「闘争の政治原理」が純粋定立されるのです。勝ち目があろうとなかろうと関係なく、みなが死ぬまで闘い続けるのです。

はて、それは、神島二郎の政治原理の理念型の中にだけ存在する話なのでしょうか。あるいは平安時代の兵学書の一節にのみあらわれる風変わりな思想なのでしょうか。決してそうではありません。「真鋭」は日中戦争から第二次世界大戦にかけて、日本の思想家軍人たちの注目するところになりました。神島の、原文の簡潔さを思えばかなりの深読みを交えているようでもある『闘戦経』解釈も、戦時期にみられた『闘戦経』の受け取り方にかなり影響されているのかとも感じられます。

「物量において負けると分かっている戦争をなぜしたのであろうか」。冒頭に引用した神島の問いへの答えの一端も、実は「真鋭」にあるといってよいでしょう。「物量において負ける」とすれば物量以外の面で嵩上げするしかない。それは戦闘精神だ。精神力だ。神がかりの精神主義者と言われた小畑敏四郎《おばたとしろう》ら「皇道派」の将軍たちでも、近代戦における軍人兵士の精神力が総戦闘能力に上積みできる分量はそれほどでもないと計算していました。ところが、精神力による嵩上げ分を無限に膨らませられるはずだという、ある種の狂気を孕んだ信仰に傾く人々も現れました。『闘戦経』信者と呼んでも差し支えないでしょう。彼らは「物量において負けると分かっている戦争」の経過において大きな影響力を発揮してゆきました。

その代表格のひとりが、日露戦争にも従軍した陸軍少将で、東条英機のブレーンでもあったと伝えられる中柴末純《すえずみ》です。「生きて虜囚の辱《はずかしめ》を受けず」の一節で有名な『戦陣訓』の作者のひとりとも言われています。

天津の秋山大佐と中柴中尉

日本陸軍の歴史の中で最も神がかった精神主義を唱えたのは誰か。日米戦争時代の日本人の死生観に最も深い影響を及ぼした思想家的軍人は誰か。中柴末純だと思います。専門家にさえなじみの薄い名前かもしれませんが、彼の名はたとえば、司馬遼太郎の『坂の上の雲』にもちらりと現われます。

一九六八（昭和四三）年は「明治百年」でした。明治を振り返る芝居や映画や放送番組がこの国を席巻しました。NHKの大河ドラマは司馬遼太郎原作の『竜馬がゆく』でした。坂本龍馬が主役の幕末物です。産経新聞でも明治物の連載小説を載せることになりました。始まったのは産経新聞のOBでもある司馬の『坂の上の雲』。いずれも伊予の松山出身の三人、すなわち秋山好《よし》古《ふる》と真之《さねゆき》の兄弟、および正岡子規を主人公格にして、明治初頭から日露戦争までを描く大作です。

兄の秋山好古は陸軍軍人。騎兵でした。最後は陸軍大将に上り詰めました。弟の秋山真之は海軍軍人。最後は海軍中将。兄弟ともに日露戦争の英雄です。正岡子規はというとむろん近代俳句の祖。小説の連載は一九七二年まで続きました。

中柴末純が登場するのは「列強」という章。文春文庫版だと第二巻の終わり近くです。時は日清戦争が終わって六年後で、日露戦争の始まる三年前。北清事変の収まった一九〇一（明治三四）年のこと。秋山好古大佐は清国駐屯軍の指揮官に任じられます。北清事変のあと、つまり清国を浸蝕する外国勢力に対して「扶清滅洋」を旗印に立ち向かった義和団が潰滅させられたのち、清国は外国軍隊の北京周辺への駐留を認めざるをえなくなりました。日本軍の司令部が置かれたのは天津《てんしん》。秋山が行ってみると天津の日本租界の景観がすこぶる宜しくない。司馬の文章を引けば「貧弱な日本風家屋や商店、事務所のようなものが建ちならんでいるが、道幅もせまく、ぜんたいが猥雑で、欧州人の目からみればスラムのような風景であろう」。

しかも日本租界は低地にあって水溜まりもできやすく衛生環境は芳しくない。下水道もありません。隣接するイギリス租界やフランス租界では「石造や木造の大厦《たいか》高楼《こうろう》がならび、道路はレンガ舗装され、街路樹が風にそよ」いでいるというのに。天津領事の伊集院彦吉は甚だ面白くない。文明の程度の差を見せつけられている感がある。秋山に愚痴をこぼします。司馬の小説にしたがえば、そこで秋山は日本租界の改修を伊集院に進言する。「道路をひろげるのである。ひろげるだけでなくカマボコ型につくって排水をよくし、道のまわりに陽よけの街路樹をうえれば、わずかでも街としてみられるであろう」。しかし伊集院領事は予算がないからと渋る。秋山はすかさず応じます。

「いや、いいです。ちかく私の隷下《れいか》に工兵が一個小隊入ります。工兵にやらせれば、まあただです。日本人は、金よりも体をつかってなんとかやってゆく以外にありません」

この秋山の台詞「金よりも体をつかってなんとかやってゆく以外にありません」に、中柴末純の未来のものの考え方が予言されているようなところもあります。司馬はそういうつもりで書いたのではなかったのかもしれませんが。いや、まだ中柴が出てきていませんでした。先をさらに引きましょう。


数日して、工兵小隊がやってきた。小隊長は中柴末純中尉である。

かれらは、広島からきた。天津に上陸し、白河《はっか》のほとりで露営し、小隊長の中柴中尉のみが好古に申告すべく司令部をめざした。(中略)

「工兵中尉中柴末純ただいま到着いたしました」

と、中柴は赤い絨緞《じゅうたん》の上で直立不動の姿勢をとった。騎兵長靴がゆっくりと立ちあがったとき、中柴は一瞬、迷った。西洋人の将校かとおもった。が、将校はすぐ、

「私が秋山じゃが」

と、のんきそうな声を出した。


要するに秋山好古の外観が日本人離れした格好よさだったということです。司馬はその話がしたくて一介の工兵将校、中柴を登場させたのかもしれません。

だけれども本章の主役は秋山好古ではなく、むろん中柴の方です。もしかして彼の肩書きに驚かれた方もあるのではないでしょうか。秋山に呼ばれて天津の司令部にやってきた中柴。日本陸軍の約四分の三世紀に及ぶ歴史の中でも、とびきりファナティックで非合理的な思想の持ち主と、

後年目されるようになる人物が、なんと工兵だったというのですから。

工兵は工事をする役目。仕事には計算や製図等が欠かせません。砲兵と並んで科学的で合理的な兵隊と言われています。事実、中柴は秋山から図面を受け取ると、すぐ仕事にかかって、天津の日本租界を秋山の要求通りに見事に改修してみせました。カマボコ型で水はけのよい道路を作り、イギリス租界やフランス租界に負けない街路樹を並べてみせたのです。

そんな中柴がなぜ極端な精神主義者として名を馳せるようになったのか。合理主義者が転向して非合理主義者になったというより、合理主義者だからこそ極端な精神主義者にならざるをえなかった。そういう一種逆説的な筋道があったように思われます。

精神力を無限大に評価する

中柴末純は一八七三（明治六）年二月三日、信州の松本に生まれました。最初の著書『昭和の新理想と世界美化』（宝文館、一九二七年）の前書きから引けば「少壮にして、学に志せしと雖《いえども》。人生の支障多き、未だ其素志を遂ぐるを得ずして、早く已に行路の難きを味ふに到れり。然れども後機縁あり幸にして、帝国陸軍に編入せられ。畏くも　天皇陛下の股肱たる恩命を拝受しぬ」。

彼は陸軍士官学校の八期生です。これまでしばしば登場してきた小畑敏四郎や永田鉄山《てつざん》や石原莞爾《かんじ》よりも十幾つかは年上。荒木貞夫よりも陸軍士官学校では一期先輩。同期には、石原莞爾らに担がれて首相になった林銑十郎や、陸軍教育総監在職中に二・二六事件で暗殺された渡辺錠太郎が居ます。

中柴は日清戦争に従軍しました。『坂の上の雲』で触れられていたように、日清・日露の戦間期には部隊を率いて大陸に駐留しました。日露戦争にも参加しました。「持たざる国」の日本が「持てる国」のロシアに対してぎりぎりの戦いをする。そうなったら「金よりも体をつかってなんとかやってゆく以外に」ない。中柴は土木工事の肉体労働を指揮する工兵隊長として、そのことを身を以て知りました。大正時代にはシベリア出兵にも従いました。また、第一次世界大戦の研究家としても陸軍部内で知られていました。彼の大戦についての著述は、煩雑なまでに数字や図表を並べ立て、その戦争が如何に近代的な物量戦であり参戦国が国富を蕩尽しきらねばならなかったかを説明してくれます。そして、たとえば『戦争哲学　戦より平和へ』（偕行社、一九二八年）という著書では、大戦の性格が次のように総括されます。

> 世界大戦は（中略）現時代の特質を備ふるものなりき。そこで主なる交戦列国は何れも国家総動員を敢行した。
>
> 即ち原料、材料、燃料、成品並工業を統制し、食糧農産をも統制按配して、全産業を、国家の一貫せる意思の下に活動せしめ。以て外は巨大の軍需に応じ、内は国民の生活を保障し。水陸の交通も、亦大部、政府司掌の下に運営し。国民の配置、職業分配をも、之を戦争遂行に尤も有効なる如く規正し。財政、金融、教育、社会施設等亦戦時の要求に適合する如く其態様を変へ。工芸科学の如きに至りても、斉しく戦争に最大の寄与を為さしむる如く、之を統制し。情報宣伝事業亦一途に之統一実行したのであつた。一言にして之を蔽へば、全国家社会を挙げ

て、（中略）之を組織統合運用し、以て軍の需用を充たすと共に、国家の生存国民の生活を確保することに、最善の方途を悉したのである。

教科書か事典かというくらいによく出来た総力戦の解説です。しかも中柴は、この理想としての総力戦・国家総動員戦の概念が、大戦中の欧州諸国の現実においては、しばしば絵に描いた餅に過ぎなかったことへの言及も忘れません。

あれ程大規模に且深刻な動員を行ほふとは、素より何国も予想して居なかつたので、事前の準備は、実施に対比して、九牛の一毛と謂はんか、否寧《むし》ろ皆無と謂ふ方が、適当な位である。従つて各国に於ける総動員の実施は、一事毎に、必要に迫られては、逐次応急的に行はれ、前後施設の重複、扞格、各方面事業の不統一、或は措置の不徹底、不適当と云つたやうな事は、到底之を免れ得なかつたのであつた。為に経費に於ても、労力に於ても、将た又時に於ても、無駄が多く、戦争力の発揮は不十分勝ちで、遅延もし、而かも不経済で、尚又戦後の復興の容易と云ふ点などを、考ふる余地は甚だ尠《すくな》かつたのである。

以上世界戦に於ける苦い経験は、列強をして、現代の国防施設に於て、国家総動員準備計画の必須不可欠なるを痛感せしめ。さてこそ、何れの国も、戦後復興に多忙を極めて居る時から、夙《はや》く既に此準備計画に着手する事となつたのである。

まったくもって客観的で的を射ているでしょう。第一次世界大戦は国家総動員の概念を明らかにした。しかしそれはまだ序の口だった。試行錯誤に満ちたものだった。本当の総動員による総力戦は次の世界大戦でなされるだろう。そのために列強は準備に怠りない。本書第一章で見たように、日本は第一次世界大戦ではやや外れた場所に居て高みの見物を決め込めたけれど、しかし次の大戦争には本格的な参戦を強いられるかもしれない。ならばどうするのか。

素直に考えれば、日本も米英等の列強なみに国家総動員の準備をすることになるでしょう。だが「持たざる国」と「持てる国」の如何ともしがたい懸隔がある。頭ではそうするのがいいと分かっても体が付いていかない。「持たざる国」がどんなに背伸びしても急に「持てる国」になれるわけがない。これは第一次世界大戦後の日本にあって、軍人たちがくりかえし直面してきたジレンマでした。

そこで荒木貞夫や小畑敏四郎のような「皇道派」の軍人は、劣った物質力を強烈な精神力で多少なりとも補って、それでやっと日本の勝てそうな相手とだけ、なるべく短期で決着する戦争をすればいい、それ以外は負けるからやれないと、思い詰めてゆきました。対して石原莞爾は、国家何十年かの計で日満経済ブロックか何かに閉じこもり、どんなに挑発されようが大戦争には踏み込まず「持てる国」になるまで待って、そこで初めて石原の考える最大の仮想敵国、アメリカに挑戦するという、遠大な計画を抱きました。

しかし中柴からすれば彼らのヴィジョンはいずれも無意味なのです。前章で述べたように、大日本帝国の政治の仕組みでは軍が内政も外交も主導できないのですから。しかも戦争は相手のあること。仮に日本が避けようとしても向こうが仕掛けるかもしれません。とにかくいつ誰と戦争をするかを軍人が決められるはずはないのです。小畑も石原も不可能事を可能事と信じて頭を一杯にしている。身の程知らずの愚か者だ。なぜなら政治に容喙《ようかい》するとは、天皇大権を干犯し、国体を破壊し、軍人の本分を滅却することになるのだから。そんなことは断じてあってはならない。軍人が思念し考慮し準備しておくべきなのは、いつ如何なる相手とでも戦って勝てるようにすることのみだ。中柴は天皇の股肱の臣としてそのようにしか考えられませんでした。

ところが中柴は合理的に計算のできる工兵でもありました。勝敗があくまで物質力で決まるとすれば、日本が「持てる国」と戦う場合、やる前から負けと答えは出る。しかも第一次世界大戦後の世界史の趨勢は、いちおう列強のはしくれである日本とその他の列強との衝突を充分に予測させる。それなのに「持てる国」には勝てないというなら、もはや日本の軍隊に存在意義はない。はて、困りました。この袋小路において打開策を求めれば無形戦力に頼るしかない。「持たざる国」で物資が足りないとすれば無形戦力で補う。相場はそうと決まっています。そして無形戦力の最大のものは精神力だ。そこまでは「皇道派」と同じです。しかし中柴はその先が違いました。小畑のように戦争の相手を限定しようとしない。限定するとはつまり交戦相手を決めるのだから政治に踏み込む。軍人には許されない。ならば「持たざる国」がどの「持てる国」と戦っても精神力によって勝ててしまえることにしよう。本当に勝てるかはともかく、表向きはそうしなければならない。でなければ、第二次世界大戦準備時代に生きる大日本帝国軍人の本分をまっとうできない。中柴の合理主義はそのように突き詰められていってしまったのです。

吉田静致　吉田静致『倫理学上より観たる日本精神』（東洋図書株式合資会社）より

かくして中柴は精神力の値打ちを幾らでも大きく、ほとんど無限大に評価できるような戦争哲学の構築を夢見るようになりました。そのためには勉強です。彼はもともと学問に興味がありました。けれど恐らく経済的事情がそれを許さず、軍人にならざるをえませんでした。それから幾星霜。軍人の本分に従うために学問すべき立場に追い込まれました。自らの人生に不思議な巡りあわせを感じたかもしれません。

多と一、あるいは日本国民と天皇

一九二三（大正一二）年、中柴は少将に進級したあと、九月一日に予備役へと編入されました。奇しくも関東大震災の日です。ときに五〇歳。翌一九二四年から大学に通い始めました。東京帝国大学文学部の聴講生になったのです。指導を仰いだのは倫理学担当の教授、吉田静致《せいち》でした。筧《かけい》克彦や紀平正美《きひらただよし》にも学びました。ちなみに昭和に入って吉田のポストの後を襲うのは和辻哲郎です。吉田と中柴には深い縁がありました。のちに吉田が中柴の著書『昭和の新理想と世界美化』に寄せた序文にこうあります。

私が本書の著者と青雲の志を談り合つた始まりは今より凡《およ》そ四十年前のことである。私等は当時松本中学に蛍雪の労を共にしたもので爾来親交を重ねて今日に至つて居る。（中略）著者が陸軍少将としての現役の地位を退かれるや子女教育の手前爺親が遊んで居るのは宜しくないからとて東京帝国大学文学部に聴講生として入学され著者から見れば子供のやうな若き学生の間に伍して研鑽を重ねられ其間倫理学に関する私の講義をも聴かれて既に三年以上に及んで居る。著者が子女教育の手前云々と言はれたのは為す所なくして日を送る者に対する頂門の一針とも見るべき誠に味のある言葉であるが、実は謙遜の言葉であつて、著者には既に現役を退かるる前から多年の研究と体験とに基きて人の道、日本人の道、随て皇国の道、やがて其中心生命たる帝王の道につきて悟入する所あつたのでそれを学者の所説に照らして更に究明する所あらんとして帝国大学の門を出入さるるに至つたのである。

中柴と吉田静致は中学の友人だったのです。そして中柴は無形戦力としての精神力を、悪く言えば夜郎自大化させるための論理の組み立てを既にそれなりに考えていて、そのうえで友人吉田の門を敲《たた》いたとも分かります。中柴の回想的文章を読むと第一次世界大戦中からその方向での思索を始めていたようです。『昭和の新理想と世界美化』にもこうあります。

軍務奉職中余の特に切要を感じ。爾来之が研究を以て自己の生命となす迄に到りしものは、「長者たるの道」に就きての研究なり。殊に斯道に関し、実際攻究の機会を得しは、主として隊附勤務間、就中《なかんずく》大正四年より同九年に至る迄五年間、軍隊統率の職務に従事せし期間なりとす。

大正四年とは第一次世界大戦が始まった翌年です。大戦が日本の物質力ではまともに参加のかなわない物量戦と観念されはじめた段階で、中柴は早くも精神力に唯一の希望の灯を見出だしはじめたのでしょう。先取りして言えば『『長者たるの道』に就きての研究」とは、天皇を統帥者と仰ぐ日本の軍隊だけが発揮できるであろう特別な精神力についての研究のことなのです。ところで先に引いた、吉田による序文の続きには、中柴への影響について触れた箇所があります。

（中柴は）私の主張する特殊即普遍主義に対して共鳴を感ぜられ平素の所信を深からしむるに至れりなどと言はれたことも屢々であつた。私も亦論議紛々たる学問の分野に於て著者の如き味方を得たことに多大の歓喜を感ずるものである。人生に於ける特殊相は実は特殊化されたる普遍であるのに其普遍の大生命を見ずして単なる特殊としてのみ之を見る謬りたる特殊主義か然らずば具体的なる特殊の意義を没却して空漠なる普遍のみを抽象的に立せんとする謬りたる普遍主義かその孰れかに堕して居るのが実に現代社会の通弊である。

東京帝国大学に講座を持ち、当時の日本を代表する倫理学者であった吉田が「特殊即普遍主義」の立場を取り、中柴が吉田に学ぶより前の「平素の所信」ゆえにそれに大いに共感していたと述べられています。

はて、「特殊即普遍主義」とは何でしょうか。吉田がさかんに唱えて大正時代の倫理学に大いに流行した「同円異中心主義」のことかと思われます。なかなか奇妙で七面倒くさく、語呂も必ずしも良くはない術語ですが、言いたいことはそうややこしくはありません。むしろかなり単純です。吉田の雑誌論文等を集めた『現代と精神生活』（中文館書店、一九二五年）という書物に「我が国体と同円異中心主義」なる講演の速記録が収められていて、「同円異中心主義」をかみ砕いて説明しているので、それを基に整理してみましょう。まず「異中心」についての吉田の言葉を聞きます。

中心点の方から言へば、己れのもの、他人のもの、甲のもの、乙のものといふ区別は何処までも合一の出来ないものである。或学者は感情の生活を挙げて来て其適例として説いて居る。即ち己れの感情は己れだけに直接に主観的に現はれて来るもので、如何なる他人にも決して現はれ来るものでない。又他人の感情は矢張その他人にのみ直接に主観的に現はれるので、是は我には現はれて来ない、其点から言へば各の者に夫々《それぞれ》其人だけのものとして現はれて来るのであるといふことが言へる。

吉田の言う「中心点」とはそれぞれの人間の生活世界での座標のようなものでしょう。当たり前ですが、ひとりひとりは違う場所に住んでいる。愛欲でも出世欲でも金銭欲でも各々が特殊な対象や目標を抱いている。まったく同じ人生を送る者など、ドッペルゲンガーでも実在しない限りは居ない。その意味で世界中の人間は別々の「中心点」を有している。だから「異中心」なのです。ところが「異中心」に座して生きているつもりの特殊個人の感情なり論理なりの中身を見つめれば、その内容の本質は千差万別ということはありえない。論理的精神の発露の仕方であろうと恋愛感情の爆発であろうとパターンは決まっている。そこには普遍的な相が現われてくるのです。

中心点の方面に執着して居るときには直観さるゝものは自我のみであつて、他我は直観されない即ち他我の存在を認むることは直観に依るのでないといふことが言へるのであります。けれども、同円的方面を考へる即ち内容の方面を考へるといふと其の実は、identical なものであると云ふのが同円異中心主義の結論でありますから、さうなつて来るといふと、己れが直観されたと云ふならば其己れと同一体である所の他我も直観された（中略）、総ての精神生活が直観されたと云ふ結論が出て来なければならないのであります。

人間は個々に特殊な存在である。居る場所も誕生日時も知り合う相手も社会内のポジションも違う。個人は独自の存在だ。ゆえに「異中心」だ。重なり合うことは絶対にない。しかし、人間が考え思う事柄の内容の質を掘り下げて、個々人を特殊に見せる肉の部分を取り除き、骨格だけ眺めてみれば、結局は同じかたちをしている。「異中心」だけれどもずらしてみると重なる。その同じかたちのことを吉田は「同円」と呼んでいる。絶対に重ならなかったはずのものが重なってしまう。西田幾多郎の哲学が最後に辿り着いた「絶対矛盾的自己同一」の世界を思い出させるもするでしょう。
しかも吉田は倫理学者なのです。さらに言うと個人主義的倫理学者ではなく、家族主義的にして国家主義的な、よく親和した家族の延長線上にある美しき家族国家の実現を理想とする倫理学者なのです。人間を特殊的存在たる面から観察すれば「異中心」だけれども普遍的存在たる面から把握すれば「同円」であると、静態的に観察しているのではない。人間の本質は特殊よりも普遍にある。「異中心」よりも「同円」の方が尊い。価値の上下がしっかりついている。そのうえ人間の普遍的性格は性善説からとらえられている。倫理道徳に目覚めて人格を高めれば、心の奥底に素晴らしき普遍の高みがどんどん見えてくる。人間から夾雑物を取り除き劣悪な性質を捨て去ってゆけば、誰しもが金太郎飴のようなそっくりさんの立派な人格者として完成しうる。そう考える。「同円異中心主義」は「多即一主義」、「多」が「一」に収斂してゆく思想に極まってゆかねばならないと吉田は述べます。

吾々個々の人格と云ふものは互に離在的なる単なる個々の実在ではなくして普遍を生命として初めて存在の意味を有つて居るところの特殊体である。其本質は普遍である、無限絶対其ものである。それであるから多元論の認むるやうな意味での勝手気儘の自由を其処に認めないのである。勝手気儘な自由は決して認めないけれども、一元論の如くに、各自から超絶的に離在せる所の唯一実在たる一元に依つて悉く支配されて居ると云ふやうな意味で、全然自由を滅却するやうな有様のものとも見ないのでありまして、有限の我即ち無限、特殊の我即ち普遍、個々の「多」が即ち其本質に於て「一」であると見るのであり、特殊の境遇に於て自己を実現して居る「一」が即ち各自の人格であると考へ、其の「一」的本質を遺憾なく立派に発揚することが各自の自由であり、「一」の発動としての個体の活動と云ふ意味に於ての自由を認めるのである。（中略）さう云ふ意味の自由と云ふことになれば是れは決して多元論から生じ来るやうな不調和、不統一と云ふことにはならないのである。何故ならば、identical な「一」的本質其ものから来る真の面目を現すと云ふことが多くの個々人の真の自由であるから、其多くの人々即ち「多」が本当に自由を発揮すればする程本来同一なる本質其ものが現れるといふ意味になるのであつて益々統一といふことに傾いて来るのは無論のことであります。

「多」が「一」へと収斂してゆく。「一」は最高の倫理道徳の充溢した人間の本質である。「多」が自らの根本にある「一」を掘り下げていって自己を錬磨し、少しでも「一」そのものに近づいてゆく。そうするとみんなに同じ「一」の性質が体現されてきて、どんどん似た人間になってくる。世界が一様に統べられてくる。でも個々人は特殊な存在であることをついに捨て去れはしないから、「多」が「一」に吸収されきることはない。これは無限運動なのです。この永久に未完成な倫理道徳の運動が不断に生き生きと行われ続けることが国家社会生活の理想である。そうなれば「一元的なる所謂《いわゆる》独裁的な専制主義的な政治の下に各自の人格的自由が奪はれてしまふと云ふ様な生活にも堕落せず、又乱雑なるモッブの世界となるといふやうな統一なき無茶苦茶な勝手気儘な自由と云ふことにも陥らない」。道徳的な「一」に目覚めることが人間の自由であり、自由になればなるほどそっくりさんになるから、自由の進展は国家社会に分裂ではなく統合をもたらす。「自由即ち統一、其間に何等矛盾のない円満な生活が実現される」からめでたしめでたし。吉田の倫理学はそこに帰結します。

ところで吉田のこの講演は「我が国体と同円異中心主義」と題されていました。「同円異中心主義」は日本の国柄とどういう関係にあるのでしょうか。かなり簡単な仕掛けです。「一」と「多」にそれぞれ「天皇」と「国民」を代入するだけの話なのです。吉田はかく語ります。

例へば上杉（慎吉）博士の如くに吾々国民から超越せる所のものとして外的に吾々に向つて現はれ来るものとして、陛下の大権を観ないのであります。吾々国民と陛下とは同心一体なるものであるといふ気分の上に生活し、陛下の御命令といふものも実は吾々各自の衷心の要求と其本質に於て別のものでないとして之を遵奉し、之を実行することに於て真の自己発揮を完うして居るのだといふやうに解釈するのであります。（中略）又美濃部（達吉）博士のやうに、天皇は国家の機関であるといふやうにも解釈しないのであります。精神生活として君と国とは全く一致合体して居るのである。何処までも君国一体であるのである。

諸個人の本質は「一」にある。日本人の場合、「一」は天皇とダブる。すると天皇の意思は自らの本質の声ということになる。このような「国体論」をも含み込む吉田の「同円異中心主義」は、たとえば筧克彦の所説とかなり似ていますし、中柴の思想と重なります。もともと考えていることが似ていたのでしょうし、中柴が吉田の論理構成を頂いたところもあるのでしょう。以上の吉田の所説を飲み込めば中柴の戦争哲学の根本は分かったも同然です。

しかしなぜこんな話から「持たざる国」が「持てる国」に精神力で勝ちうるという論理が導き出されうるのでしょうか。鬼面人を驚かすアクロバティックな展開が、この先に当然ながらなくてはなりません。中柴はそれを用意したのです。キイワードは戦意でしょう。物質的に見れば戦う前から勝利の約束されたも同然な「持てる国」でも軍隊や国民の戦意が沮喪すれば戦争を続けられません。つまり「持たざる国」でも「持てる国」の相手を怖じけづかせられれば勝ち目も出てくる。中柴はそのためには、なんと、日本人がどんどん積極的に死んでみせればよいのだと考えました。日本国民という「多」にとって天皇が「一」ならば、天皇が自らの本質なのですから、天皇さえ生きていれば個々の日本人が幾ら死んでも自らの本質は生き残っていることになるので、自分が死ぬか生きるかはどうでもよくなる。天皇が「死ね」と言えば、それをおのれの意思として死ぬのです。ここに生まれる死生観が日本人の精神力を世界でも類例なきものにします。少なくとも中柴はそういうロジックを押し通しました。「玉砕」や「天皇陛下万歳」を叫んでの「バンザイ突撃」や『闘戦経』の「真鋭」や『戦陣訓』の「生きて虜囚の辱を受けず」といった言葉がそれこそ総動員されました。

国民みんなが喜んで死ぬ。そんな国があってよいものか。しかし、これで「持てる国」も怖じけづく。「持たざる国」にも勝ち目が出る。「金よりも体をつかってなんとかやってゆく」態度が、中柴によって究極的に推し進められたのです。

一九四一年の死生観

まこととまごころ

『戦陣訓』ほど、日米戦争期に日本陸軍の将兵のみならず広く日本国民を呪縛したテキストはありますまい。一九四一（昭和一六）年一月八日付ですから対米開戦のちょうど一一か月前、第二次近衛文麿内閣の陸軍大臣、東条英機の名により出されました。

『戦陣訓』というくらいですから別に軍法ではありません。あくまで陸軍大臣が全陸軍将兵に対して下した訓示です。軍人としての心得の条が並べられています。しかしそれは単なる訓示を超えた重みを増してゆきました。軍内での『戦陣訓』教育は徹底して行われ、国民一般にもさかんに紹介されました。戦争末期には「一億玉砕」が全国家的に叫ばれるようになりましたが、その精神的準備は『戦陣訓』によってなされたと言っても大袈裟ではないでしょう。

『戦陣訓』の「本訓」は三部に分かれ、第一部は七つ、第二部は一〇、第三部は二つのそれぞれ短い章で出来ています。うち、とりわけ有名なのは第二部の第八章「名を惜しむ」。そこには「生きて虜囚の辱を受けず、死して罪禍の汚名を残すこと勿《なか》れ」とあります。

戦場で劣勢に追い込まれる。所属部隊が全滅同然の情況に至る。そうなったら降伏し捕虜になっても少しも恥ずべきことではない。戦争の一般常識です。ところが『戦陣訓』は常識に逆らいました。絶対に捕虜になるな。どんなに不利でも死ぬまで戦え。そう教えたのです。

第八章「名を惜しむ」の前の第七章「死生観」にはこうあります。「生死を超越し一意任務の完遂に邁進すべし。身心一切の力を尽くし、従容として悠久の大義に生くることを悦びとすべし」。「悠久の大義に生くる」とは「悠久の大義に死ぬ」こととここでは同じでしょう。死ぬと生きるは通常は反対語ですが『戦陣訓』では同義語になっている。肉体は死しても魂はたとえば靖国神社で生き続けることになっていますから、生死の積極的区別は意味をなさなくなるとも言える。まさに生死一如。『戦陣訓』は「生死を超越」した哲学によって作文されているわけです。

あるいは第一部第六章の「攻撃精神」。「攻撃に方《あた》りては果断積極機先を制し、剛毅不屈、敵を粉砕せずんば止まざるべし。防禦又克《よ》く攻勢の鋭気を包蔵し、必ず主動の地位を確保せよ。陣地は死すとも敵に委すること勿れ」。荒木貞夫、小畑敏四郎、鈴木率道《よりみち》ら「皇道派」陸軍軍人による、一九二八年の改訂版『統帥綱領』等での攻撃精神の徹底的高唱を受け継ぐ内容ですが、ここにもわざわざ「死」という言葉が用いられています。

仮に劣勢だろうが死ぬまで攻撃し続けろ。そう断言している。勝敗に関係なく降伏せずに死ぬまで闘う。それでももし負けてしまったら結果は全員戦死、すなわち玉砕だ。そういう意味で『戦陣訓』の思想は本土決戦と「一億玉砕」にまっすぐ繋がってゆくでしょう。

日清・日露の両戦役をじかに知る陸軍工兵少将、中柴末純は、日米戦争時代、この『戦陣訓』を解説する老翁として世に知られました。東条英機首相のブレーンのひとりとも呼ばれ、「一億玉砕」の哲学を司った軍人思想家でした。戦争に行く兵隊に「死を恐れずに闘ってこい」と説くのは、どこの国でも当たり前です。しかし玉砕が素晴らしい、ついには国民みんなが死ね、となってくると話の程度が違ってきます。中柴は程度の違う話、並外れた死の物語に賭けた男でした。彼ほど死を積極的に賛美しようと粉骨砕身した人物も珍しい。

はて、中柴はどのような理路で玉砕を正当化し称揚したのでしょうか。吉田静致の「同円異中心主義」との関連は先に見ましたが、ここでは中柴の思想世界そのものにもう少し立ち入ってみましょう。

一九二三（大正一二）年に予備役に編入された中柴は、先述のように翌年から東京帝国大学文学部の聴講生となり、一九二七年に初の著書『昭和の新理想と世界美化』を世に問います。これに『戦争哲学　戦より平和へ』（一九二八年）や『まこととまごころ』（一九三二年）が続きます。だいたいこの時期までに中柴の思想の基本型は出尽くしているように思われます。その後、敗戦間際まで積み重ねられる執筆活動は、『まこととまごころ』までの著作の内容の反復、増幅、焼き直しととらえられるでしょう。

中柴末純の主著

それらには吉田静致の倫理学、あるいは筧克彦の憲法学というか天皇論や紀平正美の哲学、さらに西晋一郎や田中智学《ちがく》や里見岸雄などの考え方の混淆が認められます。そして中柴の数多い著書のあちこちに現れて、彼の思想的営為を牽引する術語となれば「まこと」と「まごころ」でしょう。そのことは、満洲事変の翌年に刊行された『まこととまごころ』という主著の題名に、端的に象徴されています。

「まこと」や「まごころ」と聞くと、なかなかヒューマニスティックにも思え、死を高唱するのとは次元の違う世界も想像されます。が、中柴の思想世界では「まこと」も「まごころ」も「悠久の大義」に「生きる＝死ぬ」ための起動力や回路として結局は機能させられる概念なのです。

まず中柴の言う「まこと」とは何でしょうか。彼は、さすが機械と縁の深い工兵出身だけあって、自動車が好きだったようです。『まこととまごころ』では自動車のたとえで「まこと」を説明しています。

（「まこと」を）自動車に看《み》よう。自動車は近世科学の所産にして、世を益すること甚大なるも、而かも観る者によりては之に対する考が種〻になる。譬へば、台湾の生蕃が始めてそを見たる時、這《これ》は一種の怪物にして、前部の燈火は爛〻たる其眼目なりとも想像す可く、我国に於ても曾て余が明治四十一年初めて軍用の研究用自動車二台を運行して東京青森間を往復せし時、岩手県某山地に於ては、岡蒸気が山より飛び出し来れりとて大騒ぎせしこともある。

この台湾の「生蕃」や東北の田舎の人々が自動車の「まこと」を摑んでいることになるのか。もちろんそうではありません。中柴は更にいろいろな人の目に映るであろう自動車の姿を列挙します。一生、車に乗れそうもない極貧者はそれを妬み恨むだろう。駆け抜ける自動車のはねた泥で運悪く晴れ着を汚された子女はそれを呪うだろう。自動車を所有する紳士淑女はそれを誇るだろう。飛行士は自動車をのろくて馬鹿げた乗り物と蔑むかもしれない。

しかし彼らはいずれも「まこと」を見ていない。各人の特殊な境遇に由来する偏狭な価値観によって自動車の中の特殊な側面をあげつらっているだけだ。すると自動車の「まこと」はどのようにして見つけられるのか。中柴は続けます。

（自動車は）人世発達の道程に於て、人間の要求上案出せられたる産物にして、その中には開闢以来今日まで集積せられたる人智の凡てを包容し、又其原動力の根源をなす燃料は太古時代に於ける地球の変動期に埋蔵せられたる静的「エネルギー」が時と所とを得て其力を発揮せるものであり、至極便利ではあるが、段々其数が増大すると、目下米国に於て見る如く、之を近距離に用ゆることが却て苦痛の種になる如き状勢に立ち到らざるを保し難かるべく、又よく考ふると一自動車の運行も是宇宙に於ける事物運動の一種にして、直接間接に宇宙の進展に対し、参与するものたりとの結論にも到達す可く、斯く見ると、単に一自動車の運行にしても、之を究め極むるとき、そは実に宇宙的に運行せられ宇宙と関聯しあることが発見せられ、之等大小種々雑多の見方を尽く包容し綜合する所に自動車の真諦が存す（後略）

自動車の中に「まこと」を見つけるとは自動車という特殊で限定された存在の中に普遍を見出だすことだと、中柴は言うのです。どんな個物もどんな特殊も大宇宙のありようと繋がり、大宇宙の真理を体現している。そこまで徹見すると「まこと」に至るのです。

この論理は、中柴の友人かつ恩師の吉田静致が展開した「特殊即普遍主義」「同円異中心主義」「多即一主義」を思わせます。前節に触れた通り吉田はこう考えました。個々人とは、それぞれの肉体や人生に限定されたどこまでも特殊な存在だ。各々が独自の中心を持ち、一つとして他と同じものではありえない。その意味で多である。けれども個々人は、性質の面でも能力の面でも特殊を超えた一なるものを抱えている。だからこそ相互了解し、相和し、ついには精神に於いて一体化することさえ可能になる。しかもその一なるものは単に多に共有されるニュートラルな性質を指すのではない。一なるものとはあくまで普遍であり、その場合の普遍とは普遍者の普遍、つまり神的な領域と想定されています。真を極め善を極め美を極めるのが、吉田の言う普遍や同円や一なるものなのです。中柴は、吉田が普遍や同円や一と呼び習わしたものを「まこと」と名づけたと考えてよいでしょう。

「皇」という字は「白い王」と書く

しかし、それだけなら誰でも思いつきそうな話です。中柴が辿り着きたい先は、日本人は戦争で積極的にみんな死のうという哲学なのです。そのためには、吉田静致が論じた以上に「まこと」に天皇が組み合わされ、さらに戦闘精神というか戦争の哲学が加味されねばなりません。

そこで中柴が始めるのは、大和言葉のいささか怪しげな語義論です。「まこと」は「真言」にも「誠」にも通じる。「誠」の字は「言」と「成」の組み合わせだから、言を成すのが「誠」である。言葉が成るとは真の言に至るとの意だろうから結局「誠」と「真言」とは同義だろう。「まこと」は真実や普遍の大和言葉流の表現にほかならない。そう中柴は述べます。

次に彼は「まこと」にとても近しい大和言葉として「みこと」に注目します。「みこと」は「御言」に通じるでしょうが、中柴は「御言」を「真言」の強勢表現と見なします。「まこと」の中の「まこと」が「みこと」だと言うのです。そして「みこと」は「命」でもある。ヤマトタケルノミコトのように人間存在への尊称としても「みこと」は用いられる。「まこと」の中の「まこと」である「みこと」が人間そのものを表す言葉を兼ねている。命ある人間とは究極の「まこと」を追い求めるもの。日本人が古来そう感じてきた事実が証明されている。中柴は『まことまごころ』で「国民の一人残らずが、本質に於ては皆『みこと』なりと信じて居」るのが日本人だと述べています。そんな民族が日本人の他にあるだろうか。やはり世界に冠たる民族ではなかろうか。

ここまで来れば「まこと」はついに天皇と連結されるでしょう。「みこと」に「すめら」を付ければ天皇を意味する「すめらみこと」になるのですから。中柴は『新興日本の国防（陸軍篇）』（日本青年館、一九三六年）にこう記します。

我が国に於ては古来《むかしから》、天皇を『すめらみこと』と讃へ奉つて居る。この『すめら』は善く美しき最高絶対の意、『みこと』は『まこと』の包蔵者にして、真の人格者を云ふものなるが故に、『すめらみこと』とは、『すめらまこと』即ち真善美愛の充実せる敬愛すべき最高至尊の御

方の意味にして、即ち典型的人格であるとも云へるし、又この意味で、人格《ひと》を超越し給ふ神格《かみ》を意味することにもなる（後略）

「真善美愛の充実」などという表現が唐突に現れてきますけれど、その用語法には、中柴が東京帝国大学に学んでいた頃合いが、カント哲学や新カント派の価値哲学の流行期と重なっていたことの反映があると考えてよいでしょう。

　カントの『純粋理性批判』は純粋理性による真理の探究を、『実践理性批判』は実践理性による善の探究を、『判断力批判』は判断力による美の探究を、それぞれ扱っていると言えます。また新カント派の中でも西南ドイツ学派は人間の営為を一元的な総体としてではなく諸領域に分割し、各々の中に最高の価値を設定して並べてみせることにやたらと熱心でした。たとえばリッケルトは一九二一年の『哲学体系』で、人間の営為を非社会的側面と社会的側面に分割し、前者には真理に価値を求める論理学や、美に価値を求める芸術や、聖に価値を求める神秘主義などを、後者には善に価値を求める倫理学や、幸福に価値を求める愛の領域などを充てました。その種の哲学に馴染むとすぐに真善美愛などと並べたくなります。

　五〇代になってから帝大の門を敲いた、遅れてきた学生の中柴は、学問的にはそんな時代の、より具体的に言えば大正教養主義の子なのでした。真善美愛といった新カント派風の用語を「まこと」と「みこと」に接続し、そこから「すめらみこと」に運んで行って、教養主義的内面生活を国家主義的外面生活へとひっくり返してしまったわけです。

中柴の論理はまだまだ展開してゆきます。「まこと」の最上級的表現とされる「みこと」の最高体現者としての「すめらみこと」に、なぜ天皇という漢字が充てられるのか。中柴はこう主張します。「皇」という字は「白」と「王」に分解できる。つまり白い王が天皇である。では、白い王とは何か。『新興日本の国防（陸軍篇）』での解説を引きましょう。

『皇』は白王《はくおう》にして、白《はく》は、あらゆる色を綜合した、尤も純粋無垢のものなるが故に、『皇』とは、毫厘《すこし》の私も無い、清浄純白の王と云ふ意味になる。

もしも天皇が白くなかったらどうなるのでしょうか。天皇が体現する「すめらみこと」という名の至上の「まこと」、最高の真善美愛が、具体的に赤とか青とか紫とか黄とか色が定まって内容の判然としているものとしましょう。そういう「すめらみこと」をモデルと仰いでただちに模倣できるとすれば、日本人の「まこと」を追い求めるドラマもたちまち大団円を迎えて終わってしまうのではないでしょうか。

それでは困ると中柴は考えます。なぜなら「まこと」を求める人間の心、すなわち「まごころ」は無限に開展するからです。人間は自由だ。果てしなく「まこと」を求める。「まこと」に終わりはない。「まこと」の向こうにはいつも新たな「まこと」がある。「まこと」は日々に新たなり。とすれば「すめらみこと」は最高の「まこと」の完成型を提示する存在であってはならない。色が付いて固まってしまってはならない。清浄無垢の純白であるのがいちばんである。人々の「まごころ」を最高の「まこと」に向けて不断に感化し高めてゆく導きの杖か触媒。そのようなものとして働き続けるのが天皇でなくては、無限に発展し続ける日本のイメージは担保できないのです。

中柴は天皇の理想的ありようについて『新興日本の国防（陸軍篇）』で一つの大和言葉を持ち出します。井上毅《こわし》が「うしはく」と対比させながら論じた、あの「しらす」です。

> 天皇治国《せいじ》の要道《かなめ》たる『しらす』の政治の本義《いみ》（中略）とは君臣上下の残らず全部が、融会《とけあわ》して一体《ひとつ》となり、互に知り合ひ了解するといふ意味であり、而も、その了解し知り合ふに当りては、己を虚《から》にし、何等の捉はれる所もなく、神的《かみのやう》なる真澄《ますみ》の状態《ありさま》にあらねばならぬ。

天皇はおのれを空っぽにして全国民の「まこと」を求める「まごころ」を引き受ける。真澄の鏡にならねばならない。そういう話です。「まこと」を求める「まごころ」を鏡のように映すだけの空っぽの存在では導きの杖にならないのではないか。すべてを取り込んで宥和させる調整装置以上の役割を果たせないのではないか。そんな気もします。が、中柴の所説ではそうはなりません。真澄の鏡は何しろよく輝くのです。国民の「まこと」を求めてやまない熱い「まごころ」が真澄の鏡によって明るく反射させられれば、そこで増幅されて照り返す光が国民の「まごころ」を導く杖になる。「三種の神器」に鏡が入っているのは伊達ではない。天皇が真澄の鏡であれば、天皇自らは何も具体的に考えず何も指し示さずとも、鏡としてあるだけで、さらなる「まごころ」を喚起し、より深い「まこと」へ誘う誘導役が務まる。そういう論理です。
また中柴は同じく天皇の理想像について『まこととまごころ』では、こう記しています。

君主の心は、大なる普遍我たらねばならず、国民全部の心を以て其真髄と為さねばならぬ。随て勿論、私心を包蔵す可らず、否な苟も自己の地位を自覚する真君主ならんか、其念頭に浮ぶものは造次にも顚沛にも「全一」にして、私心の擡頭する余地無かる可きこと、言ふ迄もない。

ここに説かれているのは、真澄の鏡としての空っぽの天皇ではなくて、すべての国民の「まごころ」を引き受けて背負い続ける天皇の姿です。鏡になって照らし返すだけではない。国民全部の「まごころ」と合一するということです。吉田静致が「多即一主義」を天皇と結びつけた思想展開について先に触れましたが、それを思い出して重ねてみてもよいでしょう。人間の素晴らしき本質は「まこと」を求める「まごころ」にある。自らの生命を「みこと」と言い表してきた日本人にはすべて「まごころ」がある。その「まごころ」は「すめらみこと」の心と一体化して、個々人が死んでしまおうが、天皇の存在する限り生き続ける。死して「悠久の大義に生くる」という文句もこの論理に基礎づけられるのです。
だが果たして天皇は本当にそんな大役を担えるのでしょうか。全国民の「まごころ」を引き受け、国民ひとりひとりの死後もそれぞれの「まごころ」を伝え続けるなどという魔法が使える神様が日本にずっと居るのだと、常人が信じられるものでしょうか。

中柴本人さえ本気だったかは疑わしいと思います。なぜなら彼は、神とは先験的に存在するものではなく、人間が神を信じるときその心の中に初めて神が生じるのだと、あちこちで繰り返し述べているのですから。そのくらい醒めた人なのです。中柴は森鷗外の「かのやうに」のようなつもりになった。神話と承知でみんなが「まこと」と「まごころ」の物語を「本当であるかのやうに」受け入れてくれれば、命を惜しまぬ日本人がたくさん出来て「持たざる国」が「持てる国」と少しは戦いやすくなるかもしれないと思った。「持たざる国」の兵隊や一般国民に積極的に死んで貰い、その死にざまの迫力によって敵を畏怖させてかろうじて勝ちに持ち込むための、詐術というかフィクションというかロジックを作ってみたかった。それだけの話ではないでしょうか。

とにかく中柴流の「天皇神学」に従うならば「すめらみこと」によって表現される究極の「まこと」に実体はありません。「まこと」の内容は「まこと」を求める「まごころ」の作用によって日々に生成する。中柴が愛好する哲学者に古代ギリシアのヘラクレイトスが居ます。万物流転の思想を説いたあの人です。中柴にとっての「まこと」と「まごころ」も無限に変化して果てしないものと観念されていたのでしょう。

相対性理論と永久戦争

しかし、ここまででは まだ物足りません。真澄の鏡のような天皇に向かって国民の「まごころ」が結集する。途中で死んでも「まごころ」は天皇とともに永遠に生きる。それだけでは無限に上昇を続ける一種の倫理的国家の建設譚にしか繋がってゆかないでしょう。闘争の契機、無数の日本人が死なずには済まない凄惨な大戦争を受け入れさせる物語はどこから出てくるのでしょうか。

ここでひとつの疑問を呈してみましょう。なぜ万物は流転し、「まごころ」は日々に「まこと」を追い求め続けるのか。人間が自由であり続ける限り人間の進歩成長は止むことがないからである、というのがひとつの答えです。が、自由は怠惰とも結びつくのではありますまいか。なぜに「まごころ」はいつも一所懸命になれるのでしょうか。

この点について中柴は『まこととまごころ』でアインシュタインの相対性理論まで持ち出して説明してくれています。

地球上に於ける有機無機一切の万物が、不生不滅永遠無窮の存在たる原子より成り、更に近代の発見によれば、此原子は電子の組合せにより構成せられ、而して此電子に陰陽の二種を有し、陰電子は常に陽電子を中心として、高速度もて廻転しあること、並に学者の研究によると、電子が極めて微細であり、長さ一寸間に之を排列するとき、其数七兆に達し、又人間の細胞一個は、驚く勿れ、二十兆の電子により組立てられ、而かも之等細胞が不断に新陳代謝せらるること等に想像するとき、何人も宇宙の霊妙なる仕組みと、其が断えざる活動とに喫驚せざるを得ぬであらう。（中略）

所謂宇宙の成立、其運営及び進展の状態に就き、一通り観察すると、如上の通りである。而して之が、秩序正しく、継続的に、整正し、周到に行はれ、加之ならず、彼の「アインスタイン」Einstein も云ひける如く、万事が相対的相関的に行はれ、而かも終局に於て一元に帰することや、あらゆる生物に対し、常に一視同仁の恩恵が施さるゝこと、並に、そが真善美の発揚に努むると共に、偽、悪、醜なるものをも捨てず、常に其意義化に力むること等の事実に覚醒せんか、何人も、斯かる霊的活動の断えざる精進の力行と仁慈と忍耐（実は法悦的活動）とに驚かざるを得ぬであらう。

電子の世界も陰陽二元で「陰電子」と「陽電子」が相関している。アインシュタインの言うように時間と空間も、物質とエネルギーも相関している。相対するものの関係性の中ですべてこの世は一分一秒うつろっている。定かなものは何もない。完成もユートピアもない。

真善美の「まこと」を求めてやまない「まごころ」もそれと同じである。真善美だけがあって、さらなる真善美の深まりが望まれているという単純な話ではない。真善美を求める「まごころ」も、実は真善美と矛盾し対立する「偽、悪、醜」がなくては発動しない。反対物との刻一刻とかたちを変える相克・闘争の渦の中でのみ「まこと」を求めるのだ。「まごころ」の作用に終わりがないとすれば、それはつまり「まごころ」は「まごころ」によって匡正《きょうせい》されるべき偽りや醜さや悪が世界に際限なく存在することを意味する。常に世界が善くなり続ける前提は、善くしなければならない箇所が常に世界にあり続けることだ。

結局「まこと」を求める「まごころ」の作用とは、次から次へと現れる偽りや醜さや悪を無限に打倒し続けることに他ならない。永久戦争だ。闘うためには当然何らかの意味での武力が必要となる。闘争は様々な水準で起きうるだろうが、それが人間の生きる物理的世界に於いて「まごころ」に従う人々と「まごころ」から逸脱した人々のあいだで為されるとすれば、それは即ち戦争である。そこで「まごころ」の作用は物理的な武力、つまり軍事力の作用として現前する。

こうしてようやく「まごころ」と戦争がつながりました。「まこと」を求める「まごころ」が、「まこと」を阻む偽・悪・醜とやむにやまれず闘うから戦争になる。その戦争は「まごころ」の爆発ですから勝ち負けの合理的・現実的予測と関係ありません。

一般に戦争の勝敗は戦力・物質力の多寡に左右されます。世界のひとつの常識です。小畑敏四郎も荒木貞夫も石原莞爾も永田鉄山も戦争についてはそのように考えました。

ところが中柴の戦争哲学では、少なくとも皇国日本の行う戦争とは「まこと」の不断の実現のための行為であって、勝ち負けの予測を合理的に計算してやるかやらないかを決める、何らかの駆け引きに基づく戦争観とは無縁と考えるのです。「まごころ」の戦争とは、やるとなったら絶対にやる、勝ち負けに関係なくやる、勝敗よりも「まこと」に殉じるか殉じないかという倫理的・精神的な側面だけが問題となる戦争なのです。

平安時代に成立した日本最古の兵学書と称され、なおかつ日本独自の戦闘思想を初めて開示したと言われた『闘戦経』が生きてくるのも、この局面に於いてです。「真鋭」という、勝ち負け生き死にに関係なくがむしゃらに闘い続けるのを純正な戦士の態度として称揚する概念は、中柴の戦争哲学を大いに力づけました。そして、この哲学は、『戦陣訓』の「攻撃精神」や「生きて虜囚の辱を受けず」にも直截に接続していきます。

　ところで、中柴が解説役を買って出て軍のみならず広く日本国民に内容の普及がはかられた『戦陣訓』とは、いったい誰によって書かれたのでしょうか。東条英機陸相の名義で発表されたとはいえ、それは作成官庁の責任者として名が出ているだけのこと。役所の作文の執筆者は公式には名前の残りにくいものです。『戦陣訓』についてもハッキリとは分かりません。

　しかし恐らく真相を伝えているだろう書物があります。大原康男の『帝国陸海軍の光と影』（日本教文社、一九八二年）です。そこで大原は関係者による極めて興味深い証言を紹介しています。『戦陣訓』の発案者は陸軍省軍事課長の岩畔《いわくろ》豪雄《たけお》大佐で、実際に草案の作成に当たったのは次の三人だと言うのです。すなわち教育総監部第一部精神教育班長の浦辺彰少佐、九州帝国大学で哲学を学んだ白根孝之中尉、そして教育総監部の嘱託だった中柴末純予備役少将。

　草案は様々な箇所に回覧され、多くの意見が返ってきたが、結局大幅に修正されたりすることなく、島崎藤村や紀平正美の校閲を経て完成に至ったと言います。大原にそう証言したのは白根孝之です。

　この証言が本当ならば、いかにも中柴の思い付きそうな文言に溢れた『戦陣訓』は本当に中柴が執筆に関わったものということになります。『戦陣訓』が日米戦争時代の日本人の死生観に決定的影響を及ぼして「玉砕」や「神風」の背中を押したとすれば、中柴ほどあの時代に深く重い足跡を残した思想家軍人は他に居ないのではないかとさえ思われてきます。

それにしても工兵出身の合理主義者であったはずの中柴は、日本軍が「玉砕」を繰り返せば、敵が怖じ気づいて「持たざる国」が「持てる国」についには勝ててしまうと、本気で信じていたのでしょうか。

どうやらそうではないようです。それほど単純な話ではなく、中柴にも小畑敏四郎と同様、密教と顕教の使い分けがありました。一方では向こう見ずな玉砕を説きながら、もう一方では工兵らしく懸命に算盤をはじいていたのです。

玉砕という必勝哲学

心臓が止ったら、魂魄を以て敵中に突撃せよ

対米戦争下のこの国で描かれた無数の「戦争画」の中でも迫力において冠絶するものとなれば、やはり藤田嗣治の『アッツ島玉砕』と『サイパン島同胞臣節を完うす』の二点が思い浮かぶのではないでしょうか。前者は一九四三（昭和一八）年の「決戦美術展」に、後者は一九四五年の「戦争美術展」にそれぞれ出品されました。

『アッツ島玉砕』は、日本陸軍を象徴する帯青茶褐色、いわゆるカーキ色、または国防色への志向を強く有しています。縦が一九三・五センチメートル、横が二五九・五センチメートルの巨大な画面を、国防色が支配している。そのうえに描き込まれているのは大勢の兵士です。誰が日本

藤田嗣治『アッツ島玉砕』 1943年 油彩・カンヴァス 東京国立近代美術館蔵（無期限貸与作品）© ADAGP, Paris & SPDA, Tokyo, 2012

兵で誰がアメリカ兵なのか、もはやよく分からない。生きているのか死んでいるのかさえよく分からない。混沌たる肉弾戦の中で生体も死体も凄惨な力を発散してやまない。そこにはいたたまれなくなるほどの過剰さがあります。常軌を逸し、生き死にを超越した、とてつもない事態が生起している。多くの人にそう感じられるでしょう。

これは反戦画なのか、あるいは聖戦画・戦意高揚画なのか。凄惨さの過剰を嫌悪する者には反戦画に見え、同じものに何らかの陶酔を味わえる者には聖戦画・戦意高揚画に見えるのかもしれません。いずれにせよ鑑賞する側の問題なのではないでしょうか。とにかく『アッツ島玉砕』は玉砕のイメージを創出した絵画と呼んでも過言ではないでしょう。

そう、日本陸軍の玉砕の歴史はアッツ島

から始まったのです。部隊の全滅や潰滅に対して玉砕という一種の美称が公的に用いられたのは、アッツ島の守備隊に対してが初めてでした。

一九四二年六月、ミッドウェー海戦と同じ頃、日本軍はアリューシャン列島のアッツ島とキスカ島を占領しました。目的は幾つかありました。カムチャッカ半島とアラスカ半島のあいだの制海権を確保し米ソ両国のこの方面での連絡路を遮断すること。北方海域の島々にアメリカ軍の対日空襲用飛行場を建設させないこと。その他。しかし、両島の占領はアメリカを過度に刺激しました。アッツもキスカも一九世紀以来、アラスカに付属するアメリカの領土です。当然アラスカ半島は目と鼻の先。日本はアラスカからのアメリカ本土侵攻を本気で狙っているのではないか。危険な芽は早く摘むべきである。

奪還作戦が決定されました。まずアッツ島です。一九四三年五月一二日、海軍機動部隊の掩護を受けつつ陸軍第七師団、一万一〇〇〇人が上陸を開始しました。迎え撃つ日本側は北海道の陸軍第七師団（奇しくも第七師団同士の戦いとなったわけです）の一部に海軍の基地設営隊を加えた約二六〇〇人。まさかアメリカが大軍を動員してくるとは十分に想像できていなかったので陣地の建設も不十分でした。実数にして四倍の装備優秀な敵の前に圧倒されてゆきました。五月二九日には残存兵力はもう一五〇人ほどにすぎなかったと言います。

そこまで来れば守備隊としての機能をもはや喪失していますから一般的には既に全滅状態と言ってよい。降伏の交渉が行われて然るべき段階でしょう。

しかし守備隊司令官の山崎保代《やすよ》大佐はそうは考えませんでした。中柴末純陸軍少将らが起草したという『戦陣訓』の教えを実行したのです。「生きて虜囚の辱を受けず」という文言の通りに、捕虜になるよりも死を選びました。「凡そ戦闘は勇猛果敢、常に攻撃精神を以て一貫すべし」というくだりにも従いました。陣地に籠って敵に抗するのではなく、動ける全兵力で勇猛果敢に突撃したのです。いわゆる「バンザイ突撃」です。しかもそこでは、寡を以て衆を打ち倒すために小畑敏四郎ら「皇道派」の将軍たちが推奨してきた夜襲が戦法として採用されました。山崎大佐は「バンザイ突撃」にあたって次のように訓示したと言います。

> 弾がつきたら銃剣を以て突撃せよ。銃剣が折れたら、鉄拳を以て躍りかかれ、鉄拳がくだけたら、歯を以て敵兵を噛み殺せ、一人でも多く敵兵を仆《たお》すのだ。一兵でも多く殺してアメリカを撃砕せよ。身体が砕け、心臓が止ったら、魂魄を以て敵中に突撃せよ。全身、全霊をあげて栄誉ある皇軍の神髄を顕現せよ。

これぞ精神主義です。残存部隊を総動員しての日本軍の夜襲は現地時間の二九日午後一一時すぎに始まり、三〇日午後になるとついに本当に玉砕状態に到りました。「生きて虜囚の辱を受け」たのは、意識を失っていた負傷兵を中心に約三〇人ほど。九割九分の兵隊は死んでしまいました。アメリカ軍の戦死者は約五五〇人、戦傷者は一一〇〇人以上。人数でも装備でも相当に優勢だった攻略軍としては甚大な損害です。日本軍の「攻撃精神」の成果でしょう。藤田の『アッツ島玉砕』は二九日深夜からの最後の突撃を思い描いた絵画でした。

アッツ島守備隊の潰滅が公的言語としては耳新しい玉砕という表現を伴って日本国民に伝えられたのは、日本時間で五月三〇日午後五時の大本営発表によってです。放送を聴いた知米派の外交評論家、清沢洌《きよし》は、戦後『暗黒日記』という書名で幾通りかの編集で出版されることになった日記の五月三一日の項に五つの疑問をしたためました。

第一、谷萩（那華雄）報道部長の放送によると、同（アッツ島守備隊）部隊長山崎保代大佐は一兵の援助をも乞わなかったという。然らば何故に本部は進んでこれに援兵を送らなかったか。

第二、敵の行動は分っていたはずだ。アラスカの完備の如きは特に然り。然らば何故にこれに対する前後《(マヽ)》処置をせず、孤立無援のままにして置いたか。

第三、軍隊の勇壮無比なることが、世界に冠絶していればいるほど、その全滅は作戦上の失敗になるのではないか。

第四、作戦に対する批判が全くないことが、その反省が皆無になり、したがってあらゆる失敗が行われるわけではないか。

第五、次ぎにくるものはキスカだ。ここに一ヶ師団ぐらいのものがいるといわれる。玉砕主義は、この人々の生命をも奪うであろう。それが国家のためにいいのであるか。この点も今後必らず問題になろう。もっとも一般民衆にはそんな事は疑問にはならないかも知れぬ。ああ、暗愚なる大衆！

いくら、山崎部隊が勇猛果敢でも全滅してしまってはしようがないではないか。勇壮無比な兵隊に勝利を得さしめるのが軍上層部の務めであろう。それを全滅させたとなれば作戦指導の責任が真っ先に問われるべきである。ところが玉砕という新言語を用いて全滅を美化し、作戦の評価については一切言及しない。由々しき事態というほかない。さらに、一般国民が玉砕という偽りの言葉に酔って、味方の全滅の報を英雄的悲劇とばかり受け止め、国家の戦争方針や軍の作戦指導に疑義を呈さないのは、あまりに奇ッ怪ではないか。清沢は大いに怒り、また戸惑っています。理性ある近代人として自然な反応でしょう。清沢が心配したキスカ島の守備隊は敵の上陸の前に無事に撤退して玉砕を免れましたけれど。

玉砕という必勝哲学

ところが、清沢の反応とは正反対のことを正面切って主張する思想家軍人も現れたのです。彼は、全滅に至ったアッツ島の勇壮無比な守備隊の戦闘精神を絶賛するだけでなく、玉砕こそが軍上層部による見事な作戦指導であると述べました。言うまでもなく中柴末純陸軍少将です。

玉砕とは拙劣な作戦指導ゆえの遺憾な事象ではない。戦意旺盛な部隊が軍上層部の不適切な判断によって多勢に無勢の土壇場に追い込まれ、それでも一切の合理的予測にこだわらず必死に戦い続けた結果、残念ながら潰滅してしまうという悲劇ではない。実は玉砕そのものが究極の戦法である。玉砕は「持たざる国」日本の軍隊の戦い方の極めつきの理想である。中柴はそう唱えたのです。彼は著書『闘戦経の研究』（宮越太陽堂書房、一九四四年）の中でアッツ島の玉砕にひどくこだわります。日本古代の軍学兵法の書『闘戦経』に説かれた、勝ち負け生き死ににこだわらずひたすら闘いつづけるのみという「真鋭」の観念。中柴自らも加わって拵えたと考えられる『戦陣訓』述べるところの一途な「攻撃精神」の理想。その両方がアッツ島での出来事にあまりに明瞭にあらわれたというのです。

最近一億同胞敬仰の的となつたアッツ島に於ける山崎部隊長以下二千数百名の玉砕は「攻撃精神」の極致を顕現せるもので、凄愴とも悲壮とも、実に言語に絶してゐる。この生きながらの神々にも等しくなりきつた将兵の心意に想到するには、人間の作つた言葉を以て類推してはいけない。その精神の底知れぬ深さは、たゞ日本の神々のみぞ知り給ふ所である。況んやアメリカ人どもには、この将兵の突撃の恐ろしさだけは、骨の髄まで透して知り得ても、その突撃精神のもつ底力の深みなどは、到底片鱗だにも、理解し得る所ではない。廿九日夜最後まで残つた勇士百数十名をもつて敵中最も堅固な中枢部を目がけて最終の突撃を敢行するに決するや、傷病者にして之に参加し得ぬ者は悉く枕を並べて自決し、戦友と共に「魂の突撃」をなしたのである。悲壮とのみいふなかれ、何といふ精神的深さであらうか。形の上の勝敗、事の成否は、問ふ所ではない。そこには終始一貫せる攻撃精神あるのみである。まことに大元帥陛下のつはものなるかな。まことに神洲の男の子なるかなの感に堪へない。

主意的芸術批評のような調子の高らかな玉砕賛歌です。玉砕に対して「何といふ精神的深さ」

とか「精神の底知れぬ深さ」といった表現が多用されます。たとえばクラシック音楽批評ではバッハやベートーヴェンやブルックナーの音楽、あるいはフルトヴェングラーの演奏などに対して今日もよく使われる言葉です。「精神的に深い」という言葉は他者に判断停止を強い、対象の絶対化をはかる批評言語のように思われます。そのことが分からない人間は「精神的に浅い」として排除されてしまう。その意味で極めて暴力的でもある。そういう表現がクラシック音楽に用いられる分には罪は浅いかもしれませんが、玉砕となるとそうも言っていられません。この種のものの言い方が玉砕なる観念への国民的陶酔を煽っていたのです。

それから「生きながらの神々にも等しくなりきつた将兵」という表現もあらわれています。これは決して唐突なレトリックではありません。中柴の思想哲学に従えば、「天皇陛下万歳！」を叫んで突撃すると将兵は「生きながらの神々」になれるのです。

既に紹介してきたように中柴は、吉田静致の倫理学等に影響されながら、彼独自の用語法に基づき、日本人を絶対化する神話的論理を組み立てていました。人間は本質において真理すなわち「まこと」を探求する心、すなわち「まごころ」の保持者であって、それは全人類に共通だけれども、日本人は最高の「まこと」を人間精神の内部にではなく外的実体に表徴させるという、世界でも類例のない信仰を有している。最高の「まこと」とは「すめらみこと」つまり天皇である。「まこと」を探求する「まごころ」を持つという人間の普遍的本質が、そっくりそのまま天皇（「まこと」）を信仰する国民（「まごころ」）という国家・民族の形式に顕現している。日本だけの特質だ。世界に冠たる日本だ。国体の精華だ。よって日本は特別であり、日本の軍隊も特別である。

中柴は一九四一年の著書『神武読本』(偕行社)で日本人の特質と「天皇陛下万歳」について次のように解説しています。

元来人間は本心、余のいはゆる「まごころ」の持主にして、霊的自覚力を有するが故に、随つて他の動物に見るを得ざる自在無礙なる自由性を稟有《ひんゆう》し、その生には無限の発展力を保有する。かくて常に理想を持し、絶えず之に向つて近づかんと希求しつゝあるもの、是れ即ち人間である。そこで、神と動物との中間にあるものが人間であり、かくてまた絶えず神に向つて進まんとする衷心の祈願を起しつゝあるのが人間なりといふことも出来るが、特に宇宙最高神の御直系たる　天皇にまつろひ奉る皇国人は、何人もいよ〳〵といふ時になると、神的なる「まごころ」が油然として五体中に湧起し充溢し、最早や単なる人間でなく、神に対する真の奉仕者、現人神の神聖なる奉行者として神的なる真勇の働きが出来るやうになるのである。

はて「単なる人間でなく」なった「天皇にまつろひ奉る皇国人」は「いよ〳〵といふ時に」なんと叫ぶのでしょうか。戦場で極限に至った日本の兵士の場合はこうなると、中柴は述べます。

かくて、いよ〳〵、任務敢行の刹那には、諸勇士の眼中、元より敵もなく、親もなく、家もなく、身もなく、生もなく、又死もなく、只任務あるのみ、大元帥陛下ましますのみである。しかも、その力の限りを竭《つく》して聖戦の野、祖国に殉ぜる其等諸勇士は、何人も最高の愉悦を以てその最後の刹那を味はひ、任務遂行に膺《あた》りたらんこと、余の縷説を俟《ま》つまでもなき事である。これ実に「ゲーテ」の所謂。

己の此世に残す痕は
劫を歴ても滅びはすまい。
さういふ大幸福を予想して
今己は最高の刹那を味はふのだ。

より、もつと高き境地に外ならぬ。（中略）

斯くて、血と共に叫ぶ最後の絶叫「天皇陛下万歳」は勇士の全生命と念願とを表白する最高の祈りにして、日本軍人丈《だ》けが心から発しうる最後の尊厳なる奉唱であり。その深き感激の底から、新しい生々とした生命が再び芽え出るのである。

この叫びのあとはどうなるのか。死ぬのです。しかし中柴は死ぬも生きるも関係ないと述べます。

我が国民には、常に宇宙人生を一貫する大生命が尤も能く躍動しており、神皇大道（皇道）といふ大精神が充溢してゐる。即ち日本人は神の心を以て心とし、神の事業を事業とし、而して神示し給へる所を実現せんと努力する大使命の上に活きてゐる。此の生命が、今や、此の使命の為にその所命を行《ぎょう》じて、逝かんとする。現世《うつしよ》の肉体は茲《ここ》に人間の世界より姿を消すが、併しその為せる業績は、仮令小なりと雖も、その魂と共に永へに皇国に残り、永遠に皇国を守護するのである。

されば、死とは限りある自己より美しき魂を取出しそを永遠なる大生命に融合せしむることであり。肉に死して霊に生きることである。

構成人員の九割九分までが自らの意思によって死んでしまう軍隊とはこのような精神によってしか生まれえないのかもしれません。藤田嗣治の絵画もこの思想を反映しているようにみえるがゆえに凄みを持つのです。もちろん中柴の説いているのは神話であり宗教であり虚構でしょう。それは中柴本人が十分に自覚しているところでもありました。とにかく彼にとっては、劣勢でも闘うことを諦めず死に尽くしてしまう軍隊が大切だったのです。しかし以上の中柴の思想は玉砕を美化しているだけに過ぎないようにも見えます。この玉砕のどこが作戦なのでしょうか。

中柴によれば玉砕できる軍隊を作ること自体が作戦だったのです。玉砕する軍隊こそが「持たざる国」の必勝兵器だったのです。玉砕できる軍隊を使って実際に玉砕を繰り返してみせれば勝ちにつながる。ゆえに玉砕は、作戦指導部の無策の結果、兵を見殺しにすることではなく、勝利のための積極的な方策だというのです。そんな無茶苦茶な話がどこから出てくるのでしょう？

中柴は『闘戦経の研究』でアッツ島の玉砕をこう総括しています。

敵は二万にして我は二千数百名、その上敵には有力なる艦隊と航空部隊の掩護があり、特種優秀装備さへ持つてゐた。しかしこの間にあつて、困難に会へば会ふ程攻撃精神が倍加するわが皇軍の特色は、山崎部隊将士の上に、最も明確に看取され、戦友が殪《たお》れゝば、殪れる程、敵愾心を燃やし、随所に反撃に出で、敵に合計六千の損害を与へてゐるのである。誠に勇ましくも尊き極みであり、我が皇国必死敢闘の攻撃精神を中外に顕示したものと云へる。

アメリカ軍の人数や損害については誤認ないし誇張があります。敵方の正確な情報を入手することは戦時においては至難ですから致し方ない面もあります。とにかく中柴は、アッツ島の守備隊が玉砕と引き換えに守備隊の人数の三倍弱に及ぶアメリカ軍の将兵を死傷させたと信じたかったようです。すると中柴は、勝ち負けや生き死にを考えずにがむしゃらに戦えば、装備劣悪な寡兵でも三倍の敵を倒せるから、日本軍がせめてアメリカ軍の三分の一居れば戦争には負けないだろうという、一種の数学を主張したかったのでしょうか。

少なくとも『闘戦経の研究』においてはそうではありません。数の問題ではないのです。玉砕なる行為に絶対の意味がある。よって玉砕が絶対的作戦になる。そういう筋書きです。中柴は同書中に、一九四三年一〇月三日付の『夕刊読売報知』に翻訳掲載された「AP通信社アッツ島従軍記者、ウイリアム・ウオルドンの手記」なるものを引きます。六月一〇日付の「サンフランシスコ・エキザミナー紙」に掲載された文章だと言います。そこにはどんなことがレポートされていたのでしょうか。

日本人の最後の攻撃が猛然として開始されたのは五月廿九日の午前四時、眦《まなじり》を決した一団が朝霧のなかから突風の如く喊声をあげて殺到して来た。それは魂をゑぐられるやうな叫びであつた。コリエス湖畔の米軍陣地は忽ち狼狽と混乱の極度に達した。狐穴に眠つてゐた米軍たちは殆ど抵抗のいともなく、日本軍必死の銃剣に突き伏せられ、手榴弾の爆裂に血しぶきをあげてフッ飛んだ。日本兵は更に米軍の野砲や火器を奪ひ、これをもつて第二線第三線の米軍陣地につるべ打ちの猛砲撃を開始、米軍の総崩れに乗じて一挙にわが第二線、第三線深く突入し、その前日の廿八日わが軍が占領した陣地をも奪還した。（中略）

日本軍はマサツカル湾の西側から逃げる米軍に乱射乱撃を浴せ、他の一部は米軍総司令部から約二千ヤード距《へだた》つたマサツカル渓谷東方の高地より米軍を猛撃、一部は米軍最後の線を突破し、E・Wランドドラムス将軍のアッツ派遣軍総司令部の背後にまで進出、一時はわれわれも観念のほぞをかためざるを得ないほどであつた。増援隊の来着で辛うじてこの危機は脱したが、白刃と拳銃の入り乱れる凄絶な白兵戦は、廿九日終日終夜更に卅日の午後まで続けられ、文字通りこの戦場一帯を屍山血河と化せしめた。

ウオルドン記者は山崎部隊の最後の奮戦ぶりを臨場感あふれる筆致で綴ります。そして戦いはついに幕を閉じます。

しかし、やがて日本軍死にもの狂ひの攻撃は次第に衰へていつた。日本軍最後の玉砕的反撃は漸く終熄に近づき、刀折れ弾尽きた生残りの将兵は何れも米軍の眼前で手榴弾を各自の鉄兜に叩きつけ、悽絶限りなき最後を遂げたのだ。日本兵は最後の一人まで戦ひ、そして斃れた。余（ウイリアム・ウオルドン）はこの光景を間近の狐穴の中から盗み見ながら、生れて初めての、恐らく今後再び経験することなき戦慄に面を覆つた。

どうやら人生最悪の異常体験をして、すっかり恐怖心の虜になってしまったらしいウオルドン記者の日本軍評は、結局次のようなものです。

日本軍の攻撃は明らかに絶望と判つてゐても大胆そのものであつた。こゝに日本人とわれ等の死生観の相違がある。それは功利観を超越したものであり、永遠の生命を信ずる尽忠の権化である。

中柴はこのAP通信社の記者の報告によって玉砕の作戦としての正当性を確信してみせます。そもそも戦争とはどうしたら勝てるのでしょうか。中柴は初期著作のひとつ『戦争哲学　戦より平和へ』（一九二八年）で既にこう述べていました。

戦争には勝敗がある。普通の解釈に従ふと、争闘に於て相手がへと／＼になり、最早、は向ふ気力が無くなるとき、或は心から敵手の勇気や威光に畏怖して降参する時、即ち相手がまいつた時、争闘に勝てりと称し。之を戦争で云へば、対手方の軍が抵抗力を失ひ、再起の望なきに到れるとき、其他該軍には戦闘力が未だ有つても、国民全部の交戦志気が沮喪するか、或は其心機一転し、最早交戦を継続すること能はざるに到りたる時、之を戦勝と称し得よう。

正面きっての戦闘力によって「対手方の軍が抵抗力を失」うまで叩きに叩ければ文句なく勝てる。当たり前です。けれど、そのあとで「該軍には戦闘力が未だ有っても」「交戦志気が沮喪するか、或は其心機一転し、最早交戦を継続すること能はざるに到りたる時」でも勝てると言っている。そこが重要です。

戦争の勝敗は物量や科学力が決める。第一次世界大戦以後の大戦争となればもうそうに違いない。けれど幾ら物量や科学力があっても戦争とはあくまで人間のやるもの。やる気が殺《そ》がれれば、厭戦気分がまき起こり「交戦を継続すること能はざるに到」るのです。第一次世界大戦のドイツを思い出しましょう。「戦闘力が未だ有」ったのに国民の戦意が失われて敗れている。第一次世界大戦以後の大戦争で「持たざる国」が「持てる国」に勝つとまではゆかなくても負けない可能性を探求するならば、「持てる国」の戦意を物量や科学力以外の方法で挫くしかない。中柴にはほかに思いつきようがありませんでした。

「形の上の勝敗、事の成否」に関係なく「終始一貫せる攻撃精神」にのみしたがって生死に関係なく無茶をする。一九四四年からの神風特攻隊の航空機による体当たり攻撃も、敵艦に命中せずともよい。その姿を敵に執拗に見せつけ続ければ、アッツ島でのAP通信の記者のように「日本人とわれ等の死生観の相違」に啞然呆然とし、あまりの文化の相違にうちひしげるかもしれない。こんな狂気じみた集団と戦争を続けても犠牲が増えるばかりでばかばかしい、早めに手打ちをしてしまうのが得策だと、「持たざる国」の側に少しでも有利な講和条件が整うかもしれない。玉砕が作戦であるとはそういう意味でしょう。

「持たざる国」日本

繰り返しますが、中柴はどこまで本気だったのでしょうか。玉砕や「バンザイ突撃」を繰り返せば勝利の女神は最後に微笑むと心底から信じられていたのでしょうか。期待するところは幾分はあったでしょう。けれど中柴の「まこととまごころ」や「玉砕」の哲学は、「持たざる国」が「持てる国」と正面戦争をしうる格好を取り繕っておくための方便にすぎなかったと言ってよいと思います。

彼は真面目な軍人として、第一次世界大戦以後の世界では日本のような「持たざる国」は「持てる国」とは戦争できないとは口が裂けても言えなかった。いつでも誰とでも戦えるという建前を保つのが軍人であると信じていた。小畑敏四郎のように、自軍に不撓不屈の「攻撃精神」で多少の下駄をはかせつつ、そう強くない相手と短期局地の限定戦争をやることとしか無理だと観念しなかった。石原莞爾のように、満洲を拠点にして日本を「持てる国」に何十年かかけて躍進させるまでは、強い相手と戦争してはいけないとも思わなかった。小畑や石原は軍人のくせに戦争の相手国や戦争の時期を決めたがっている。それは越権行為だ。大日本帝国憲法は軍人が政治に容喙できぬようにできている。たとえ「持てる国」が相手であろうとも正面から大戦争しろと「大元帥陛下」が命ずればそうしなければならない。とどのつまり「まこととまごころ」さえあれば、精神力による無限の上積みさえあれば、「持てる国」とも十分に戦争可能であると説いたのは中柴の顕教だったのです。

日清・日露の両戦役に合理的計算が仕事の工兵として参加し、第一次世界大戦についての軍内きっての研究者としても知られた中柴が、どうして「まこととまごころ」だけで戦争が出来ると思えるのでしょうか。日米が開戦し、中柴の用意した顕教が本格発動したとき、本当におののいてしまったのはアッツ島のウオルドン記者以上に中柴本人だったのでしょう。このあたりのアイロニカルな事情は、『統帥綱領』と小畑敏四郎の関係を思い出させます。というのも、二人とも冷静な現実主義者として次なる戦争は物量と機械と科学力だという合理的な本音を持ちながら、日本陸軍の軍人としては精神主義を建前として高唱せざるを得ず、しかし二・二六事件や日米開戦といった歴史の流れのなかで、本音は忘却され建前ばかりが暴走し始めていったのですから。

中柴にしてみれば「まこととまごころ」や玉砕戦法だけで勝てると高唱するしか、「持たざる国」の兵隊に「持てる国」と戦い続ける気力を喚起させることはできない。勝利の希望なくして戦争はやれない。でも玉砕を繰り返せば相手が怖じ気づいてくれるという保証もない。事実、中柴は『闘戦経の研究』と同じ一九四四年の著書『生産青年訓』(新正堂)では彼の本音というか密教を切々と吐露してしまっています。

まず中柴は一九四三年九月に幾つかの新聞に掲載された「ソロモン戦線○○参謀談」を引きます。

　地上近接戦闘においてはかくも精強なる皇軍であつたが、敵の飛行機と砲と弾丸の尨大な〝量〟の前には涙を呑んで下らざるを得なかつた、言葉を換へれば戦闘に勝つて敵の〝鉄量〟に敗れたのである、戦ひは血と鉄との衝突だつたのだ。もしわれに豊かな〝鉄量〟があれば、加ふるに血を以てし、鉄のみに頼る米軍を完全に圧倒し得たであらうが、遺憾ながら状況は逆だつた。

これを受けて中柴は叫びます。

　こゝに我等は深刻なる一つの教訓を発見する。敵をしてその戦力を保たせるものが、物の力であり、それを補給する力である以上、この力に於て敵を圧倒することのみが、敵を撃砕する唯一の途なるを知らなければならぬ。（中略）
　吾人、元より皇軍の世界無比なる精神力を確信するも、只、心配になるのは、物の量であり、物を補給する力である。そしてこれこそ、お互銃後一億が是非とも担当せねばならぬ真剣な任務である。

「物の量」や「物を補給する力」が足りなくては如何ともしがたい。日露戦争、第一次世界大戦以来の振り出しに戻ってしまっている。いったいこの国は何をやっていたのでしょう？　中柴は対米戦争遂行のための生産力の大拡充を訴えます。しかし日本は敵国アメリカに比してはるかに「持たざる国」のまま、もう戦争に突入してしまっているのです。突然「持てる国」になれるわけがない。資源もない。生産設備も足りない。人手すら足りない。壮丁は玉砕の要員として片っ端から戦場に動員されている。

戦争末期、中柴が望みをかけたのは女性でした。男手がないなら女手で賄うしかない。婦女子が「まごころ」を振り絞って働けば男以上に力を発揮するかもしれない。日本の女性は特別である。世界に冠たる大和撫子である。

生産力拡充の議論は新たな精神主義を喚起します。

第九章　月経・創意・原爆——「持たざる国」の最期

酒井鎬次の電撃戦論

酒井鎬次《こうじ》という陸軍軍人が居ました。最終階級は中将。中柴末純《すえずみ》がブレーンを務めていたという東条英機と対立し、東条内閣打倒の運動に加わったことでも知られます。

彼は一八八五（明治一八）年一一月四日、愛知県の刈谷の生まれ。徳川家普代の酒井氏の一族を称する農家の次男坊でした。岡崎中学から名古屋陸軍幼年学校に進み、優等恩賜で卒業して、陸軍士官学校へ。第一八期生です。阿南惟幾《あなみこれちか》や山下奉文《ともゆき》、あるいは大島浩らが同期になります。

阿南は速戦即決の包囲殲滅戦に憧れてタンネンベルクの戦跡に詣でたこともあった「最後の陸軍大臣」。山下は「皇道派」の一員と目され、「大東亜戦争」では短期でシンガポールを陥落させて英雄となった「マレーの虎」。大島はドイツ大使館駐在武官からドイツ大使となって日独伊三国同盟をまとめた「軍人外交官」。彼らの在学時期は日露戦争に被っています。

一八期生の卒業は一九〇五（明治三八）年。日露戦争終結の年でした。酒井は幼年学校と同じく陸軍士官学校でも優等恩賜。飛び抜けた秀才だったのです。同期の中では陸軍大学校の狭き門を真っ先にくぐりぬけました。入学は一九〇九年。二四期生になります。そこでの同期には、陸

フランス駐在中の酒井鎬次　酒井鎬次『戦争指導の実際』(改造社)より

軍士官学校では六期も先輩になる柳川平助、四期先輩の香月清司《かつききよし》、三期先輩の谷寿夫、二期先輩の土肥《どい》原《はら》賢二などが居ました。

柳川はのちに「皇道派」の巨頭のひとりと目されます。年下の酒井と陸大時代に友情で結ばれ、ふたりは終生仲良しでした。酒井は「皇道派」ではありませんでしたが、柳川を通じて「皇道派」のグループと縁が深くなったようです。対米戦争の時代、酒井は東条英機内閣を打倒すべく近衛文麿と組みますが、近衛のもう一方のかたわらには小畑《おばた》敏四郎《としろう》も居ました。

香月は宇垣一成《かずしげ》の側近。宇垣は第一次世界大戦後に陸軍装備の近代化・機械化・科学化を推進しようとした人です。酒井は香月とともに宇垣路線の共鳴者であり協力者であり実務担当者でもありました。

谷は軍内の日露戦争史研究の第一人者として知られました。日中戦争では南京攻略戦を指揮したことで占領時に生じたとされる「虐殺」の責任者とみなされて、戦後、南京で行われた戦犯裁判で死刑になりました。土肥原は奉天特務機関の長として、愛親覚羅溥儀の満洲国執政への担ぎ出しや「華北分離工作」で中心的役割を担い、「東京裁判」ではA級戦犯として起訴されて絞首刑になりました。

ちなみに東条英機は陸軍士官学校では酒井の一期先輩なのに陸軍大学校では三期後輩。板垣征四郎は同じく二期先輩なのに四期後輩。永田鉄山《てつざん》と小畑敏四郎は同じく二期先輩ながら陸大では一年縮まって一期先輩。石原莞爾《かんじ》は陸士では酒井の三期後輩ですが、陸大ではさらに三年開いて六期後輩。酒井の陸大入試突破がいかに早かったか、見当をつけて頂けるでしょう。

酒井は一九一二（大正元）年、陸軍大学校をまたも優等恩賜で卒業。外国留学（駐在）の資格を与えられ、第一次世界大戦が始まるとその権利を行使して、一九一五年三月から一八年の六月まで三年以上もフランスに駐在しました。観戦武官として前線から後衛までを実地で見聞。フランス陸軍司令部に出入りして、フォッシュやモルダックといった将軍たちと交際しました。クレマンソー首相とも面識を得たといいます。

彼は陸軍きっての国際派にして開明派と目されてゆきました。一九二〇年一月から二三年初頭までヴェルサイユ条約の実施委員として欧州勤務。その後、陸軍大学校教官、近衛歩兵第二連隊大隊長、参謀本部編制動員課編制班長などのポストを経て、一九二七（昭和二）年から二九年まで国際連盟日本代表の随員として再び欧州在勤。第一次世界大戦時から通算すると滞欧八年以上に及びました。破格の長さです。

帰国後の酒井の仕事は主に教育畑でした。再び陸軍大学校教官に任じられ、一九三三年に陸大に新設された研究部の初代主事。この陸大在任中に少将へ昇進。一九三四年からは陸軍士官学校の幹事を務めました。陸士の幹事は一般学校で言うところの教頭に当たります。重職です。酒井のキャリアはいちおう立派に積み上がっているようにみえます。しかし陸軍の本省や参謀本部のような中枢にはなかなか行かせて貰っていません。行ってもすぐ外されてしまう。外国から戻ると、部隊や学校の勤務が続き、そしてまた外国へ。

なぜでしょうか。陸士、陸大を通じての成績最優秀者。理屈っぽい。ロジックで相手をへこませる。ただでさえ妬まれ恨まれやすい人だったのです。そんな彼が第一次世界大戦のときにフランスに張りついた。そのときの経験がまたものを言う。他をもっては代えがたい。ますます外国勤務が増える。フランス語は得意中の得意。欧州の軍人や外交官に知己が多い。帰国する度に、何かといえば第一次世界大戦の経験談を持ち出す。日本陸軍は近代化していかなければ駄目になると批判的言辞を繰り返す。どんどん煙たがられてゆきました。識見には敬服すべきものがあるが、あまり側にいてほしくない。そういう人物の典型になったのです。

しかし酒井の能力がついに生かされるかもしれないときが来ました。日中戦争です。

酒井は速戦即決論者でした。第一次世界大戦の西部戦線を知り尽くし、長期総力戦がどんなものかが身に染みています。「持たざる国」の日本がそんな戦争をやったら滅亡しかねない。そう考えていました。戦争の相手は日本の身の丈に合っていなければならない。「持てる国」との戦争は避けるべきである。どうしても戦争となったらなるべく短期で終わらせる。奇襲や電撃戦等で緒戦に圧倒的に勝利し、早期講和に持ち込む。それ以外に「持たざる国」の戦争のやりようはない。酒井の信念でした。

彼は、石原莞爾のヴィジョンに対しては極めて否定的でした。日本を「持てる国」にしてから戦争しようという石原構想そのものが戦争リスクを高めてしまう。たとえば日本が「持てる国」になろうと満洲を支配すればソ連と戦争になりやすくなる。「持たざる国」が「持てる国」になろうとすればするほど、「持たざる」うちに戦争に追い込まれやすくなる。しかも石原の構想を実現しようとすれば、軍が政治を長期的に掌握しなければならなくなる。大日本帝国憲法の精神に反する。極めてよろしくない。酒井はそう考えていました。したがって日本は日頃から無茶な背伸びを慎むべきである。どうしてもというときは速戦即決に徹する。酒井の結論でした。

するとが緒戦での圧倒的な勝利をいかにつかむのか。同じ速戦即決論でも「皇道派」とは一線を画しました。小畑敏四郎のように「持たざる国」の頼りになるのは精神力のみとは開き直りませんでした。「持たざる国」なりに可能な最大限の範囲で兵装を近代化する。数は不十分でも質の優れた航空部隊や戦車部隊を編成する。酒井は第一次世界大戦の西部戦線で次から次へと現れる新兵器を目の当たりにしました。荒木貞夫や小畑敏四郎が、戦車よりも馬の活躍する東部戦線を体験したのとは、だいぶん違ったのです。酒井の頭の中はピカピカの近代兵器のイメージで一杯でした。性能のよい飛行機と戦車に、巧妙な作戦指導を組み合わせれば短期では負けないはずだ。局地的には大勝利も収められるかもしれない。そうやって相手の戦意を挫き、あとは外交に任せて早めの終戦に持ってゆければ日本は大丈夫。一種の電撃戦思想です。海軍の山本五十六あたりとほとんど同じような考え方です。

そういう構想にしたがって、酒井は日本陸軍に航空部隊と戦車部隊の意義を認識させるべく努力を重ねました。宇垣一成が陸軍大臣時代に軍装備の近代化を推し進めようとしたときには、そのもとで熱心に働きました。陸軍大学校の教官のときには特に機械化部隊の運用研究に明け暮れました。

そんな酒井が一九三七年三月、独立混成第一旅団長に任じられました。独立混成第一旅団とは一九三四年に関東軍の中に設けられた日本陸軍初の機械化兵団です。一九三六年の段階で八九式中戦車七一輛を主軸とし、その他、装甲車やトラックなど総計約七五〇の車輛で編成されていました。中国大陸を縦横無尽に動き回る。機動力を発揮してあらゆるタイプの戦闘で速戦即決をはかる。第一次世界大戦は今後の戦争が機械力と科学力によって行われると教えたのだから、日本陸軍も機械化部隊を持たなくてはならない。機械化されているか否かが勝敗を分けるのだ。「持たざる国」は精神力に頼るしかないというのでは実際には困るだろう。陸軍の開明派勢力がようやく実現させた夢の部隊でした。その指揮官に機械化部隊運用研究の第一人者、酒井少将が就任したというわけです。

そして一九三七年七月から日中戦争。独立混成第一旅団も前線に出されました。酒井は機械化部隊の価値を一気に軍全体に認識させなくてはいけないと大張り切りしました。

ところがなかなかうまく行きません。まず車輛の編成がよろしくない。旅団の戦車は速度の遅めの八九式中戦車から新型で足も速い九五式軽戦車に切替え中で両方の型が混在する。装甲車やトラックも型や大きさが何種類もある。車輛の性能があまりに不揃いなので、部隊として動くのが何かと不便。当時の日本製の車輛の一般的な問題として故障も多い。おまけに修理部品のストックも不十分なら、燃料もケチケチと使わなくてはなりません。

「持たざる国」や「科学技術後進国」の難点が独立混成第一旅団の状態に集約されて表現されていた。そう言ってよいでしょう。やはり機械化部隊は車輛の性能が揃っていなければ一緒に円滑に移動できない。機動力も発揮できない。電撃戦をやるはずが、トラックに乗る歩兵より地面を走る歩兵の方が早く目的地に着いたという笑い話さえ生まれました。戦場に山地が多かったので戦車も想定していたほど動けない。酒井の理論は実践できずに終わりました。前提がまだ整っていませんでした。結果、機械化部隊は役立たずという定評が日中戦争初期に生まれ、この価値観が日米戦争期までずっと陸軍に引きずられてしまったのです。

しかも酒井旅団長と関東軍司令部の意見が何かと衝突しました。酒井は機械化部隊は機械化部隊として集中運用してこそ作戦の実が上がると当然ながら考えていた。ところが関東軍司令部はより古い戦術にこだわった。地上戦の主役は徒歩で行く歩兵である。戦車、装甲車、トラックの類いはあくまで歩兵を支援する役割である。司令部は機械化部隊を歩兵部隊とセットにして、しかも機械化部隊に従の役回りを与えようとしました。さらに機械化部隊を歩兵の作戦に合わせて分散運用させたがりました。トラックはあっちに、装甲車はこっちに、戦車はそっちに、というわけです。

関東軍司令部の参謀長として、酒井の立場からすれば時代遅れの作戦に拘泥していたのは東条英機でした。酒井と東条はもともと仲が悪い。東条は永田鉄山の腹心と言われながら、永田や石原莞爾のように日本を「持てる国」にしようと思っていたわけではない。小畑敏四郎のように軍装「持たざる国」の限界の自覚を徹底しようと考えていたわけでもない。宇垣や酒井のように軍装備の近代化に期待をつないでいたのでもない。そのときそのときの与えられた職分、やれる範囲で全力を尽くすのが軍人の本分である。それ以上のことを思い煩うのは軍人の忠節の道ではない。

そう信じている。ほとんど刹那主義の行き当たりばったりである。酒井から観れば、もちろん石原や小畑から観ても、無思想な軍人の典型です。

酒井旅団長は東条参謀長の意向にいちいち反抗的に振る舞いました。これがよくなかったようです。陸軍の実力者としてのし上がりつつあった東条は酒井をますます嫌いました。酒井は閑職に回されました。一九三九年には阿南惟幾の後任として第一〇九師団長に就任し、日中戦争の第一線に再度立ったこともありましたが、そこまででした。一九四〇年一月にはついに予備役に編入。ちなみに同じく東条と対立していた石原の予備役編入は酒井の人事の一年後です。

『戦争類型史論』から観たる「大東亜戦争」

「持たざる国」の軍隊は分相応に速戦即決に徹するべきだという酒井。「持たざる国」を「持てる国」にすべく経済力と科学力の増強に全力を尽くすべきだという石原。ふたりの意見は大きく違いましたが、反東条英機の姿勢では一致していました。そのせいもあってか、二人は思わぬところで席を連ねることになります。京都の立命館大学が一九四一年に開設した国防学研究所の所長に石原が、所員に酒井が迎えられるのです。ほかの所員は、ナポレオン研究で知られた伊藤政之助陸軍少将や、国柱会《こくちゅうかい》の創設者、田中智《ち》学《がく》の息子で、石原と仲のよい思想家、里見岸雄などでした。立命館大学は国防学研究所の設置とともに国防学講座を開講し、そこで石原は「国防論」、酒井は「戦争指導の実際」という講義を担当します。もっとも石原は、東条からの圧力が憲兵隊を通じて立命館にかかったせいもあって、同年のうちに京都を去ってしまったのですが。

それはともかく酒井は予備役編入後『戦争指導の実際』という著書を書き上げ、陸大時代からの友人、柳川平助と香月清司に序文を貰って、一九四一年春、改造社から出版しています。立命館大学での講義は同書をテキストにしたものだったのでしょう。

以後、酒井は講義や講演のみならず著述にも励みます。一九四二年には『現代戦争論』(日本評論社)、四三年には『現代用兵論』(同)と『戦争類型史論』(改造社)を次々と世に問いました。また、フランス陸軍のモルダック将軍の第一次世界大戦回想録を『戦ふクレマンソー内閣』という邦題で翻訳し、既に東条内閣から小磯国昭内閣に代わっていた一九四四年の師走に、大阪新聞社から出版しています。

それらの書物は戦争一般についての理論書や啓蒙書、あるいは戦史本の体裁をとりながら、実際のところは日本の現状への批判と読める内容を多く含んでいます。

たとえば『戦争類型史論』。京都学派の高山《こうやま》岩男の「文化類型学」の思想に影響されつつ、書名の通りに古代から現代までの戦争の類型化を試みた書物です。類型の仕方は戦争の要する時間(短期戦争か長期戦争か)、戦争に参加する国の数(一対一か一対多か多対多か)、戦争の性質(制限戦争か絶滅戦争か)などから行われますが、ここでは時間にかかわる類型に着目してみましょう。

酒井は戦争を時間的に類型しようとすればとりあえず三つになるのではないかと説きます。

第一の類型は「速戦即決型戦争」。実例として挙がるのは普墺戦争や米西戦争や日清戦争や日露戦争です。それを成り立たしめる基本条件は「彼我の力に大差ある」ことだと酒井は述べます。一方がもう一方をたちまち圧倒できれば速戦即決で終わる。しかし日露戦争はそうではないでしょう。日本がロシアを国力で圧倒できるわけはない。むしろその逆である。それなのになぜ一応短期で勝利できたか。酒井は「戦争目的を多分に制限すること」ができたからだと言います。日露戦争で日本はロシア本国に攻め込もうとしたわけではなかった。日本本国、朝鮮半島、南満洲に戦場を限定し、東亜防衛戦争に徹した。だから短期でかたを付けられた。そう言うのです。

速戦即決は「持たざる国」の戦争のひとつの理想でしょう。しかしここでの酒井の議論にしたがえば「彼我の力に大差」がないと速戦即決で勝てない。ということは「持たざる国」は「より持たざる国」との戦争でしか速戦即決による勝利を得られない。アメリカやイギリスとの戦争は果たしてどうでしょうか。「力に大差」をつけられているのは日本の方でしょう。相手が悪すぎる。酒井や「皇道派」や山本五十六の理想とする速戦即決の勝利は日本には甚だ望みにくい。それでも「戦争目的を多分に制限」できればまだ何とかなるかもしれない。戦争目的を諸外国に納得させ、目的を果たすために最低限の勝利の実績を積み、和平交渉が始められれば、負けない見込みも立つかもしれない。

ところが「大東亜戦争」の目的はそもそも漠然としすぎています。「大東亜共栄圏」の樹立が恐らく目的に該当するのだろうけれど、ではどんな状態に至ると「大東亜共栄圏」が出来上がったことになるのか、内外に宣言されてはいない。その意味で戦争目的はちっとも明らかではないと言える。これでは「速戦即決型戦争」になりそうもありません。実際『戦争類型史論』が出版されたときには真珠湾攻撃からすでに二年近く過ぎていたのですから、もう「速戦即決型戦争」とは呼べない頃合いに差し掛かっていました。

第二の類型は「長期持久型戦争」。酒井はこの型には、速戦即決を望みながら持久戦に入らざるをえない戦争と、当初から持久戦を望む戦争の二つが含まれると言います。そして「長期持久型戦争」が現実化するのは「彼我の国力、武力が略《ほ》ぼ均衡しつつある場合」か「国力劣るも武力に優れたる国と、国力優れたるも武力に劣る国との間に」戦争が起きる場合か、そのどちらかであると述べます。実例として引かれるのはペルシア戦争や英仏間の「百年戦争」、それから第一次世界大戦などです。

「大東亜戦争」はこれに当てはまるでしょうか。敵味方の国力が均衡しているとはとても言えません。「国力劣るも武力に優れたる国」が日本で「国力優れたるも武力に劣る国」は米英であると、日本の勝利を望むならば信じるしかありませんが、万人に対して説得力を持てるかは疑問でしょう。日本が米英相手に「長期持久型戦争」をするというのはさすがに現実離れしている。もちろん酒井は予備役の陸軍中将として、日本にはアメリカ相手の「長期持久型戦争」など無理であるなどとは一言も述べていません。そんな本では出版禁止です。しかしいちいち具体的に書くまでもない。一般論だけで伝わる人には伝わったでしょう。

第三の類型は「戦争建設並行型戦争」。これは長期戦争の一種でしょうが「持久型」とは区別されるべきだとして、わざわざ立てられている類型です。当事国が戦争をしながら戦争の準備や用意を並行して行って戦争遂行のために必要な態勢を整え、ついに決着に至る戦争のことを、酒井はこう呼びます。実例はアレキサンダー大王のペルシア征服戦争や清朝の建国戦争、ピョートル大帝の「大ロシヤ建設戦争」など。

この型は如何に成立しうるのでしょう？　まず酒井は「新強国が既成強国又は老大国に対し、自然の発展法則によつて戦ふ場合」と言います。すなわち「既に相当発展し来つた新強国がはち切れん許《ばか》りの自然の膨脹力によつて営々努力」して、もしもうまく運べば、戦争準備が事前に不十分な国でも長い時間をかければ大国に勝てるというのです。アレキサンダー大王やピョートル大帝はそれが出来たという。

酒井は、「新強国」が「はち切れん許りの自然の膨脹力」を爆発的に作用させて、それが実を結ぶための条件を付けてゆきます。たとえば「速に敵国領土の一部を占領し、以て敵の国力を弱め、且つこれが建設によつて我国力を増強」できなければならない。あるいは「速に占領すべき地域は、地理的、政治的環境に恵まれ、我建設容易にして、且つ敵国力を減衰せしむる地域なるを要する」。さらに「速に国力を増強する為、建設間敵の妨害に対し一時努めて武力戦の消耗を小ならしむるを要する」。もうひとつ加えて「理想型としては、若干の間隔を置きたる一連の戦争とし、その間隔の平和期間に建設を行ふ」のが望ましい。

「大東亜戦争」を行っている日本は「戦争建設並行型戦争」での「新強国」の勝ちパターンに適合するでしょうか。酒井は『戦争類型史論』という戦時下の著作ではそのへんの分析を無論控えていますけれど、判断のための枠組みがここまで示されていれば、あとは見当は素人でもつくでしょう。

日本は戦争と並行して「建設」を進めるべく東南アジアの敵国植民地を真っ先に占領しました。しかし、それによってアメリカの戦争継続能力が特に弱まったとは認められません。占領地域が

「地理的、政治的環境に恵まれ、我建設容易」かということにも疑問が発せられるでしょう。日本本土と物を行き来させるにはちょっと遠すぎるのです。国力増強をはかる時間的余裕を確保すべく一定期間「武力戦の消耗を小ならし」めたり、あるいは一時的に戦争をやめるなどという選択肢は、残念ながら日本にはまったく与えられていません。「戦争建設並行型戦争」を巧みに遂行して日本が勝利するのは難しいと言わざるをえないでしょう。

結局「大東亜戦争」は三つの類型のどれにどうはまるのか。うまく運ばない「戦争建設並行型戦争」といったところでしょうか。

女性の力に俟たねばならぬ?

また酒井は、日米開戦前に上梓した著作『戦争指導の実際』において、第一次世界大戦の経過を詳細に検討し、そこでのドイツの末路の与える日本への教訓として、次の五点を挙げています。

第一点。ドイツは新たに膨脹を欲する後進国だった。その後進国が国家の生活条件を改善しようとして、つまり物が足りないと思って、物を持っている相手と戦争を始めた。ところが、その戦争は膨大な物量を必要とする近代的総力戦としか現前のしようがなかった。物を足りさせようと思って物の要る戦争を始める。ここに甚だしい矛盾がある。矛盾した状態に陥る期間が延びれば延びるほど国家の破滅の危機は増す。となればドイツの如き後進国の総力戦は速戦即決を第一義にしなければならない。速戦即決で勝利するためには敵よりも国力が大幅に上回っているべきである。まったくもって不条理と呼ぶほかない。ドイツは案の定、この不条理の解決に失敗した。

第二点。「持たざる国」は平時から、殊に戦争の危険が予測されるときにはなおいっそう、不足するであろう物資の備蓄に励まなければならない。ドイツはある程度それを行っていたが、戦争の期間の予測を誤り、長期化に対応できなかったがゆえに行き詰まった。

第三点。思惑通りの速戦即決にならない場合を予想し、生産と消費の両面を考えて、経済上の準備をいつでも実施出来るようにしておかねばならない。具体的には生産設備等の急増を可能ならしめるような手当てである。しかしこの点でもドイツは見込みが甘かったので工場の拡張などで後手に回った。

第四点。「持たざる国」が思いがけぬ長期戦に巻き込まれた場合、資源獲得のための新作戦に走らざるをえぬ場合があり、ドイツの対ルーマニア・対ウクライナ作戦等はこれにあたる。が、それが仮に成功しても、資源というものは即座に入手し利用できるとは限らない。時間がかかる。そのあいだに戦局が悪化してしまえば意味がない。ドイツはまさにそこで失態を演じた。

第五点。人的資源の枯渇を防がなければならない。ドイツが戦争に至った要因のひとつは過大な人口であるが、それは平時において過大ということであって、「持てる国」相手の総力戦を遂行するためにはむしろ不足していた。甚だ矛盾する現象だけれども、とにかく長期戦における戦闘と生産への動員人数を満たせなければ敗戦につながる。そこでもドイツは計算違いをしていた。フランスも見込みの甘さでは同様で、ドイツ以上に人間が不足したが、植民地の人的資源を活用することでドイツよりは状況を改善しえた。

以上の教訓から、新興民族が一足飛びの大望を一回の戦争で達成しようとすることはよほどの好条件に恵まれない限り無理だろう。

これが『戦争指導の実際』での酒井の結論でした。

ところが、アメリカやイギリスとの戦争に突入した日本は、第一次世界大戦のドイツの轍をそっくりそのまま踏んでゆきました。戦争によって充分な資源を獲得し、戦争を続けながら資源の利用態勢を整え、生産力・労働力を拡大して、最後の勝利を得る。「持たざる国」が戦争をしながら「持てる国」に変身する。東条英機や中柴末純はそういうつもりだったと考えてよいと思います。中柴思想の顕教は玉砕を積み重ねることで敵を怖じ気づかせ、戦意を殺いで勝ちに持ってゆくと説きました。しかし中柴思想の密教は、日本兵の死をも恐れぬ獅子奮迅の活躍で敵をびっくりさせて「持たざる国」の過少戦力に下駄を履かせて何とかごまかし、時間を稼いでいるあいだに南方の資源を開発し、生産力を拡充して、物量面でも米英に遜色のないようにして勝とうとしていたのです。

ところが、そうは問屋が卸しません。新たに獲得した「南方」での「建設」はそう簡単には運ばない。資源の補給路・運搬路も維持できない。軍需生産のための原材料は足りなくなる。必要な労働力も満たせない。誇大妄想の気味のある石原莞爾でさえ、日本が「持てる国」に転ずるまでには、戦争を避けて準備にだけ徹しても何十年かを要すると踏んでいたというのに。戦争のダメージをしのぎながら生産力を建設するなんて話は所詮絵に描いた餅にすぎないのではないでしょうか。

中柴末純の焦りは一九四四年の著書『生産青年訓』に濃厚に表れています。資源の開発に引き続き全力を尽くすべしと叫ぶ。補給線の確保に皇軍の総力を挙げよと吠える。そして壮丁男子が不足して需給の逼迫した国内労働力については女性の頑張りに期待するほかなしと述べはじめます。

過ぐる第一次世界大戦では、戦場の兵員を出来るだけ、多く得るために、列国とも兵役義務年限を延長して国内の男性を戦場に吸収した。英国では全壮丁の七割四分、仏国八割三分、独逸九割といふものが召集されたのである。その結果、国内の労働力の不足したことは列国とも同じであつた。工場にも女性の進出が必要になつた。大戦中、軍需製造工場に女工員となつて働いた女性と男工員の割合（総工員数に対する割合）は英国二割五分、仏国三割五分、独逸五割であつて、独逸では、実に男工員と同数の女性が軍需品製造工場で働き、間接に戦闘に参加したのであつた。大戦第三年の一九一六年中頃には、英国の軍器製造工場で働く女性の数は約四十万、独国では約七十万人に達した。更に英国の貴婦人たちはヴイカース（女性職工隊）といふ団体を組織して、無報酬で、兵器の製造工場で働いた。家庭から、街頭へ、街頭から工場へと進出した女性群中には、更に戦場へと歩を進めたものもある。

中柴はこうも述べます。

今や東亜に於ける米英の反攻益々熾烈にして、引続く戦報は、日々我等の最大なる関心を唆つて居る。この戦ひに勝抜くため、一億同胞玉砕の決意を固むるの尤も緊吃なるは、（中略）速に既往に於ける「私益第一」の残滓を清算し、「奉仕第一（公益優先）」を旨とする真の決戦体制を完備して画期的なる生産増強に邁進せねばならぬことであるが、之についても、その迅速なる実現にはどうしても、真摯にして、ねばり強き女性の力にまたねばならぬもの極めて大なるを痛感する。

中柴の顕教にしたがえば、日本国民はおのれの心の本質に天皇を有するがゆえに、その自覚を徹底すれば神人の位に至って無限の頑張りをなしうることになります。その理屈にしたがって生死を超越して戦い、アッツ島でもサイパン島でもどんどん玉砕する、男子の軍隊が作り出されたのです。もちろんこの中柴の顕教は日本国民なら男子のみならず女子にも適用されます。女性が日本精神に目覚め、産業戦士となって頑張れば、労働力不足も解決しえないはずはない。女性に対して無限大の期待を寄せるしか当座の解決策はなくなっていたのです。

果たして女性はそんなに頑張ってくれるものなのでしょうか。

月経が精神主義を退ける

中柴末純陸軍少将の『生産青年訓』は一九四四（昭和一九）年三月の刊行ですが、それにちょうど一年先んじる四三年三月、つまり山本五十六の戦死やアッツ島の玉砕のほんの少し前、東洋書館から「産業科学全書」と題するシリーズの第一巻として、なかなか興味深い書物が出版されていました。桐原葆見《しげみ》の『月経と作業能力』です。

男たちは次から次へと戦場に動員されている。状況は今後ますます切迫してゆくだろう。国内の労働現場はある程度女性に任さざるをえなくなってゆくだろう。そこで大手を振って罷り通り始めているのは、女性も精神主義的に陶冶され錬成されれば男性に優るとも劣らぬくらいに働ける筈だという議論である。が、果たして本当だろうか。『月経と作業能力』はそういう疑問に解答を与えようとするものでした。

桐原は日本における産業心理学の開拓者です。一八九二（明治二五）年生まれ。日本医学史の泰斗、富士川游の親戚で、東京帝国大学で心理学を修め、一九二一（大正一〇）年、暉峻義等《てるおかぎとう》、石川知福、八木高次らと倉敷労働科学研究所を創立。一九三三（昭和八）年からは欧州に留学してシュトゥットガルト工科大学産業心理学研究所、ベルリン大学応用心理学研究室、ロンドン国民産業心理学研究所などで研鑽を積みました。

『月経と作業能力』の「はしがき」に桐原はこう書きます。

月経は女子の生活機能一般に於ける週期的波動の一徴標であり、且つ母性たることへの準備の一標示である。それ故にそれは女子の健康の指標であるばかりではない、実に民族の健康の指標である。この重大なものに触れることを故らに避ける風があるやうに思ふ。戦争の進展につれて女子の勤労と錬成と、更に民族力増強の問題の益々緊要となつて来た今日、皇国民族の悠久なる健康と繁栄とのために、私は更めて曾ての研究を一冊にとりまとめて、識者の高鑑に供へ、一段の注意を促したいのである。

実は『月経と作業能力』の原型は倉敷労働科学研究所の機関誌『労働科学』に大正末期から昭和初期にかけて発表された一連の論文でした。ゆえに桐原にとっては「曾ての研究」だったのです。もう二〇年近く前の昔の仕事というわけです。発表時には大きな注目を集めたわけではありませんでした。しかし時は巡りました。女子労働の問題が前面に立つ時代が訪れたのです。そこで皆が知らないでは済まないことがある。「皇国民族の悠久なる健康と繁栄」にかかわる重大事がある。だから出版しなければならない。桐原はそう宣言するのです。

はて、『月経と作業能力』には何が書かれているのでしょうか。まず桐原の行った大規模なアンケート調査に注目しましょう。

「師範学校及び女学校第五学年及専攻科生徒」二一七八名、「小学校及び女学校教員」七五三名、逓信及び鉄道関係の職場で働く「女子事務員」二二〇四名、「看護婦」一一六六名、「電話交換手」二四五名、煙草・被服・紡織工場の「工場労務者」七六五名、合計二四一一一名。彼女らに月経のときに勉強や仕事が普段通りにやれるかやれないかと訊ねました。

結果はどうだったでしょう？　月経時に作業能率の上昇を感ずると答えた者が一八名、不変と感ずると答えた者は一二六二名、低下を感ずると答えた者は一一三〇名でした。約半数にマイナスの影響があるというのです。

残りの半数は大丈夫なのか。月経は日常生活に全く影響しないのか。まさかそんな筈はありません。桐原は月経時に「心身の異常感」を持つか持たないかという質問も二四一一名に対して行っています。一六一五名、七割近くが異常を感じると答えました。とりあえず作業能率は本人としては保てているつもりだけれども、それは我慢して無理をしてのことだと自覚している。そういう女性がけっこう居る。肉体も精神も仕事の効率も月経と無関係なつもりの者は全体の三割程度なのです。

すると作業能率は実際どれほど違ってくるものなのでしょうか。いや、そもそも本当に、月経のある女性の約三割は月経に影響されずに働けるのでしょうか。自己申告のアンケート調査だけでは実状は見えてきません。仕事量を計ってみなければ分からない。桐原は幾つもの工場に入って実地調査を行いました。

たとえば紡織工場の「工場労務者」の作業量調査。桐原は月経のある女性二八人のデータを日々まめまめしく整理して、彼女たちをA・B・C・Dの四つの型に分類しました。

Aは「月経前期低下型」、つまり月経の起きる少し前に最も作業効率の低下する型です。「月経の出血前七日乃至十日頃より漸次能率低下して谷を作り、その再び上昇に向へる時に出血の初まるもの」。二八人中およそ四分の一が属します。

Bは「月経期低下型」、つまり月経さなかに最も作業効率の低下する型です。「月経前より低下し、その谷の中央底部に於いて出血ありてその後期に漸次に上昇するもの」。半数近くがこの型に入ります。

Cは「月経期上騰型」。月経前期に底の値を示す点ではA型と同じです。けれども、そのあと

A型が月経期も月経後期も上がり続けるのに対して、C型は月経後期で再び落ち込んでしまう。「最底部が月経出血前三乃至五日の頃にあつて、漸次上昇して山の頂点に来れる時に月経の出血を見、その停止後、月経後期を下降する傾向にあるもの」。二八人中四人が該当します。

Dは「不変型」、つまり月経と労働量の多寡に相関の認められない型です。「能率の逐日的傾向は月経と無関係に、その曲線は常に一定の週間経過を反復して、月経を中心とする特別な傾向の認められないもの」。二八人中二人に認められました。

先のアンケートでは月経期に作業効率の低下を覚える女性は調査対象の半数にすぎませんでした。が、この「紡織工女」の調査に限って考えれば、月経前期・月経期・月経後期のいずれかで明らかに労働量の減少の認められる女性が大多数を占める。関係のない者は二八人中二人しか居らず、全体の一割にも満たない。

では具体的な仕事量はどうなのでしょう？　労働量がいかほど減るというのでしょう？　もちろん桐原は、月経前の一週間程度（月経前期）、月経期、月経後の一週間程度（月経後期）、そして月経後期から次の月経前期までの「中間期」、以上四つの時期について、被験者の数字を細かに計測しています。それによると、「中間期」の仕事量を一〇〇パーセントとすれば、A型では月経前期に、B型では月経期に、C型では月経前期と月経後期に、それぞれ四〜五パーセントの仕事量の低下が認められます。けっして小さくない数字です。月経前期、月経期、月経後期はそれなりの長さもありますから、生産全体に与える影響となると、かなりのものということになるでしょう。

更に桐原は、女性の労働が月経の周期を乱すか乱さないかを問題にします。先に紹介した二四一一名のアンケート調査には周期についての質問も入っていました。次のような回答が得られています。月経の周期が二八日前後の「規則的なるもの」は約八〇〇名、「然らざるもの」は約一六〇〇名。全体では一対二の割合です。

とはいえ学生や各種労働者を個別に眺めるとそれぞれ随分違っています。「規則的なるもの」と「然らざるもの」の比率は、学生だと四対六。「煙草工女」も同率。事務員だと三・五対六・五。「紡織工女」だと二・五対七・五。電話交換手や「被服工女」だと一・八対八・二まで開いてしまいます。

桐原の結論はこうです。学生の数字から一目瞭然のように、働かなければ月経の周期は乱れにくい。働いても過酷というほどでなければやはり乱れにくい。重労働だと顕著に乱れてくる。さらに「若くして、初潮時から労働に従事せるものに不規則なものが多く、又は、立業を主とせる業務者に於いて不規則なものが多い傾向がある」。

こういった研究調査を積み重ねて、桐原は月経のある日本女性を戦時増産の現場に駆り出すにあたっての注意事項を次のようにまとめてゆきます。

「身体上の障碍及び気分によりて支配せられることが殊に甚しい実際作業能率は」最も一般的な傾向としては「月経に伴ふ症状に伴れて月経前より月経期を通じて低下し、月経後期を上昇し、中間期最も高調する経過をとり、又、出血の初め（第一日第二日）に於いて最も低下する場合が多く出現」する。そして月経時の労働力低下の程度は「一般に平均日差の範囲を超えること大ならず」と言えども「概ね一般的連続的にして、且つ毎週期に反覆せられる点に於いて、他の偶発的条件に因るものと異つてゐる」。したがって気力でどうにかなるとか、精神が弛んでいるからだといった論法は当てはまらない。およそ労働現場に携わる男女はすべてこの事実をよく斟酌しなくてはいけない。

それから月経時の労働力低下はどんな種類の仕事でも一様であると考えてはならないと、桐原は強調します。「一般に夜業には昼業に比べて、重劇な作業には軽易なものに比べて、又、立業には座業に比べて、月経時（作業能力の）低下する場合が多く、且つその程度が深大である」。増産に励もうと女子に夜間労働させたり、重工業の現場によく認められるような過酷な力仕事をさせてはよろしくない。

「年少にして負担の大なる作業に従へる場合、月経時（作業能力の）低下するものが多いことは、作業の年齢に対して過重なる関係より来れるものと見るべきであらう」。一〇代半ばくらいのまだ少女に無理をさせすぎると、月経のあるあいだ中、人生の長く大切な期間、不調を引き摺らせることにつながる。そこも要注意だというのです。

また桐原は女子に月経の周期の変調をもたらすような真似を決してさせぬように力説します。「重劇な作業に於ける過度緊張が逆に月経困難を招致する所以《ゆえん》を知るべく、工場作業に従事して月経に変調を来す場合の多きに鑑みて、殊に年少の女子の労作に於いて十分な注意が払はれなければならない」。「月経期には多くの婦人は作業能率低下し、又何等か心身の障碍を感ずる、しかし乍《なが》らその障碍を感じないもの及び作業能率の低下を示さないもののあること、並に、工場労働に就くや月経に種々の変調を来すこと等から見れば、かゝる現象の大部分は恐らくは体質の退化と、誤れる生活方法の結果とに基く所であるに相違ない」。

仕事をしすぎる。働きすぎる。あるいは学業や運動のやりすぎも同じだろう。若い女性がそういう無茶をすると月経の周期がおかしくなってくる。ついには月経がなかなか訪れなくなったりもする。あるいは月経に対して無感覚な女性もあらわれる。そういう女性が月経前後にも「心身の障碍を感じない」でいたり「作業能率の低下を示さない」でいたりするのは、一見すると労働現場には好ましいことのようにも思われます。ところが桐原はそうは考えません。月経の周期がおかしくなったり、月経時に心身がさしたる影響を被らなくなったりするのは、桐原によれば女性の「体質の退化」なのです。

それでも増産のため勝利のために、女性を動員しなくてはならないと考える向きもあるかもしれない。個々の日本女性の幸せよりも国家の急務の方が大切なのだと開き直る者も居るかもしれない。しかし桐原は女性の月経を乱さないことが真のナショナリズムだというのです。桐原曰く、月経の周期の健全な女性をひとりでも多くこの国に持つことは「直接に将来の人口増強、随つて民族力の強化に関係する重大な事項である」。

そう、月経は女性が子供を産めるようにしておくためのからだの準備行動なのです。その肝心要に乱れが生ずれば「健全なる母性完成のため」の女性の道程が壊れる。月経の不順な女性を増産して大和撫子の不調期間の総和を大きくしてしまえば、女子に頼らざるをえない戦時日本の労働力全体が低下する。それのみならず、子供も出来にくくなってしまう。「持たざる国」が「持てる国」になるためには人間の増産も必要不可欠な筈だ。大和撫子を生産現場に駆り集めて無茶を重ねさせれば日本人の数の減少につながってしまう。

要するに大和撫子に過重な労働を強いるのはよろしくないというのです。精神主義は月経の前に敗れ去る。意味をなさないというのです。『月経と作業能力』は中柴末純的な「神がかり主義」を括弧に入れる書物でした。

創意工夫が最後の切り札

資源も足りない。生産設備も足りない。兵隊も労働者も足りない。女性を精神力で底上げして総動員しようとしても無理がある。月経と母性の壁に阻まれる。おまけに戦争を遂行するにもやめるにも強力な指導力を発揮するための政治的仕組みもない。ないない尽くしの中で大日本帝国はいよいよ限界を露呈しはじめました。

そのあと何が起こったでしょうか。精神主義を不毛とする批判です。

たとえば山根省三という人が居ました。早稲田大学理工学部卒業の技術者で、戦争末期には東京芝浦電気株式会社の川崎支社教育部長の職にありました。彼は著書『勤労者の創意工夫教育』（大日本雄弁会講談社、一九四四年）にこう記しています。

曾て、大隈（重信）老侯邸の出火に際し、玄関脇に在った巨大な仁王像を、僅か二三名の学生がかつぎ出したが、鎮火後これを元に収める際には数名がかかつても運べなかつたと云ふ話があつた通り、一朝事ある際、その熾烈なる精神力は、平素到底考へられないやうな異常な力を発揮するものであつて、現下の生産力も従業員の精神力に倚拠して、よく増強されて居ることは、確かな事実であり又可能性のあることも争ひのないことではありますが、その持続性に就ては、疑ひを挟む余地があると思ふのであります。

山根は不撓不屈の精神力というものはそうそう長いこと保ち続けられるわけはないと言っています。しかるに一九四四年のこの国ではすべてが精神力頼みになっている。いい加減目を覚ませそうではないか。そろそろ主観性から客観性に立ち返ろう。山根はラジオの「非科学的報道」を槍玉に挙げます。

由来、我が国人は、精神方面を偏重視する傾きが尠《すくな》くないのであります。物理学者が如何に計算しても、到底飛翔出来る筈のない片翼飛行機で基地迄飛行したのは、全く搭乗者の精神力によるものであると、某氏がラジオで放送して居りますが、これが両翼の無い胴体だけで帰つて来たとでも云ふならば兎に角、仮令、物理学者の計算から飛行出来ない筈だと云つた処で、現実に飛行して帰つて来た以上、そこに『科学上飛行の可能性』のあつたことは否めない事実であります。

山根は軍需生産もこの飛行機の話と同じだと言います。精神力だけでは物はできないのです。

今日の生産力の増強に於ても全く同様でありまして、精神力の重要なことは勿論でありますが、これのみを以て、増産を阻む諸原因を悉く克服せんとするが如きは、木に縁つて魚を求むるより猶難しと謂はざるを得ないのであります。或は異常な又鞏固《きょうこ》な精神力によつて驚異するやうな増産が出来ることがあるかも知れないが、到底永続的なるを期待することは出来ない。精神力の活躍の陰に疲労が潜んで居ないとは、誰が保証し得るでありませうか。戦は十年続くか、二十年続くか、仮令何十年続かうと、我々銃後の産業界も、飽く迄も戦ひ抜き勝ち抜く為に、増産を続けなければならない。正に生産の長期戦と称すべきでありまして、その増産を精神力のみに依存することは、絶対に不可能だと謂はざるを得ないのであります。

まことに合理的な物言いです。しかし、資材も労力も欠き気味だというのに、精神力まで当てにならないと言い切ってしまっては、いったいどうやって「生産戦」に勝ち残れるのでしょう？山根の答えは明快です。「実に人智の独創、即ち諸君産業人の創意工夫」だというのです。早い話が発明です。日本人はみな創意工夫に励もう。山根は国民を鼓舞します。

今日の時局は一人のエヂソンより百人の創意工夫、否一億国民挙つての創意工夫を要求して居ると云ふことであります。とかく従来は、発明は研究所の勤務者がやるのだ、改良工夫は職場の技師の役目で、俺達は唯物さへ作つて居ればよいのだと云ふ観念がなかつたでありませうか。勿論研究所員も技師も発明し工夫しなければなりませんが、現下我々産業人が直面して居る増産を阻む色々の原因を克服する為の創意工夫を、依然それ等一部の人々に委ねて拱手傍観し、俺達の仕事でないと恬然として居てよいでせうか。一億の同胞がその総力を尽し、智能を傾注して創意工夫しなければ、この大戦争に到底勝ち抜くことは出来ないのであります。

「一億国民挙つて」創意工夫する？　そんなことが出来るでしょうか。山根は、誰しもがエジソンのような発明家になるのは無理としても、たとえば職場で一パーセントの増産をはかるための工夫なら出来るはずだと言います。創意工夫に学歴や教養はさして関係ないとも述べます。「蒸気機関車を発明したステイヴンスンは小学校にさへ満足に行けなかつた坑夫の子供」で「エヂソンは学校教育を受けたこと僅か三ヶ月」で、ライト兄弟も豊田佐吉も御木本幸吉《みきもとこうきち》も大学を出ていないではないか。創意や工夫や発明は「一億国民」の前に開かれている。そこにこだわるしか勝利の道はない。山根にかぎらず多少は合理的な日本人が戦争末期にはそう考えるようになりました。新兵器で一発大逆転を狙うということです。

けれど、日本人にそんな能力があるでしょうか。山根省三は『勤労者の創意工夫教育』の中で世界各国の特許出願件数を比較してみせます。持ち出されるのは一九二八年から三七年までの一〇年間のデータ。第一位はドイツの一〇連覇です。毎年およそ一一万〜一五万件も出願されている。すると第二位は？　たいていアメリカですが、一九三六年だけは日本です。残りの九年は日本がずっと第三位。日米は五万〜九万件くらいの数字で毎年第二位を争っていました。日本はなかなかの発明大国だったのです。イギリスやフランスをいつも上回っていました。

山根は誇らしく述べます。「若しその出願件数を国民の総人口を以て除したならば、その比率は恐らく米国を遥かに凌ぐであらう」。日本がアメリカに精神力のほかでも優っているものがあった。それは発明力であり創意工夫の力であった。下瀬雅允《まさちか》の「下瀬火薬」や二宮忠八の飛行機、高峰譲吉の「タカヂアスターゼ」や鈴木梅太郎の「オリザニン」、豊田佐吉の自動織機や本多光太郎のＫＳ磁石鋼など、近代日本の偉大な発明を山根は列挙します。その能力に賭けるほかない。

しかし戦争の最後に大発明をなしたのは日本ではなくアメリカでした。約二〇億ドルという圧倒的予算が投じられ、「マンハッタン計画」が完遂されました。一九四五年八月六日、広島に、九日には長崎に、原子爆弾が投下されました。

玉音放送からほぼ三か月後の一一月二〇日、敗戦の衝撃に耐え兼ねたのでしょう。中柴末純は七二歳で逝きました。

背伸びはくれぐれも慎重に

中柴も小畑敏四郎も石原莞爾も敗戦後長生きは出来ませんでしたが、酒井鎬次元陸軍中将は長い余生を送りました。逝ったのは一九七三（昭和四八）年三月二日です。

彼は敗戦をどう振り返っていたのでしょうか。晩年に歴史家の角田順に送った書簡が活字になっています。酒井がフランスのモルダック将軍の第一次世界大戦回想録を『戦ふクレマンソー内閣』と題して一九四四年に翻訳出版したことは既に触れました。それが酒井の追悼本として一九七四年に芙蓉書房から復刊されています。題名は『連合軍反撃せよ』に変えられました。その巻末の付録として角田宛書簡が掲載されたのです。そこには酒井なりの歴史の総括が記されています。

酒井が真っ先に批判するのは石原莞爾の起こした満洲事変です。それがもたらしたものは何であったか。「持たざる国」を「持てる国」に化けさせるバラ色の未来ではなく、単に仮想敵国のひとつ、ソ連との国境線を激増させ、「持てる国」との戦争リスクを高めただけであった。酒井はそう言うのです。

満州事変企図の一ッに国防線の推進による国家安全保障の増進を欲したりとせば（中略）全く反対の結果を来す。これは幾何学的に見ても中心より遠ざかるに従ひ、円周の延長は増大するものにて、古来多くの政治家、武人の陥る錯覚にして考慮すべき教訓と信じ候。

領土ないし勢力圏が拡大する。国境線が長くなる。しかも国境線の向こうは仮想敵国のソ連である。「持たざる国」を「持てる国」にするつもりで満洲を獲得したつもりかもしれない。ソ連と日本本国の中間の満洲を獲得することで、スペースがとれ、日本がより安全になったというつもりだったかもしれない。が、戦争を国家間の摩擦の極端化と解するならば、摩擦の起きる大なる場所は国境線に他ならない。国境線が長くなればなるほど、面と向かい合うところが増えれば増えるほど、仮想敵国と戦端の開かれるリスクが拡大する。「持てる国」になる前に戦争が起きる確率が格段に上がる。これが火中に飛び込むような乱暴な選択でなくて何なのか。酒井は怒るのです。

ついで酒井は、満洲事変が石原ら関東軍によって中央の意思を無視し独断専行で行われたことを重く見ます。世間にもありがちな視点ですけれども、酒井の視点は一味違うところがあります。彼は第一次世界大戦期のフランスの政治と軍事のありさまをつぶさに現地で見聞しました。政治と軍事、さらに経済と社会までが一体となって強力な意思統率が行われなければ、総力戦遂行は不可能であると肌身で知りました。ところが日本の国家機構は政治と軍事をバラバラにし、また経済活動でも私権を積極的に擁護している。基本的には自由主義である。総力戦体制作りを考えるときには甚だしく不向きと言わざるをえません。

そんな多元的でまとまりのない日本をもっとまとまらなくしたのが石原だと、酒井は舌鋒を鋭くします。石原の独断専行が結果オーライで認められたがゆえに軍というひとつの組織の統率すらも失われ、多元化が促進されてついに歯止めが利かなくなった。特に「持たざる国」が総力戦時代に対応するには一元化が不可欠だというのに、石原は逆に日本の多元化を推し進めてしまった。酒井はそう考えるのです。

満州事変は出先当局が中央の意図に反し独断積極的に行動し、しかもこれが後日中央により是認、賞讃され論功行賞されるに及び、石原は英雄視され、これに倣はんとするもの続出（中略）

海軍上層部が僅かに一佐官たる中原に引きずられ北海事件、海南島占領迄にずるずると進み、蘭印に手を附けんとして始めて対米作戦の必然に気付き苦悶したるは上層部の無定見、愚鈍を示すものにして、かかることは当然、始めから判りきったことにて、若しこれを予見し得ざりとせば愚鈍であり、知りつつ引きづられたりとせば、その無責任を問はるべきと存じ候。この頃になると陸軍の下剋上の風が海軍に移行したることを示すものと存じ候。

そして酒井はこの角田宛書簡を石原批判の駄目押しで締めます

これを要するに、昭和に於ける日本の敗戦直接の近因は、実に対内、対外、政治、軍事何れの点より見るも満洲事変にあるやに感ぜられ申候。これを以て見るも石原将軍の研究は将来の課題と存じ候。

酒井によれば、満洲事変という、将来の見通しにおいてもやり方においてもかなり乱暴な背伸びが強引になされて大きな歪みを生じ、ついにそれを補正出来なかったことが亡国の原因となるのでしょう。これは単に石原個人を責める話ではありません。酒井を支配しているのは、第一次世界大戦のもたらした総力戦時代への日本の向き合い方全体に対する悔恨なのです。そういう感情が石原という個人を通じて語られているのです。

「持たざる国」が「持てる国」に対抗しようと背伸びすることにかなりの無理があったということ

とへの悔恨。それでもどうしても背伸びするというのなら、せめて一元的な統率で国の全力が尽くされなければならないのに、その仕掛けさえなかったことへの悔恨。この二つの悔恨はたとえば石原の思想と行動とその限界に集約的に表現されました。酒井は石原を通して総力戦時代の日本を反省しているのです。石原をよく研究して今後の日本が二の轍を踏むことのないようにと警告しているのです。

まったく日本ほど近代の総力戦に不向きな国はなかったでしょう。総力戦に不可欠な工業資源が決定的に足りない。人的資源も不十分である。おまけに明治憲法体制には総力戦を阻む構造が備わっていた。政治力の集中を嫌う。天皇大権を侵害するとして退けたがる。

そういう国だというのに、日本は小国というわけでは決してありませんでした。中途半端に大きかった。第一次世界大戦でも勝馬に乗れてしまった。日本の世界地図上の場所も問題だった。「東亜の盟主」として君臨したくなるような、あるいは覇を唱えるくらいのコワモテの姿勢で行かなければ自国の安全を保てぬような地政学的位置に、近代日本は存在していた。背伸びせずに身を潜めていることも出来たかもしれないけれど、それはそれであまり現実的な態度ではなかったでしょう。

背伸びをしなくては国の発展はない。列強の手がアジアに伸びてくる。それをはねつけるにしても対等に付き合うにしても、背伸びしないわけにはゆかない。第一次世界大戦後の世界が次なる総力戦の準備期に突入したとすれば、日本も準備しないでは居れない。そこでまたどうしても背伸びすることになる。

しかし背伸びには危険が伴う。背伸びをすれば、しゃがんでいるよりも転ぶ率は上がる。転んで打ち所が悪ければ死んでしまう。国が滅びることもある。背伸びするには、よほどの警戒心が必要だ。石橋を叩いて渡らなければならない。石橋を叩くには石橋を叩く体制が要る。石橋を叩いて確かめ終わるまでは誰にも渡らせない。責任政治であり強力政治である。今の日本の身の丈が如何ほどで、今の日本に何が出来て何が出来ないかをはっきり認識する。したいことがあるとすれば、そのために必要な元手や時間をよく慮る。現実的な選択なのかと何度も何度も反省する。無茶をしそうな人があれば、ちょっと待てよと袖を引く。そのくらいでないと背伸びはできない。

けれど、繰り返せば、上手に背伸びさせることも、無理な背伸びを止めることも、近代日本の政治機構にはできなかった。荷が重すぎた。きちんと統率する仕掛けがついに作れなかった。「持たざる国」が資源も乏しく統率力もないまま総力戦に突入することは自殺行為だった。それは小畑敏四郎も石原莞爾も中柴末純も酒井鎬次もみんなよく分かっていた。自殺せずに済む方策をそれぞれに考えたつもりでした。本気で「持たざる国」を「持てる国」にしようと夢想した者もありました。精神力という「無形戦力」で「持たざる国」に相応《ふさわ》しい金のかからない下駄を履かせ、何とかごまかして切り抜けようと思い詰めた者も居ました。

でも彼らは国を思う通りに操れる独裁者ではありません。一介の軍人でした。そもそもこの国では総理大臣すら国をまとめる権能を有さなかった。天皇が大権を積極的に行使して名実共に親政を行うこと。それのみが唯一、明治憲法下における一元的強力政治の道だったでしょうが、大正天皇にも昭和天皇にもその気はありませんでした。そうして日本はついに総力戦としての第二次世界大戦に加わって負けてしまいました。

　この国のいったんの滅亡がわれわれに与える歴史の教訓とは何でしょうか。背伸びは慎重に。イチかバチかはもうたくさんだ。身の程をわきまえよう。背伸びがうまく行ったときの喜びよりも、転んだときの痛さや悲しさを想像しよう。そしてそういう想像力がきちんと反映され行動に一貫する国家社会を作ろう。物の裏付け、数字の裏打ちがないのに心で下駄を履かせるのには限度がある。そんな当たり前のことも改めて嚙み締めておこう。そういうことかと思います。

主要参考文献

第一章
『小川未明作品集』第三巻（大日本雄弁会講談社、一九五四）
高橋亀吉『大正昭和財界変動史』上中下（東洋経済新報社、一九五四〜五五）
徳富蘇峰『大戦後の世界と日本』（民友社、一九二〇）
山之内靖、ヴィクター・コシュマン、成田龍一編『総力戦と現代化』（柏書房、一九九五）

第二章
『有島武郎全集』別巻（筑摩書房、一九八八）
伊勢喜之助『青島攻囲戦ニ於ケル彼我兵器ノ状態及弾丸効力調査』（陸軍技術審査部、一九一四）
伊藤正徳『国防史』（東洋経済新報社、一九四一）
大阪朝日新聞社編『青島戦記』（朝日新聞合資会社、一九一五）
『クロパトキン回想録』（偕行社、一九一〇）
桑木崇明『陸軍五十年史』（鱒書房、一九四三）
斎藤聖二監修『秘大正三年日独戦史（覆刻版）』（ゆまに書房、二〇〇一）
陸軍省編纂『明治卅七八年戦役陸軍政史（覆刻版）』（湘南堂書店、一九八三）

第三章
石田保政『欧洲大戦史の研究』（陸軍大学校将校集会所、一九三七）
『欧洲戦争叢書　世界大戦ノ戦術的観察（第五巻）』（偕行社、一九二六）

第四章
吉田豊彦『軍需工業動員ニ関スル常識的説明』（水交社、一九二七）
高山信武『続・陸軍大学校』（芙蓉書房、一九七八）
沖修二『阿南惟幾伝』（講談社、一九七〇）

第五章
偕行社編纂部編『露国陸軍の研究』（偕行社、一九三七）
四手井綱正『戦争史概観』（岩波書店、一九四三）
須山幸雄『作戦の鬼　小畑敏四郎』（芙蓉書房、一九八三）
辻村楠造編『国家総動員之意義』（青山書院、一九二六）
永田鉄山刊行会編『秘録　永田鉄山』（芙蓉書房、一九七二）
西尾寿造編『戦闘綱要草案研究記事』（兵書出版社、一九二八）
前原透『日本陸軍の「攻防」にかかわる理論と教義』（防衛研究所戦史部、一九八六）
『欧洲戦争叢書　殲滅戦』（偕行社、一九二二）

第六章
阿部博行『石原莞爾　生涯とその時代』上下（法政大学出版局、二〇〇五）
『石原莞爾全集』（石原莞爾全集刊行会、一九七六〜七七）
入江辰雄『石原莞爾と伊地知則彦』（暁書房、一九八二）
上田哲『宮沢賢治　その理想世界への道程』（明治書院、一九八五）
田中智学『妙宗式目講義録』（師子王文庫、一九〇四）
　『天壌無窮』（国柱会、一九一五）
　『師子王講演篇、続』（師子王全集刊行会、一九三七）
藤原泰『満洲国統制経済論』（日本評論社、一九四二）
南満洲鉄道株式会社調査部編『満洲・五箇年計画立案書類（復刻版）』（龍溪書舎、一九八〇）
山口利昭編『鈴木貞一氏談話速記録』上下（日本近代史料研究会、一九七一・七四）
『新校本宮澤賢治全集』（筑摩書房、一九九六〜二〇〇九）

第七章
井上毅傳記編纂委員會編『井上毅傳　史料篇』（國學院大學圖書館、一九六六）
『齋藤隆夫政治論集』（新人物往来社、一九九四）
松岡静雄『新編日本古語辞典』（刀江書院、一九三七）
山本四郎『元老』（静山社、一九八六）

第八章

大原康男『帝国陸海軍の光と影』（日本教文社、一九八二）
小野楠雄編『闘戦経』（五典書院、一九三四）
神島二郎『政治をみる眼』（日本放送出版協会、一九七九）
河辺正三『日本陸軍精神教育史考』（原書房、一九八〇）
紀平正美ほか『日本精神と生死観』（有精堂、一九四三）
清沢洌『暗黒日記』（評論社、一九九五）
笹森順造釈義『純日本の聖典　闘戦経』（「一刀流極意」刊行会、一九七三）
司馬遼太郎『坂の上の雲』（文藝春秋、一九六九～七二）
寺田弥吉『日本総力戦の哲学』（二見書房、一九四三）
中柴末純『昭和の新理想と世界美化』（宝文館、一九二七）
　『戦争哲学　戦より平和へ』（偕行社、一九二八）
　『まこととまごころ』（偕行社、一九三二）
　『新興日本の国防（陸軍篇）』（日本青年館、一九三六）
　『神武読本』（偕行社、一九四一）
　『皇道世界観』（宮越太陽堂書房、一九四二）
　『世界大戦史』（ダイヤモンド社、一九四二）
　『生産青年訓』（新正堂、一九四四）
　『闘戦経の研究』（宮越太陽堂書房、一九四四）
吉田静致『同円異中心主義と道徳生活』（中文館、一九二二）

吉田静致『現代と精神生活』（中文館書店、一九二五）
理想社編『戦争論』（理想社、一九三二）

第九章
桐原葆見『産業心理学』（千倉書房、一九三八）
『月経と作業能力』（東洋書館、一九四三）
『女子勤労』（東洋書館、一九四四）
黒野耐『参謀本部と陸軍大学校』（講談社現代新書、二〇〇四）
酒井鎬次『戦争指導の実際』（改造社、一九四一）
『現代戦争論』（日本評論社、一九四二）
『現代用兵論』（日本評論社、一九四三）
『戦争類型史論』（改造社、一九四三）
土門周平、市ノ瀬忠国『人物・戦車隊物語』（光人社、一九八二）
松谷誠『大東亜戦争収拾の真相』（芙蓉書房、一九八〇）
J・H・モルダック著、酒井鎬次訳『連合軍反撃せよ』（芙蓉書房、一九七四）
山根省三『勤労者の創意工夫教育』（大日本雄弁会講談社、一九四四）
※雑誌等はこれを略し、引用した場合は本文中に明記した。

あとがき

平田昭彦（一九二七〜八四）という映画俳優の大ファンです。幼い日からずっと憧れてきました。ファン・レターに初めて返事を頂戴したときには、封書を抱き締めて寝たものでした。平田さんが川内康範原作の『レインボーマン』という連続TVドラマでミスターKなる怪人物を演じていた終わりの頃ですから、一九七三年の秋でしょう。私は小学四年生でした。ミスターKというのは第二次世界大戦中の日本の悪行に恨みを抱き日本人絶滅を企む秘密組織の首領です。

平田さんの代表作は何でしょうか。ミスターKも挙がるでしょうが、本多猪四郎監督の東宝映画『ゴジラ』（一九五四）を欠かすわけにはゆかないと思います。平田さんが演じたのは芹沢大助という科学者。作品の中では経歴があまり説明されないのですが、とにかく第二次世界大戦で心身共に傷を負い、隻眼となり、戦後は世をはかなんで、ひっそり隠れて生きている。戦争末期に起死回生の新兵器の研究開発に従事していて、事故に遭ったのではないでしょうか。でもアメリカを倒す兵器はできなかった。究極的新兵器の開発に成功したのはアメリカだった。日本に原爆が落とされた。戦後もアメリカは核兵器の実験を繰り返した。それで太平洋の海底に生き延びていた恐竜が被爆して突然変異を起こした。それがゴジラという設定です。

一方、芹沢博士は敗戦後も研究を諦めなかった。そうして水中酸素破壊装置を完成させた。水の中の生き物を殲滅する。広範囲を死の海と化す。アメリカの原水爆の化身とも呼べるゴジラに対しても有効である。芹沢博士は東京湾の海底に自ら潜り、装置を起動させる。装置の製造法をついに誰にも教えぬまま、原水爆の産物、ゴジラと刺し違える。「もう二度と破滅的兵器は使うな」と世界に遺言して死ぬ。放射能に全身を汚染されたまま歩き回り、日本を恐怖のどん底に陥れた大怪獣ゴジラも、水中酸素破壊装置によってみるみる白骨化してゆく。ゴジラに蓄積された膨大な放射能は骨になったからといってなくなるわけではないでしょう。とはいえ、白骨化は視覚的には何らかの清めを象徴している。日米戦争のうらみつらみが東京湾の奥底で浄化される。芹沢博士に心情移入するとそういう具合にも鑑賞できる。感慨深いフィナーレです。

そんな『ゴジラ』の芹沢博士役で映画ファンに記憶されている平田さんは、元をただせば陸軍軍人でした。陸軍士官学校の第六〇期生。中柴末純よりも五二期、小畑敏四郎よりも四四期、酒井鎬次よりも四二期、石原莞爾よりも三九期後輩になります。第六〇期生は卒業前に敗戦を迎えました。運命の一九四五年八月一五日、平田さんは何をしていたか。一九六七年八月、『日本のいちばん長い日』という東宝映画が封切られました。岡本喜八監督が玉音放送までの二四時間を描いた大作です。そのパンフレットに出演者たちが敗戦の日をどう過ごしたかというアンケートが掲載されています。穏当な回答を寄せる俳優の多い中で、平田さんのそれは異彩を放っている。長野県の松代に居て断じて敗戦を認めず、徹底抗戦、一億玉砕を叫んだというのですから。

戦争末期、帝国陸海軍は本土決戦に備えて長野県の松代に大本営を移そうと準備を尽くしていた。それで陸軍士官学校生は松代に駆り出されていた。だから平田さんも松代で本土決戦をやる気になっていた。必勝の信念を植えつけられ、一億玉砕の覚悟で最後の勝利をつかみとろうとしていた平田さんが、九年後には映画俳優になって『ゴジラ』に出演し、間に合わなかった対米決戦兵器を抱いて放射能怪獣に神風アタックを行い、平和を訴えて死んでゆく。歴史の面白さです。

ところで、敗戦の日を描いた『日本のいちばん長い日』で、平田さんはどんな役を演じていたのでしょうか。あの日の平田さん本人と同じく降伏に反対し徹底抗戦を叫ぶ側には違いないのですけれど、陸軍ではなく海軍でした。厚木航空隊の菅原中佐です。同航空隊の司令官、小園安名大佐は、今泉定助なる皇道学者の教説に傾倒する、必勝の信念の強固な精神主義者。映画の菅原中佐は小園大佐に少し距離を置き、彼をややクールに眺める人物として描かれています。

そう、平田さんはクールで知的な役柄を得意としました。東宝の戦争映画に欠かせない俳優のひとりとも言われました。が、そこで割り振られるのは陸軍でなく海軍の役が多かったのです。『太平洋の嵐』でも『連合艦隊司令長官　山本五十六』でも『太平洋奇跡の作戦　キスカ』でも『激動の昭和史　軍閥』でも『連合艦隊』でも平田さんは海軍軍人でした。もちろんクールで知的な。そして陸軍の側はコワモテでいかにも直情径行そうで怒鳴ることのうまくてやくざ映画とかに向いていそうな俳優が演じがち。戦後日本映画の一種の約束事でした。しかし平田さんは本当は陸軍ではないか。海軍にも陸軍にもそれぞれいろんな人が居ただろうに。平田さんが陸軍軍人を演ずる映画がもっと見たかったなあ。今でもよくそう思います。

と綴ってしまうと「本書は長年にわたる著者の陸軍への関心の結晶です」みたいな具合になっ

てしまうのですが、実はそういうわけでもありません。

話の大本は二〇〇六年七月に遡ります。当時は京都大学人文科学研究所に勤めておられた藤原辰史さん（今は東京大学農学部の先生です）のお招きで、人文科学研究所主催の近代日本とナチスについてのシンポジウムに出させて頂きました。報告者は藤原さんと私、それから山室信一先生。私は高畠素之や津久井龍雄や石川準十郎といった日本の国家社会主義者のファシズム観・ナチズム観について話させて頂きました。津久井が日本国家の分散しがちな権力をナチス張りに束ねて「強力政治」を実現したがったのだけれど……、なんて部分に比重がありました。

その日の打ち上げでのこと。山室先生が、二〇一四年の第一次世界大戦開始一〇〇年に向け、京大人文研の伝統に相応しい共同研究を立ち上げようと提案され、岡田暁生、小関隆、王寺賢太といった人文研の中堅グループの皆さんがそれに共鳴されて、二〇〇七年から第一次世界大戦の研究会ができました。私も混ぜて頂き、二〇〇八年には何か発表することになりました。

コーディネーターの岡田さんからは「第一次世界大戦と日本の近代音楽」でやれないかとリクエストされたのですが、両者を強く関連づける話題が見当たらない。代わりに思いついたのは酒井鎬次陸軍中将のことです。酒井の著書『戦争指導の実際』を大昔に古書展で買い求め、それが酒井の観戦武官としての体験に基づく第一次世界大戦の研究書だとは知っていました。読んで報告してみました。山室信一先生はじめ、皆さんから配慮に満ちたコメントを頂きました。

そこからはまってゆきました。今まで研究対象としては必ずしも視野に入っていなかった日本陸軍を思想史的に、しかも第一次世界大戦の衝撃をいちばんの切り口にして扱えるのではないかと思いはじめました。酒井に小畑敏四郎や石原莞爾や中柴末純を並べたら陸軍の思想的ヴァラエティが出るのではないか。さらに陸軍に限らず、海軍軍人の思想や法思想や経済思想の領域にも手が伸びました。海軍関係なら第一次世界大戦に於ける松岡静雄の南洋体験が日本文化史を考える上で面白いのではないか。あるいは海軍の水野広徳を陸軍の酒井鎬次と比較できないか。美濃部達吉や上杉慎吉の憲法思想を第一次世界大戦後の国民総動員の問題から論じられないか。想像は膨らみました。そこにたとえば同じ右翼といっても国家社会主義派の津久井龍雄とかと反国家社会主義派の蓑田胸喜とかを対にして組み合わせられるではないか。仙台の百貨店の古書市で見つけた伊勢喜之助の青島戦報告書にも触発されました。総力戦体制、強力政治、精神主義、明治憲法体制、統制経済、計画経済、デモクラシー、ファシズム……。そういう術語がみんな第一次世界大戦と関係づけると際立って見えてくると遅まきながら気づきました。

それからあちこちで話させて頂きました。酒井鎬次のことは長年の恩師の蔭山宏先生が主宰する社会文化史研究会で。小畑敏四郎のことは京大人文研で。さらに奈良岡聰智先生のお取り計らいにより「二〇世紀と日本研究会」で。後者では伊藤之雄、川田稔、等松春夫、森靖夫の諸先生にご意見やご感想を賜りました。中柴末純のことは堤林剣先生のお世話により慶應法学会の勉強会で。蔭山宏先生や赤木完爾先生から貴重なコメントを頂きました。また、もっと全体的なストーリーについては、芹沢一也さんの主宰するシノドスの会で荻上チキさんの司会で。稲垣恭子先生に機会を頂いた京都大学大学院教育学研究科の夏期集中講義「歴史社会学」でも。そのときは竹内洋先生や佐藤卓己先生にもご厄介になりました。

勤めている慶應義塾大学法学部では「現代政治思想」や「政治文化論」や「近代思想史」や「歴史」といった授業で「まごころ」がどうの「真鋭」がこうのと喋りました。

そんな話に興味をもって下さったのが新潮選書編集部の長井和博さんです。新潮社の月刊誌『波』に連載の機会を頂きました。「未完のファシズム」と題して二〇一〇年一〇月号から二〇一二年二月号まで続きました。その後、第九章などを加筆し、まとまったのがこの本です。

当初のもくろみでは陸海軍から法思想に哲学に右翼に民族学、その他もろもろを網羅したかったのですが、実際には陸軍中心の筋道で一杯になってしまいました。「持たざる国」の戦争哲学の変転にはある程度ふれられたかもしれませんが、総力戦体制作りを阻む明治国家体制をどう克服するかあるいはする必要がないのかという筋書きの方は、もっと政治思想や法思想や経済思想の領域に踏み込んでゆかなければ説明しきれない事柄で、他日を期したく思っています。

石原莞爾のことなどは大勢さまが書かれているから外してもよいかとも考えましたが、組み立て上、そうも行かないので入れ込みました。石原と宮澤賢治を並べる仕方は近年ではよくあるのですが、私は一九九六年の賢治生誕一〇〇年のときから「ケンジとカンジ」ということで原稿を書いたり講座をやったりしてきましたから、やはりその手を使いました。

陸軍に比重のかかった第一次世界大戦の衝撃と日本の物語を平田昭彦さんの思い出に捧げます。

二〇一二年四月五日

片山　杜秀

新潮選書

未完《みかん》のファシズム――「持《も》たざる国《くに》」日本《にほん》の運命《うんめい》

著　者……………片《かた》山《やま》杜《もり》秀《ひで》

発　行……………2012年5月25日
20　刷……………2025年9月25日

発行者……………佐藤隆信
発行所……………株式会社新潮社
〒162-8711 東京都新宿区矢来町71
電話　編集部03-3266-5611
読者係03-3266-5111
https://www.shinchosha.co.jp
印刷所……………大日本印刷株式会社
製本所……………株式会社大進堂

乱丁・落丁本は、ご面倒ですが小社読者係宛お送りください。送料小社負担にてお取替えいたします。
価格はカバーに表示してあります。

ISBN978-4-10-603705-4　C0331

経済学者たちの日米開戦
秋丸機関「幻の報告書」の謎を解く
牧野邦昭
一流経済学者を擁する陸軍の頭脳集団は、なぜ開戦を防げなかったのか。「正確な情報」が「無謀な意思決定」につながる逆説を、新発見資料から解明する。
《新潮選書》

説き語り　日本書史
石川九楊
空海の書の奇怪な表現が意味するものは？「白氏詩巻」はなぜ日本文化の精髄なのか？俊成が書にもたらした革命とは？　一読でわかる日本の書の歴史。
《新潮選書》

蕩尽王、パリをゆく
薩摩治郎八伝
鹿島茂
昭和初期、本物の「セレブ」として、パリ社交界で輝いていた日本人がいた。フランス政府にパリ日本館をぽんと寄贈した豪快な「東洋のロックフェラー」評伝。
《新潮選書》

明治維新の意味
北岡伸一
驚くほどのスピード感をもって進められた近代国家樹立。それを可能にした人的要素と政策論議のあり方を、政治外交史の専門家が独自の観点から解明する。
《新潮選書》

精神論ぬきの保守主義
仲正昌樹
西欧の六人の思想家から、保守主義が持つ制度的エッセンスを取り出し、民主主義の暴走を防ぐ仕組みを洞察する。〝真正保守〟論争と一線を画す入門書。
《新潮選書》

戦争の日本中世史
「下剋上」は本当にあったのか
呉座勇一
源平合戦、元寇、南北朝動乱、応仁の乱……中世の二百年間ほど死が身近な時代はなかった。下剋上だけでは語られぬ「戦争の時代」を生きた人人のリアルな実像。
《新潮選書》

ごまかさないクラシック音楽

岡田暁生
片山杜秀

バッハは宣教師、ベートーヴェンは株式会社の創業社長、ショスタコーヴィチは軍事オタク——美しい旋律に隠された「危険な本音」がわかる最強の入門書！

《新潮選書》

ふたつの故宮博物院

野嶋剛

北京と台北——ふたつの故宮が、いま静かに歩み寄りを始めた。台北特派員を務めた著者が、発掘した数々の秘話を明かし、政治と博物館の関係を活写する。

《新潮選書》

落語進化論

立川志らく

声質、語りの速度、所作といったプレイヤーとしての身体論から、「抜け雀」「品川心中」「死神」等の新たな落ちの創造に至るまでを、全身落語家が熱く語る。

《新潮選書》

外務官僚たちの大東亜共栄圏

熊本史雄

「無謀な構想」の本丸は、軍部でも右翼でもなく外務省だった！　小村寿太郎、幣原喜重郎、重光葵ら国際派エリートたちが陥った「失敗の本質」を炙り出す。

《新潮選書》

南方抑留
日本軍兵士、もう一つの悲劇

林英一

酷暑、飢え、重労働……兵士たちはなぜ過酷な仕打ちを受けたのか。シベリア抑留の陰で繰り広げられていた悲劇の実態を、軍人・軍属の日記類から描く。

《新潮選書》

戦前日本の「グローバリズム」
一九三〇年代の教訓

井上寿一

昭和史の定説を覆す！「戦争とファシズム」の機運が高まっていく一九三〇年代。だが、実は日本人にとって世界がもっとも広がった時代でもあった——。

《新潮選書》

慰安婦と戦場の性　秦郁彦

公娼制度の変遷から慰安婦旋風までの全てが分かる！　慰安婦の歴史と実態を基に、豊富な資料から、拡散する慰安婦問題の全貌を解説した決定版百科全書！　《新潮選書》

諜報の天才 杉原千畝　白石仁章

インテリジェンスの視点で検証すると、従来の杉原像が激変した。ソ連に恐れられ、ユダヤ系情報網が献身したその諜報能力が「命のビザ」の原動力だった。　《新潮選書》

水惑星の旅　椎名誠

「水」が大変なことになっている！　水格差、淡水化装置、健康と水、雨水利用、人工降雨、ダム問題——。現場を歩き、水を飲み、驚き、考えた、警鐘のルポ。　《新潮選書》

「律」に学ぶ生き方の智慧　佐々木閑

日本仏教から失われた律には、生き甲斐を手に入れるためのヒントがある。「本当にやりたいことだけやる人生」を送るため、釈迦が考えた意外な方法とは？　《新潮選書》

「社会的うつ病」の治し方
人間関係をどう見直すか　斎藤環

薬も休養もとっているのに、なぜいつまでも治らないのか。人間関係の大切さを見直し、「人《ひと》薬《くすり》」と「活動」の積極的活用と、細かな対応方針を解説する。　《新潮選書》

通信の世紀
情報技術と国家戦略の一五〇年史　大野哲弥

明治四年、日本の「通信戦争」は一本の海底ケーブルに始まった。政治、外交、軍事、諜報、経済……あらゆる資源を呑みこみ続ける技術と戦略の興亡。　《新潮選書》